Eduard Breier

Mit und ohne Maske

Roman aus der Gegenwart

Eduard Breier

Mit und ohne Maske
Roman aus der Gegenwart

ISBN/EAN: 9783743694057

Hergestellt in Europa, USA, Kanada, Australien, Japan

Cover: Foto ©Thomas Meinert / pixelio.de

Weitere Bücher finden Sie auf **www.hansebooks.com**

Mit und ohne Maske.

Roman

aus der Gegenwart

Eduard Breier.

Wien.
Druck und Verlag von Heinrich Spitzer.
1865.

Erstes Kapitel.

In der Wechselstube der Wiener Firma „Konstant und Kompagnie" in der X...straße herrschte ein reges geschäftliches Leben.

So ungefähr hätte ich diesen Roman in früherer Zeit begonnen, wobei ich ohne alles Bedenken die Straße, wo die Wechselstube sich befand oder befunden haben soll, genannt haben würde.

In unserer Zeit jedoch wäre ein solches romandichterisches Vorgehen gewagt, denn wenn sich zufällig in der genannten Straße eine Wechselstube befände — und es ist charakteristisch, daß die Wechselstuben in dem Maße sich vermehren, als das Silber sich vermindert — so liefe ich Gefahr, bei dem ersten Schatten, der auf die Firma Konstant und Kompagnie fiele, mit einem Prozesse bedroht zu werden, wenn gleich die Firma Konstant und Kompagnie aus der Luft gegriffen und die genannte Straße blos gewählt wurde, weil sie eben eine Wiener Straße ist, wo eine anständige Wechselstube existiren kann.

Verlegte ich sie, zum Exempel, in das Blutgäßchen, so würde jeder Wiener mit Recht die Hände zusammen schlagen und ausrufen: "Saubere Wechselstube, die sich dort etablirt!"

Den auswärtigen Leser aber ersuche ich, meine obige Bedenklichkeit und Aengstlichkeit nicht übertrieben zu finden; haben doch erst jüngst mehrere Hausherrn gegen einen Roman öffentlich Protest erhoben, weil darin der Ort, wo ihre Häuser stehen, ein „Nest" genannt wurde.

Unglaublich, aber wahr!

Welch' eine krankhafte Empfindlichkeit.

In einer so abnormen Zeit kann sogar der Romanschreiber nicht vorsichtig genug sein, ich glaube daher jeder anderweitig assekurirten Bornirtheit und lebensversicherten Gewissenlosigkeit ein= für allemal auszuweichen, indem ich mir für meinen Roman, ohne den Wiener Boden zu verlassen, ein eigenes Terrain schaffe.

Kraft des göttlichen Funkens, der jedem Menschen innewohnt, gleichviel ob er in Paris oder in Ottakring geboren ist, mit Hilfe des Zauberstabes „Phantasie" schwinge ich mich aus dem jetzigen Wien in das zukünftige hinüber und lasse das Drama in Neuwien sich abspielen.

Damit setze ich im Vorhinein allen Verdächtigungen ein Ziel und bin in Bezug auf Straßen und Personen ungenirt.

„Also eine Art Zukunftsroman," werden die Spötter rufen.

Pardon, meine Herren, ich anticipire nur den Boden.

Das, werden Sie mir einwenden, ist gegen alle Regel!

Ich bekenne mich schuldig, verweise aber auf den großen Lope de Vega, der 483 Schauspiele geliefert hat, darunter nur sechs nach den Regeln.

———————

In der Wechselstube der Wiener Firma „Konstant und Kompagnie" in der Ringstraße, unweit jener Stelle, wo einst das alte Kärntnerthor gestanden, herrschte ein reges, geschäftliches Leben.

Das Etablissement der genannten Firma befand sich in der ersten Etage einer jener Prachtbauten, welche wie Pilze über Nacht aufschießen und trotz dieser Eile mit einer preiswürdigen Solidität auf Jahre hinaus keiner Reparatur bedürfen.

Das Publikum kommt und geht.

Die Wechselstube — sollte eigentlich heißen der Wechselsalon — wird keinen Augenblick leer.

Devisen, Lose, Papiere haben ihre eigenen Abtheilungen; Käufer und Verkäufer werden mit gleicher Schnelle bedient.

Das zahlreiche Personale ist vollauf beschäftigt, es wird geschrieben, gerechnet, Geld gezählt u. s. w.

Zehn Stück Nordbahn, tönt es hier.

Zwanzig Stück neue Wasserleitung, ruft es dort.

Ein Gallopin von der Börse bringt die im Momente maßgebenden Kurse, die Industriepapiere hoben sich um zwei Prozente.

Ich bitte um fünf Stück Esterhazy!

Wie stehen Kredit? u. s. f.

Wer sollte es glauben, daß mitten in diese Welt von Papier auch eine Herzensangelegenheit sich hineinzustehlen wage?

Und doch war dem so.

Eine bejahrte, vornehm gekleidete Frau erschien in dem Salon, blieb, ohne sich hervor zu drängen, im Hintergrunde stehen und richtete ihre Blicke auf einen am Kassatisch beschäftigten jungen Mann, in der Absicht, dessen Aufmerksamkeit auf sich zu lenken.

War es Zufall oder die bekannte magnetische Wirkung, welche ein Auge auf das andere ausübt, der junge Mann richtete das seinige auf die erwähnte Frau und empfing von ihr einen Wink.

Da sie unmittelbar darauf den Salon verließ, so bedeutete jener Wink, daß der junge Mann ihr folgen solle, was auch geschah, ohne daß es von irgend einer Seite beachtet wurde.

Vor dem Salon befand sich ein geräumiges Vorzimmer mit mächtigen Schränken, wo die Herren vom Komptoir im Winter ihre Ueberkleider, ihre Regenschirme, Hüte, oder wenn sie fortgingen, ihre sogenannten Kanzleiröcke aufbewahrten.

In diesem Vorzimmer harrte die Frau, bis der junge Mann herauskam, und als er sich ihr näherte, flüsterte sie ihm in's Ohr mit einem Ausdrucke, der eine innere Aufregung kennzeichnete:

Besuchen Sie uns, Sie werden Entsetzliches hören!

Des Angeredeten, welcher, beiläufig bemerkt, die Zwanzig kaum überschritten haben konnte, schlank von Wuchs und bleich im Gesichte war, ein zierliches schwarzes Schnurbärtchen trug und elegant gekleidet erschien — des Angeredeten, sagen wir, bemächtigte sich die Angst, und er fragte mit bebender Stimme:

Was ist vorgefallen?

Besuchen Sie uns noch heute, Sie sollen Alles erfahren. Hier ist weder Zeit noch Gelegenheit dazu.

Ich werde kommen! flüsterte er mit kaum hörbarer Stimme.

Nach diesem Bescheide entfernte sich die Frau und der junge Mann begab sich wieder an sein Geschäft im Salon.

Vor einigen Sekunden ein Geheimniß und eine Einladung, jetzt Nordbahn, Kredit und Fünfperzentige.

Der Kontrast ist groß, nichtsdestoweniger aber trifft er sich häufig.

Das Geschäft war im Flusse, als eine Seitenthür des Salons sich öffnete und der Chef des Hauses eintrat.

Herr Konstant, von kleiner, unansehnlicher Figur, affektirte den ernsten, wortkargen Geldfürsten.

Von den hohen Absätzen seiner lackirten Stiefel, womit er dem zurückgebliebenen Wuchse nachhalf, bis zur Haarpomade, welche seiner bereits ergrauenden Kopfzierde die Farbe des Ebenholzes verlieh, konnte man, ohne gerade das Genie eines Kolumbus zu besitzen, noch andere Toilette-Geheimnisse entdecken, wo die raffinirte Kunst der stiefmütterlichen Natur zum Aergerniß wurde.

Man sprach von verschiedenem „Falschen," was Herr Konstant an sich hatte, das that jedoch seiner Firma keinerlei Eintrag, persönliche Schwachheiten üben in der Geschäftswelt keinen schlimmen Einfluß, im Gegentheil, sie dienen oft, einen Namen zu popularisiren, und dies nützt, wie überall, auch in dieser Sphäre.

Herr Konstant blieb eine Minute lang am Seiteneingange des Saales gestreckt stehen, trug die rechte Hand à la Napoleon in der Gegend der Brusttasche, während die linke rückwärts am Kreuze ruhte.

In dieser Positur überschaute er mit einem Feldherrnblicke seine operirende Truppe und schritt dann gravitätisch zwischen den Bureaux und dem Zahltisch hinab.

In dem Momente, als er hinter dem jungen Manne, der die Bestellung erhalten hatte, vorüberging, flüsterte er, jedoch ohne im Gange anzuhalten:

Sie sind heute zerstreut, Herr Raphael, der Herr wünscht Nordbahn und Sie geben ihm Dampfschiff.

Der Getadelte erröthete und beeilte sich den begangenen Irrthum gut zu machen.

Der Chef setzte, wie gesagt, seinen Gang fort, warf hier und dort einen Blick in die aufgeschlagenen Bücher, hob hier eine auf den Boden gefallene Feder auf, stellte dort eine Streusandbüchse an ihren Platz, dies Alles en passant, darin Ordnungsliebe und Pünktlichkeit manifestirend.

Ein eleganter Herr mit einem Zwicker im rechten Auge, schießt in den Salon, drängt sich an den Kassatisch und ruft mit dem Tone eines Kaffeehausgastes, der einen

„Schwarzen" begehrt: „Geben Sie mir tausend Dukaten!"

Aller Augen richteten sich auf ihn.

Herr Konstant hat ihn kaum erblickt, so lächelt er vornehm gezwungen und sagt: Herr Baron, Sie belieben uns plündern zu wollen?

Ich brauche Gold, fuhr der Baron zu schreien fort, ich reise —

Um diese Jahreszeit?

Ich muß, ich habe mich exilirt. Apropos, haben Sie schon das Neueste gehört?

Nun?

Baron Weinfelden ist amnestirt.

Wirklich?

Ich komme eben aus dem Justizministerium, wo man davon sprach. Die Wiener Zeitung wird nächstens Kunde davon bringen. Die arme Baronin!

Warum bedauern Sie die Baronin?

Warum ich sie bedauere? Wissen Sie denn nicht?

Die junge Dame steht außerhalb des Kreises meiner Bekannten.

Aber, Sie werden doch gehört haben?

Ich versichere, Herr Baron, daß ich nichts weiß!

Die gute Dame wird von der Amnestie ihres Gatten nicht eben angenehm überrascht werden.

War sie es nicht, welche die nöthigen Schritte that?

Sie hat es weislich bleiben lassen, ihr Schwager war's, der ihr den Höllendienst erwies.

Höllendienst! Herr Baron, Sie führen diabolische Reden, lächelte der Bankier. Bei dem Allen weiß ich noch immer nicht —

Ach, das Ganze ist eine fatale Geschichte für die arme Frau. Man weiß eigentlich nicht, wen man bedauern soll, sie oder das Kind!

Das letzte Wort war den Lippen des Barons kaum entschlüpft, als hart an seiner Seite ein „Pfui" ertönte.

Ein Herr, groß, robust, mit einem eisgrauen Schnurbarte und einem ganzen Wald voll weißer Haare, sogar die überhangenden Brauen trugen diese Farbe, schaute den Schreier, der den Kopf nach ihm warf, zürnend an.

Mein Herr, wem galt das Wort, welches Sie eben aussprachen?

Ihnen!

Wissen Sie, wer ich bin?

Wer Sie sind, ist mir gleichgiltig. Was ich aber soeben hörte, beweist mir, daß Sie mit der Ehre Anderer schonungslos umgehen, folglich — doch hier ist nicht der Ort dergleichen abzuhandeln.

Zu dem Kommis gewendet:

Hier ist der Betrag für die fünfzig Stücke ungarische Grundentlastung.

Und Ihnen, mein Herr, kehrte er sich wieder zu dem Baron mit dem Augenzwicker, Ihnen bin ich so frei zu einem etwaigen Gebrauche meine Karte zu übergeben.

Der Baron schob die Karte in die Tasche und sagte, doch viel kleinlauter wie vorher:

Ich werde Sie zu finden wissen.

Je eher desto lieber! antwortete der Greis geringschätzig und ging von dannen.

Der Schreier verließ ebenfalls den Salon begleitet von dem spöttischen Lächeln der Zurückgebliebenen.

Der Bankier wendete sich zu dem Buchhalter, dem er eben zunächst stand und flüsterte ihm zu:

Ein reiner Aristokrat spricht immer mit gedämpfter Stimme. Dieser Baron scheint ein Mulatte zu sein!

Der Buchhalter belächelte pflichtschuldigst den Witz des Chefs, dieser setzte nunmehr seinen Rückgang fort und verschwand durch die nämliche Seitenthüre, durch welche er hereingekommen war.

———

Zweites Kapitel.

Wohin soll ich mich vorerst wenden?

Soll ich den Chef des Hauses „Konstant und Kompagnie" in's Auge fassen, oder dem immer schreienden Baron folgen, der an demselben Mittage noch an fünf anderen Orten der erstaunten Welt zurief: „Ich reise, ich habe mich selbst exilirt!"

Soll ich den alten Herrn aufsuchen, der diesem Herrn Baron zu beliebigem Gebrauche seine Karte einhändigte, oder das Haus des amnestirten Weinfelden betreten, um zu erfahren, ob die Gattin des Heimkehrenden in Wirklichkeit Grund habe, über den Gnadenakt zu erschrecken, oder endlich, soll ich den jungen Comptoiristen begleiten, der eine Einladung erhalten hatte und in Folge davon Nordbahn für Dampfschiff ansah?

Ich habe mir die Aufgabe gestellt, den Leser mit allen diesen Personen und Verhältnissen näher bekannt zu machen, ich weiß aber nicht, mit welcher zu beginnen?

Mit der interessantesten! wird man antworten.

Ich erachte es aber für klüger, mein Pulver nicht gleich im Beginne der Schlacht zu verpuffen, und bitte daher vorerst mit mir den jungen Comptoiristen zu begleiten, welcher von der Dame zum Besuche eingeladen worden war, um Entsetzliches zu hören.

Noch nie waren Raphael Hort, so nennt er sich, die Geschäftsstunden so lästig gewesen, noch nie hatte ihm der Gang der Zeit so bleischwer geschienen wie heute.

Geflügelten Schrittes eilte er nach dem Schillerplatze, in dessen Nähe sich die Wohnung der Dame befand, der sein Besuch galt.

Drei schöne freundliche Zimmer bildeten dieselbe.

Ohne auf Einzelnheiten einzugehen, bemerke ich bloß, daß sie anständig möblirt sind, daß sie Wohlhabenheit verrathen, daß sie jedoch hie und da an Ueberladung leiden und an den Unvollkommenheiten, welche jener Volksausdruck am bezeichnendsten characterisirt, der da lautet: „Ich möchte gern, aber ich kann nicht!"

Mit Ausnahme jener Anflüge zum Luxus, die auf halbem Wege erlahmen, gab es an der Wohnung nichts zu tadeln.

Um aber diese Mängel zu bemerken, bedurfte es eines unbefangenen, vorurtheilsfreien Blickes. Raphaels Auge war dazu vollkommen ungeeignet, denn als er diese Wohnung zum ersten Male betrat, hatte er Eleonore schon gesehen, war er schon in sie verliebt.

Wer war Eleonore?

Die Tochter jener Dame, die im Wechselsalon erschien und Raphael einlud.

Und wer jene Dame?

Frau Marianne Lichtfall, wurde im gewöhnlichen Leben „Frau von Lichtfall" oder auch die „gnädige Frau" genannt, und bei allen Mächten der Ober= und Unterwelt! die letztere Bezeichnung verdiente sie.

Will der Leser Raphaels Herzens=Geschichte en detail kennen?

Sie ist in wenigen Zeilen erzählt.

Er war vor ungefähr drei Monaten aus Böhmen nach Wien gekommen, stammte aus einer soliden Familie und war von seinem Vater an dessen Geschäftsfreund Herrn Konstant adressirt.

Der Bankier wies ihm in seinem Komptoir eine Stelle an.

Raphael betrat das schlüpfrige Wiener Pflaster ausgerüstet mit aller Unerfahrenheit und Menschenunkenntniß, welche in der Regel junge Leute aus Provinzstädten zweiten und dritten Ranges nach Wien mitbringen.

Bei dem interessanten Aeußern, das ihn zierte, konnte es nicht fehlen, daß er hie und da einige Aufmerksamkeit erregte, die natürlich seiner Eitelkeit nicht wenig schmeichelte.

Eines Abends fügte es der Zufall, daß er im Theater neben einer Dame zu sitzen kam, an deren andern Seite sich ein junges hübsches Mädchen befand.

Während der Zwischenakte sprach man sich an, ein Wort gab das andere, man machte Bekanntschaft.

Die Damen waren Mutter und Tochter.

Raphael begleitete sie von dem Theater nach Hause, natürlich nur bis zur Thore, und erhielt die Erlaubniß, die Familie zu besuchen.

Von jenem Abende an datirte seine Liebe zu Eleonoren.

Raphael erfuhr schon beim ersten Besuche, daß Frau von Lichtfall eine Pension beziehe.

Bei dem Worte „Pension" überkam dem jungen Menschen eine Art ehrfürchtiger Scheu, denn um eine Pension zu beziehen, mußte, nach seiner Ansicht, die Mutter des Fräuleins wenigstens die Gattin eines Staatsbeamten oder eines Offiziers gewesen sein.

Raphael liebte mit der ganzen Gluth eines jungen Menschen, der dieser Epidemie zum ersten Male anheimfällt.

Er liebte wie es überhaupt bei seinesgleichen der Fall ist, nur die Seele, die Tugend, den Verstand, kurz den geistigen Theil Eleonoren's.

Im Vergleiche zu seiner Liebe war der selige Herr Plato mit der seinigen ein abscheulicher Materialist.

Und das Geschick, welches stets beflissen ist, jeden Hammer seinen Stiel, jeden Topf seinen klappenden Deckel finden zu lassen, dieses freundliche Geschick, sagen wir, hatte auch für unsern Raphael gesorgt, und bescheerte ihm einen Gegenstand, der ihn zu schätzen verstand, der seiner vollkommen würdig war.

Elennore liebte ihn gerade so wie er sie.

Wenn er seufzte, lispelte sie: „Ach!" wenn er zitterte, konnte sie sich nicht enthalten, zu erbeben, und wenn er von Wonne durchströmt wurde, war sie von Entzücken durchflossen.

Drei Wochen nach Sicht, das heißt nach dem ersten Begegnen im Theater, floß das erste Geständniß über Raphaels Lippen und drei Tage a dato warf man sich der gnädigen Frau Mutter zu Füßen und flehte um Gnade für zwei pfeildurchstochene Herzen.

Die Mutter, im ersten Momente entrüstet, erlag dem Flehen der einzigen Tochter, die sich alle Mühe gab, zu beweisen, daß geistige Liebe kein Verbrechen sei, da sie sogar im Hofburgtheater in Form eines Lustspiels öffentlich aufgeführt wird.

Von diesem Tage an war Raphael der glücklichste Mensch in Wien, er besuchte die Angebetete täglich eine Stunde lang, küßte ihr dabei einige hundert Mal die Hand und schwelgte die Nacht hindurch in der betäubenden Erinnerung an diesen Göttergenuß.

Doch mit des Glückes Mächten ist kein ewiger Bund zu flechten, besonders wenn sie eine Pension beziehen und das Unglück schreitet schnell.

Raphael sollte es heute erfahren.

Entathmet, geängstiget betrat er die Wohnung der Frau von Lichtenfall und befand sich im Bade, nämlich im Thränenbade.

Bei seinem Anblicke erhob sich die unglückliche Frau, schwankte ihm entgegen und jammerte:

Herr Raphael, Sie sehen die erbarmungswürdigste aller Mütter vor sich.

Durch die Seele des jungen Menschen zog eine ganze Iliade von Schmerz, er blieb wie festgewurzelt stehen und murmelte:

Was ist vorgefallen, gnädige Frau, wo ist das Fräulein?

Fort, fort! hauchte die Unglückliche.

Raphael starrte sie sprachlos an.

Frau Lichtfall fühlte die Nothwendigkeit, ihrem „Fort, fort!" wenn es nicht mißdeutet werden sollte, einen erklärenden Kommentar hinzuzufügen; sie sagte daher in einem Tone, der eben so gebrochen war wie ihr Herz: Lori ist verschwunden, man hat sie überfallen, ausgeraubt, gemordet. Ach, mein Kind, mein einziges, mein theures Kind, ach, mein Pensionsbogen!

Raphaels Antlitz bot in diesem Momente eine vollendete Studie zur Leichenfarbe.

Mein Gott, stammelte er, wie kam es, wann ist das Unglück geschehen?

Es war gestern Nachmittags zwei Uhr, erzählte Frau Lichtfall unter Thränen, wir wußten, daß Sie nicht kommen würden, ich sagte daher zu Lori: Liebes Kind, Herr Raphael kommt heute nicht, ich bin ein wenig unwohl, nimm' meine Zahlungsliste und hol' mir die monatliche Pension. Lori folgsam wie immer, entfernte sich —

Und? hauchte Raphael wie auf die Folter gespannt.

Und sie ist seitdem nicht wiedergekehrt.

Und wie erfuhren gnädige Frau, daß sie überfallen und ausgeraubt wurde.

Ich erfuhr es noch nicht, lieber Herr Raphael, allein eine Ahnung sagt es mir, eine Stimme, meines Herzens ruft es mir laut zu. Schlechte Menschen müssen es erfahren haben, daß Lori meine Pension behob, lauerten ihr auf —

Mitten in der Stadt? fragte der Komptoirist ungläubig —

Schützt die Stadt vor Räuberanfällen? Sind solche nicht schon in den belebtesten Straßen unternommen worden? Wo gibt es für die Frechheit und Waghälsigkeit ein Ziel?

Der arme Verliebte war ganz verstört, verdutzt.

Die gute Lebensart erheischte, daß er die unglückliche Mutter tröste, er, der selbst des Trostes bedurfte.

Gnädige Frau, sagte er endlich, hoffen wir, daß nicht Alles so schlimm kommen wird, wie Sie es befürchten. Das Verschwinden des Fräuleins ist zwar räthselhaft, allein der Umsicht der Sicherheitsbehörde wird es sicher gelingen, der Missethat auf die Spur zu kommen. Ich stelle mich zu Ihrer Disposition und bitte über mich zu verfügen.

Frau Lichtfall rang die Hände, besaß jedoch Fassung genug, die angebotenen Dienste zu würdigen, und rief mit herzbrechender Stimme: Allmächtiger, ich danke Dir, Du sendest mir in den Stunden der Prüfung einen schützenden Engel!

Der Schutzengel war natürlich Raphael.

Es ist nicht ermittelt, ob alle Engel Portfeuilles mit Banknoten bei sich tragen, bei dem Comptoiristen war es jedoch der Fall.

Da die arme Frau nicht nur der Tochter, sondern auch des Pensionsbogen verlustig ging, glaubte er seiner neuen Charge als schützender Engel entsprechen zu sollen, zog sein Portefeuille im weiteren Verlaufe des Gespräches verstohlen hervor, denn wie hätte er es gewagt, der Mutter der Angebeteten mündlich seine Hilfe anzubieten, und schob es unbemerkt unter ein am Tische liegendes Foulardtuch.

Die unglückliche Frau berathschlagte mit dem jungen Manne, was zu thun sei, um das Geheimniß zu ergrünben, und beide stimmten darin überein, bei der Polizei unverzüglich die Anzeige zu machen.

Dazu war ich schon heute Morgens entschlossen, sagte Frau Lichtfall, ich wollte jedoch vorerst Ihren Rath abwarten und nun, da Sie meiner Ansicht sind, bitte ich Sie mich zur Polizeidirektion zu begleiten.

Raphael erklärte sich mit Vergnügen dazu bereit.

Die Dame ging in's Nebengemach, beseitigte die Thränenspuren, machte Toilette zum Ausgehen und verließ am Arme Raphaels die Wohnung.

Dieser begleitete die Mutter der Geliebten bis zum Thore der Polizeidirektion in der Spänglergasse. Hier wurde er ersucht, ihre Rückkunft nicht abzuwarten, da Sie nicht wisse, wie lange man sie oben aufhalten würde.

Er verabschiedete sich also und versprach am nächsten Tage wieder zu kommen.

Frau Lichtfall ging in das Direktionsgebäude.

Drittes Kapitel.

Der Abendtrain auf der Westbahn ist angekommen.

Die Masse der Reisenden aus allen Ständen drängt sich aus den Waggons, Equipagen, Miethwagen harren vor dem Bahnhofe, um die Angekommenen nach der Stadt und den Vorstädten zu spediren.

Halt, ich vergesse, daß ich mich in Neuwien befinde, und daß seit der Entfernung der Basteien und der Ver=

bannung der Glacisgründe eigentlich keine Vorstädte mehr existiren.

Das hat nichts auf sich, die tausendjährige Gewohnheit läßt sich in ein Paar Decennien nicht wegwischen, die Vorstädte behaupten noch einstweilen ihr Recht.

Unter den auf der Westbahn eben angelangten Reisenden befindet sich auch ein beiläufig fünfunddreißig Lenze zählender Mann, in einer Art gekleidet, welche verräth, daß er eine weite Reise gemacht, von einem Aussehen, welches erkennen läßt, daß die Ordnung im Leben ihm fremd geworden.

Der Reisende war äußerlich nicht etwa herabgekommen, sondern blos vernachlässiget.

Sein bleiches Antlitz, das tief liegende Auge, das schwarze wirre Haar zeugten von den Strapazen des Lebens und der Leidenschaften.

In der Bahnhofhalle wurde er von einem Herrn erwartet, der bei seinem Anblicke auf ihn zueilte, die Arme ausbreitete und ihn mit dem Rufe: „Mein Bruder!" umschloß.

Wir wollen nur gleich gestehen, daß der Angekommene der amnestirte Baron Franz von Weinfelden ist, und jener, der ihn erwartete, sein Bruder Christoph.

Die Brüder besteigen einen Fiaker und fahren nach der Stadt; wir begleiten sie, wollen jedoch die Zeit benützen, den Leser mit Herrn Christoph von Weinfelden bekannt zu machen.

Um fünf Jahre älter wie Franz, bildete er in Allem und Jedem den Gegensatz zu ihm.

Wohlgeordnet, wohl konservirt.

Sein Auge sanft und fromm, seine Wangen voll Fett und Tugend.

Er sprach lauter Demuth und mitten im Winter säuselten Frühlingslüftchen über seine Lippen.

Seine weißen, fast frauenhaften Hände waren immer gekreuzt, seine Zunge wohl gehütet und die Blicke stets nach aufwärts gerichtet.

Er hatte das Buch „Die Kunst zu seufzen" mit großem Erfolge gelesen.

Zur Zeit, als die beiden Brüder die Universität besuchten, erschien ihr damals noch lebender Vater bei dem Dekan, um über die Fortschritte seiner Söhne Erkundigungen einzuziehen.

Der Bescheid war kein angenehmer.

Ihre jungen Herren, lieber Baron, antwortete der Dekan, werden niemals der Wucht ihres Wissens erliegen; was ihre Charaktere betrifft, so sind beide Wölfe, der Aeltere mit, der Jüngere ohne Schafspelz.

Die Menschenkenntniß des Dekans bewährte sich.

Bei diesem Gegensatz der Charaktere war von Freundschaft zwischen den Brüdern nie die Rede, jeder ging seinen eigenen Weg.

Franz nahm nach des Vaters Tode ein junges, reiches Mädchen zur Gattin und erweiterte damit die Kluft zwischen sich und seinem Bruder, denn Klarisse war die Tochter eines bürgerlichen Großhändlers.

Als nun zu dem Allen auch noch die politischen Wirren hinzutraten und Franz in den Sicherheitsausschuß gewählt wurde, wurden die Brüder auch noch politische Gegner.

Die Ereignisse brachten den jungen Mann in die Reihe der politischen Flüchtlinge.

Jahre verstrichen, als er plötzlich von seinem Bruder einen Brief erhielt, der ihm die Möglichkeit einer Rückkehr in's Vaterland verhieß.

Die Amnestie erfolgte, die früher feindlichen Brüder lagen sich in den Armen.

Und Klarisse, die Gattin des Zurückgekehrten? wird der Leser fragen.

Nur wenige Augenblicke Geduld, Sie werden gleich Einsicht in die Verhätnisse gewinnen.

Wir treffen die beiden Brüder in der Wohnung Christoph's, die sich in der Jägerzeile befindet.

Das Gemach ist einfach möblirt, eine Fluidlampe erleuchtet es.

Da Christoph noch unvermält ist, so hat sein Diener aus dem nächstliegenden Gasthofe ein Abendmahl besorgt, dem jedoch der Angekommene, für den es bestimmt ist, nicht zuspricht.

Du wirst begreifen, sagte er, daß gewisse dunkle Andeutungen in Deinem letzten Briefe mich in eine peinliche Spannung versetzt haben, und daß diese jetzt, wo ich in Wien eintreffe, den höchsten Grad erreicht hat.

Ich begreife das nicht nur, sondern ich entschuldige es auch.

Du schriebst mir, gewisse Familienereignisse machten jetzt meine Rückkehr nothwendig.

Ich sprach damit nur die Wahrheit.

Da wir die einzigen Glieder unserer Familie sind und Du noch unvermält bist, so können sich die Ereignisse nur auf meine Gattin beziehen.

Der Schluß ist richtig.

Was ist also geschehen, sprich!

Lieber Bruder, begann Christoph, die Finger ineinander schlingend, Du wirst wissen, daß zwischen mir und Dir von Jugend an nicht jene Eintracht geherrscht, wie sie zwischen Brüdern walten sollte! Ich betrat niemals Dein Haus und fand mich dazu noch weniger veranlaßt, seit Du flüchtig werden mußtest. Trotzdem hielt ich es für meine christliche Pflicht, mein Auge dahin zu richten, und jene, die unseren Namen trägt, zu beobachten.

Ich danke Dir für den Liebesdienst.

Bevor ich weiter spreche, muß ich Dich fragen, ob Du mit Deiner Gattin in brieflichem Verkehr gestanden?

Ja, doch muß ich bemerken, daß dieser Verkehr seit einem Jahre gänzlich abgebrochen wurde.

Durch wessen Schuld?

Durch die Schuld Klarissens. Sie ließ drei meiner Briefe unbeantwortet.

Besaßest Du in Wien keinen Freund, an den Du Dich wenden konntest, um nach der Ursache des angenommenen Stillschweigens zu forschen?

Franz zuckte die Achseln und erwiederte:

Aufrichtig gesprochen, ich fand es nicht der Mühe werth!

Ich weiß, Bruder, daß bei Euerer Verbindung die Liebe nicht maßgebend war, sie heiratete den Baron und Du ihr Geld. Indessen hättest Du bedenken sollen, daß die Person Deinen Namen trägt, und daß, wie immer man auch über die verschiedenen gesellschaftlichen Einrichtungen denken mag, im Punkte der Ehre Meinungsunterschiede nicht walten können.

Wenn Klarisse meine Ehre befleckt hat, so werde ich sie rein zu waschen wissen.

Auf diese Wäsche bin ich neugierig. Die Fortschritte in der Chemie grenzen zwar an's Fabelhafte, ich zweifle aber, daß selbst Herr Liebig eine Tinktur besitzt, um Ehrenflecke vollkommen zu beseitigen.

Das soll meine Sorge sein, versetzte Franz wilden Blickes, jetzt aber sprich, hat Klarisse einen Geliebten? wer ist er?

Christoph verdrehte die Augen und entgegnete:

Du hast eine zu schlimme Meinung von Deiner Gattin, wenn Du sie fähig hältst, während ihr Mann in der Verbannung lebt, öffentlich einen Liebhaber zu substituiren. Dergleichen geschieht im Verborgenen.

Was weißt Du also von ihm, wer ist er, wie heißt er? —

Lieber Bruder, Du hast an Deiner Heftigkeit noch nichts eingebüßt, ich bitte Dich daher gelassen zu bleiben und mich anzuhören. Es gelang mir nicht zu erfahren, ob Deine Frau einen Geliebten hat —

Wie kannst Du sie also beschuldigen ohne Beweise?

Wer sagt Dir, daß mir Beweise mangeln?

Du willst Beweise besitzen und weißt doch nicht — Du sprichst in Räthseln?

Die sich Dir alsagleich lösen werden! Klarisse verbrachte die Sommer in den Bädern. Wie sie da lebte, darüber vermag ich keine Auskunft zu geben, denn meine Verhältnisse gestatteten mir nicht, ihr dahin zu folgen. Vor einem Jahre aber, gerade zur selben Zeit, wo sie den Briefwechsel mit Dir abbrach, kehrte sie im Spätherbst mit einem Kinde zurück —

Mit einem Kinde, rief der jüngere Baron auffahrend.

Mit einem Knäblein, zu welchem sie, was weiß ich auf welche Weise gekommen sein will.

Unerhört!

Unerhört ist der Fall gerade nicht, wohl aber unverschämt. Die böse Welt sprach allerlei von einer Bekanntschaft mit einem Uhlanenrittmeister, allein ich mag die Anschuldigungen nicht wiederholen. Was jedoch das Kind betrifft, so ist es eine nicht zu läugnende Thatsache.

Befindet es sich im Hause?

Das Weib des Gärtners hat es zur Pflege überkommen, behauptet jedoch vor der Welt, sie habe sich der armen Waise angenommen, weil deren Mutter ihre Verwandte war.

Ist es möglich, sein Verbrechen hinter einem so durchsichtigen Schleier verborgen zu glauben?

Der Welt gegenüber braucht Klarisse wenig Rücksicht zu beobachten, denn sie ist reich, und was Dich betrifft, so warst Du flüchtig, und eine Wahrscheinlichkeit, daß Du sobald wiederkehrst nicht vorhanden. Ich aber wollte die Sache nicht verjähren laſſen, der Allmächtige hat mein Unternehmen geſegnet und Du biſt wieder da, um das Verbrechen zu enthüllen.

Ich werde es, bei dem Teufel und ſeiner Hölle ſei es geſchworen, ich werde es! Ich danke Dir nochmals, lieber Bruder, für den Freundſchaftsdienſt, den Du mir erwieſen und ich hoffe, daß nun nichts mehr unſer gutes Einvernehmen ſtören wird. Jetzt aber —

Du wirſt doch die Nacht über bei mir verbleiben?

Entſchuldige, wenn ich Deinem Wunſche nicht nachkomme. Ich will wie der Blitz aus heiterem Himmel in mein Haus fallen.

Der Andere wirbelte die Hände in einander, kehrte die Augen gegen die Zimmerdecke und ſprach mit ſalbungsvollem Tone:

Der Wille des Herrn geſchehe!

Frnnz ſchüttelte dem Bruder die Hand und ſtürmte fort.

Nach ſeiner Entfernung trat der Diener in das Gemach. —

War während meiner Abweſenheit Jemand da?

Die Frau von Lichtfall, Euer Gnaden!

Der Baron verzog die Stirne, wie ungefähr ein Patient, der erinnert wird, daß die Stunde gekommen ſei, wieder zwei Löffel voll von einer bitteren Medizin zu nehmen.

Was wollte ſie?

Geld.

Schon wieder? murmelte der gnädige Herr, dieſes Weib ſcheint mit den Banknoten ihre Zimmer zu tapezieren.

Frau von Lichtfall ſagte —

Was ſagte ſie?

Sie laſſe Euer Gnaden erſuchen, ihr zuverläſſig bis Morgen acht Uhr Früh, Geld zu ſchicken.

Unverschämte! brummte der Baron in sich hinein, öffnete indessen eine Chatouille, nahm einige Banknoten heraus, steckte diese in ein Couvert und siegelte es.

Trage dieses Geld morgen mit dem Frühesten zu Frau von Lichtfall und übergib es ihr persönlich. Hast Du mich verstanden?

Ja, Euer Gnaden!

Jetzt gehen wir zu Bette.

Der Diener entfernte sich.

Der Baron setzte sich in seinen Lehnstuhl, stutzte die Ellbogen auf die beiden Seitenlehnen, legte die zehn Finger so aneinander, daß immer zwei und zwei korrespondirende sich an den Spitzen berührten, und starrte nachdenkend vor sich hin.

Worüber sann er? was brütete der Wolf im Schafpelz?

Viertes Kapitel.

Es ist um die Zeit, wo die Vorstellungen in den Theatern zu Ende sind.

Equipagen und Fiaker rasseln durch die Straße, es ist dies das letzte Aufflackern des öffentlichen Residenz-Lebens, von da an erlischt es oder zieht sich vielmehr hinter gemalte oder tapezirte Wände zurück, tausend und tausend der interessantesten Romane abspielend, die man nicht erzählen kann, ohne ein hinkender Teufel zu sein.

Wir machen vor einem Hause Halt, welches zufälliger Weise kein Zinshaus ist; sondern ein nach englischem Muster aufgeführter Bau, eingerichtet zur Bewohnung einer vornehmen Familie.

Es ist dies das Hotel Weidenfeld in der Humboldtstraße in der Nähe der neuen Universität.

Das Hotel besitzt ein Mezzanin für die Dienerschaft, eine erste und einzige Etage für die Herrschaft, einen Hof, Hausgarten und ein kleines isolirtes Nebengebäude, die Stallungen und Remisen enthaltend.

Gasflammen erleuchten es von innen und außen.

Das große Hausthor ist noch angelweit offen damit ist jedoch der Eingang keineswegs erschlossen, denn die bis zur Tageshelle erleuchtete Thorhalle ist durch eine Querwand begrenzt, deren untere Hälfte von Nußbaumholz, die obere aber von Glas ist.

Zwei Flügelthüren in dieser Wand bilden den eigentlichen Eingang.

Links sieht man einen Glockenzug, darunter das Wort „Hausglocke" in auffallender Weise zu lesen.

Innerhalb befindet sich die Loge des Portiers.

Der Boden der Thorhalle ist mit weißen Marbelsteinen gepflastert, die Wände und das Gewölbe künstlerisch bemalt.

An der rechten Seitenwand befindet sich ein zweiter Glockenzug, den man nicht bemerken würde, wenn sich darunter nicht eine weiße Tafel befände, mit der Inschrift: „Nothglocke."

Die Lettern sind groß, in's Augen fallend.

Im Hause herrschte tiefe Stille, von der nahen Votivkirche herüber verkündet die Glocke die zehnte Stunde.

Jetzt rollt eine Equipage heran, hält dicht vor dem Thore, ein Lakei springt vom Bedientensitz, hilft zweien Damen beim Aussteigen, währenddem werden bereits die Flügelthüren in der inneren Wand aufgerissen, die Frauen und der Diener sind im Innern des Hauses.

Die Kalesche rollt fort, dann ist's wieder still wie früher.

Wer sich die Mühe nehmen will, dem Wagen zu folgen, der wird sehen, wie er um die Ecke biegt und in der Seitengasse durch ein Thor fährt, welches in den zum Hotel Weinfelden gehörenden kleinen Wirthschaftshof führt.

Nach ungefähr zehn Minuten erscheint unsicheren, schüchternen Ganges eine Frau in der Thorhalle, blickt forschend um sich, ersieht was sie sucht, und zieht zaghaft an der Nothglocke.

Drinnen ertönt ein dünnes Glöckchen, gleich darauf öffnet sich eine Thüre in der Wand und die Frau tritt ein.

Wir folgen ihr und befinden uns in einem schmalen Korridor, von wo eine Treppe nach dem Mezzanin führt.

Ein herbeigeeilter Diener ersucht die Eingetretene, ihm zu folgen.

Sie wird in ein Zimmer im Mezzanin geführt, wo ein alter Herr sie empfängt.

Was wünschen Sie?

Ach, gnädiger Herr!

Ich bin bloß der Haushofmeister der Frau Baronin, was ich thue, geschieht in ihrem Namen. Nennen Sie mich Müller, so ist mein Name.

Herr von Müller —

Ich muß Sie noch einmal unterbrechen, ich bin nicht von Adel —

Herr Müller, nur die äußerste Noth konnte mich bewegen —

Ohne Umstände, welches ist Ihre Lage?

Ich komme nicht um zu betteln, sondern nur um ein Darlehen zu bitten.

Darlehen? Liebe Frau, das übersteigt mein Pouvoir. Ich bin bloß ermächtiget kleine Beträge zur Linderung einer momentanen Noth zu verfolgen.

Ach, Herr Müller, ich betheuere Ihnen, daß ich mich wahrhaft in Noth befinde, daß mir jedoch mit einem geringen Betrage nicht geholfen ist.

Wie viel benöthigen Sie?

Dreihundert Gulden. Ich wiederhole, daß ich sie nur als Darlehen erbitte. Meine Lage ist folgende —

Ersparen Sie sich die Mühe, liebe Frau, denn ich bin nicht in der Lage, Abhilfe zu bieten, folgen Sie mir, ich werde Sie der Frau Baronin vorstellen.

Der gnädigen Frau — jetzt — in der Nacht?

Sie sind nicht die Erste und werden nicht die Letzte sein, die um diese Stunde erscheint. Wenn ihr Anliegen motivirt ist und kein Betrug im Hinterhalt, so folgen Sie mir ohne Scheu.

Herr Müller begab sich nun mit der Bittstellerin nach der ersten Etage.

Teppiche umschlangen das Geräusch der Schritte.

Man betrat ein Gemach, einfach aber geschmackvoll möblirt.

Eine Zofe kam den Eintretenden entgegen und sagte: Was bringen Sie, Herr Müller?

Melden Sie mich der Frau Baronin, und setzen Sie hinzu, daß ich mich in Begleitung einer Nothleidenden befinde.

Die Zofe entfernte sich und kam nach kaum einer Minute zurück, die Thür, welche nach innen führte, öffnend.

Müller und die Bittstellerin traten ein.

Sie befanden sich in einem geräumigen Salon, welcher mit reichem Luxus ausgestattet und hinlänglich erleuchtet war, um bemerken zu lassen, daß sich Niemand darin befinde.

Dagegen vernahm man aus dem an den Salon grenzenden Gemache eine Frauenstimme, welche die Worte sprach:

Kommen Sie hieher, lieber Müller, sammt Ihrer Begleiterin!

Die Gerufenen durchschritten den Salon und betraten das Gemach.

Die Szene, welche sich ihnen darbot, war folgende:

Wie im Salon gingen auch hier Eleganz und Geschmack Hand in Hand.

Auf dem ovalen Tische in der Mitte des Gemaches brannte eine mächtige Lampe, deren milchweiße Kugel mit einem Schirm von grünen Spitzen bedeckt war, damit das grelle Licht mildernd.

In einer Bergére in der Nähe des Tisches saß eine junge Frau.

Im Alter mochte sie vielleicht den Dreißigen nahe stehen, doch erfreute sie sich des Vortheiles aller Brünetten, auf welche die Zeit weniger zerstörend einwirkt.

Eine Schönheit konnte man sie nicht nennen, dazu war sie ein klein wenig zu voll, sie hatte etwas Witwenartiges an sich.

Einnehmend an ihr waren die musterhaft gereihten Elfenbeinzähne, das glänzend schwarze Haar, welches jetzt unter dem blüthenweißen Negligeehäubchen ordentlich hervorleuchtete und endlich wundersame kleine Füße, die in diesem Momente in zierlichen Sammtpantoffelchen steckten und auf einem sammtgepolsterten Schemmel ruhten.

Beschäftiget war die Frau damit, daß sie ein beiläufig zweijähriges Kind, welches vollkommen wach und munter war, auf ihrem Schooße stehen hatte und, während ihre Hände es unter den Aermchen hielten und hoben, seiner Schwungkraft zu Hilfe kam.

Dieses Spiel, so zärtlich und liebevoll, wie nur eine Mutter mit ihrem Kinde es treiben kann, wurde während der nachfolgenden Unterhaltung nicht unterbrochen.

Die Frau war Klarisse Baronin von Weinfelden, das Kind mit dem sie spielte, war ein Knäblein, und hieß Edmund.

Was bringen Sie, lieber Müller?

Eine Frau, die um ein Darlehen bittet.

Um ein Darlehen?

Gnädige Frau Baronin, ich bitte demüthigst um Vergebung, ich hätte es wahrhaftig nicht gewagt in dieser Stunde.

Schon gut. Wie heißen Sie?

Katharina Schmidt.

Müller, notiren Sie die Angaben dieser Frau in Ihre Schreibtafel.

Wo wohnen Sie?

In Währing, Hauptstraße, im Hause zum Weinbauer.

Sind Sie verheiratet?

Ja!

Kinder?

Fünf.

Fünf Kinder, o Sie glückliche Mutter!

Gnädige Frau Baronin, man sagt Kinder sind Gottessegen, es ist nur zu bedauern, daß dieser Segen Gottes sich gerade da am reichsten einfindet, wo von einem anderen Segen wenig oder gar nichts anzutreffen.

Lebt Ihr Mann noch?

Ja, gnädige Frau.

Was ist er?

Er ist Drechsler.

Meister oder Geselle?

Drechslermeister.

Betreibt er sein Geschäft?

Er hat es betrieben bis heute, wo man ihn nach dem Schuldenarreste abführte.

Wie hoch beläuft sich die Summe, welche er schuldet?

Dreihundert Gulden.

Und er konnte sich diesen Betrag nirgends verschaffen?

Gnädige Frau, wer borgt heut zu Tage Geld ohne Hypothek? Wir besitzen keine solche. Mein Mann ist nicht in der Lage Gesellen zu halten, sondern ernährte uns durch seinen eigenen Fleiß. Die Schuld datirt aus einer Zeit, wo alle Geschäfte stockten und eine schwere Krankheit meinen Mann zwölf Wochen lang arbeitsunfähig machte. Die Schuld betrug anfänglich vierhundert Gulden, wir haben jedoch seitdem Einhundert abgezahlt.

Man sollte meinen, der Gläubiger, wenn er guten Willen sieht, würde zu warten sich verstehen?

Die Schuld ist durch Todesfall an einen Erben übergegangen und dieser kennt keine Nachsicht. Ich weiß mir nicht zu helfen, da rieth mir einer der Nachbarn, zu Ihnen meine Zuflucht zu nehmen, Ihre Milde, gnädige Frau Baronin!

Wie heißt Ihr Mann?

Friedrich Schmidt.

Lieber Müller, erkundigen Sie sich, ob sich Alles den Angaben gemäß verhält, und wenn dem so ist, so geben Sie der Frau den gewünschten Betrag. Ich will, daß sie bis längstens acht Uhr Morgens das Geld in Händen haben soll. Gehen Sie mit Gott.

Ach, gnädige Frau, wie soll ich Ihnen meinen Dank —

Pflegen Sie sorgfältig Ihre Kinder und seien Sie ihnen eine liebreiche Mutter. Gute Nacht.

Frau Schmidt, von Müller an der Hand genommen, verließ das Gemach.

Barbara! rief die Baronin.

Eine bejahrte Frau trat durch eine Tapetenthüre.

Jetzt muß der junge Herr zu Bette gehen, sagte die Baronin, da, Barbara, nimm ihn.

Der kleine Edmund sträubte sich und begann zu weinen.

Der Junge will nicht, sagte Klarisse, jeden Abend dieselben Manöver; geh' zu Bette, mein Kind, es ist schon spät.

Es ist diesem Kinde eigenthümlich, daß es im Stande wäre, die Nacht zu durchwachen, wenn man es gewähren ließe.

Es geräth darin seinem Vater nach, erwiederte Klarisse mit einem schmerzhaften Lächeln.

Barbara entfernte sich mit dem weinenden Knaben.

Die Baronin ging zur Ruhe.

———

Fünftes Kapitel.

Die Glocke der Votivkirche verkündete die eilfte Nachtstunde.

Der Portier des Hotels Weinfelden war eben daran, das äußere Hausthor zu schließen.

Einer der beiden massiven Flügel war bereits festgeriegelt und der andere sollte eben den Verschluß vollenden, als ein Herr eiligst herbeikam und die Absicht zeigte, in das Haus zu treten.

Der Portier pflanzte sich in den noch offenen Raum und sagte:

Was wünschen Sie, mein Herr?

Was ich wünsche? Schlingel, sieh' mich an und Du wirst wissen, was ich will.

Wer sind Sie, mein Herr, ich kenne sie nicht.

Baron Franz von Weinfelden, denn er war es, schaute den Portier genauer an und gewahrte einen ihm ganz fremden Menschen.

Er kennt mich nicht, dachte er, ich muß meinen Namen angeben.

Ich bin der Herr dieses Hauses, sagte er, Franz Freiherr von Weinfelden.

Wie, Sie sind der gnädige Herr Baron?

Jetzt Raum gegeben oder ich jage Dich schon morgen zum Teufel!

Ich bitte, gnädiger Herr, sich nur einen Augenblick zu gedulden! erwiederte der Portier, zog sich zurück, warf den schweren Thorflügel in's Schloß und eilte zur „Nothglocke," woran er dreimal heftig zog.

Der Baron stand wie aus den Wolken gefallen auf der Straße und starrte das ihm vor der Nase zugeschlageue Thor an.

Nach ungefähr drei Minuten trat der alte Müller, von zwei Bedienten mit Windlichtern gefolgt, auf die Straße.

Dem Baron erschienen alle diese Leute fremd, denn sie waren während seiner Abwesenheit aufgenommen worden.

Habe ich die Ehre mit dem Herrn Baron Franz von Weinfelden zu sprechen?

Ja, wer sind Sie?

Mein Name ist Müller, ich bin Haushofmeister der Frau Baronin und bin beauftragt, Ihnen, Herr Baron, den Eintritt in dieses Palais zu verwehren.

Diese Kundgebung frappirte Weinfelden im ersten Momente derart, daß er die Leute vor sich anstarrte und keines Wortes mächtig war.

Endlich gewann er der Rede Macht und rief:

Seid Ihr verrückt? Man will mir, dem Herrn des Hauses, den Eintritt verweigern?

In diesem Hause, Herr Baron, gibt es nur eine Frau und keinen Herrn!

Unverschämter!

Um Vergebung, Herr Baron, ich spreche blos, was zu sprechen ich beauftragt bin.

Ich will sehen, wer es wagen wird, mir den Eintritt zu verwehren?

Herr Baron, warnte der Haushofmeister, wir sind angewiesen, der Gewalt mit Gewalt zu begegnen.

Weinfelden schäumte vor Wuth.

Indessen fühlte er doch die erniedrigende Rolle, welche er gegenüber der Dienerschaft seiner Frau spielte, bezwang seine Aufregung und sagte:

Gehen Sie hinauf zur Baronin, melden Sie ihr, daß ich angekommen bin, und daß ich mit ihr sogleich sprechen muß, verstehen Sie mich, ich **muß**.

Müller und die Diener begaben sich wieder in's Palais, das Thor hinter ihnen schloß sich.

Der Vorgang war ein so seltsamer, daß er dem vor dem Hause seiner Gemalin auf und nieder wandelnden Baron Gelegenheit zu allerlei Kombinationen bot, die in ihrer Spitze jedesmal auf die Schuld Klarissens hinausliefen.

Sein Busen schwoll von fieberischer Wuth; endlich nach einer Viertelstunde erschien Müller in seiner früheren Begleitung und überbrachte dem Harrenden ein Billet.

Dieser öffnete es zur Stelle und las Folgendes:

„Mein Herr!

„Eine Reihe von Jahren hat uns getrennt, seit zwanzig Monaten jedoch sind wir geschieden.

„Wir Zwei können uns nur noch vor dem Richter sprechen.

„Die Regierung hat Sie amnestirt, ich amnestire Sie nicht.

Klarisse."

Der Baron zerknitterte das Billet, murmelte: Die Verbrecherin soll in mir ihren Herrn fürchten lernen! und eilte fort durch die Nacht.

Wohin?

Im ersten Momente dachte er an kein Ziel, die Aufregung in ihm war zu groß.

Man denke sich einen Menschen, der nach einem mehrjährigen Exil heimkehrt und den Eintritt in sein Haus verwehrt findet, verwehrt durch seine eigene Gattin!

Die Worte: „Ich amnestire Sie nicht!" gingen ihm nicht aus dem Kopfe.

Klarisse hatte sich früher nie mißbilligend über seine politische Thätigkeit ausgesprochen, im Gegentheil, sie schien von den nämlichen Sympathien beseelt wie er; wie kam es, daß sie nun zur Schuld erhob, was sie früher gebilliget?

Es ist nur ein Vorwand, sprach er für sich, um **ihre** Schuld zu bemänteln. Meine Rückkehr kam ihr unerwartet, unerwünscht, ich will sie aus der verbrecherischen Ruhe aufstöbern, sie soll mir Rechenschaft geben, sie und der Verführer, der meinen Namen bemakelt!

Die Betrachtungen ließen Weinfelden den Weg, den er einschlug, nicht beachten; jetzt blickte er auf, er stand vor einem Café, welches seine gastlichen Räume noch erleuchtet hatte.

Er begab sich hinein.

Die Zahl der Gäste war gering, die vorgerückte Nachtstunde traf nur noch einige Spätlinge, auf welche Wohnung und Familie keine Anziehungskraft übten.

Weinfelden ließ sich an einem Tischchen nieder und befahl Thee.

Sein düsterer Blick durchflog das Lokale.

Es war ihm neu, neu wie die Straßen, neu wie die Menschen.

Vielleicht trug, was er eben erlebt hatte, einen nicht geringen Theil der Schuld, daß ihm Alles so fremdartig erschien, daß er an sich selbst die Frage richtete, ob er sich auch wirklich in Wien befinde?

Weinfelden vermißte schon in der ersten Viertelstunde die laute Unbefangenheit, welche er an den Wienern von ehedem gewohnt war.

3*

Dort unterhielten sich zwei Herren miteinander, kaum nahte sich ein Dritter, so verstummten sie.

Drüben saß ein Einzelner, scheinbar in eine Zeitung vertieft, in Wahrheit aber die Anwesenden musternd und studirend, als wäre jeder Einzelne eine personificirte politische Frage.

Doch siehe da, Weinfelden war noch nicht der letzte Ankömmling, wieder erschien ein Gast.

Bei seinem Anblicke bemächtigte sich des Barons eine Art Freude.

Endlich ein Bekannter aus früherer Zeit, murmelt er, ob er mich erkennen wird?

Der Eingetretene ist dem Leser bereits einmal begegnet.

Er ist jener robuste, große Herr mit dem eisgrauen Schnurbart und dem Wald von weißen Haaren auf dem Haupte, der in der Wechselstube bei Konstant und Kompagnie dem schreienden Baron seine Karte eingehändigt hatte.

Der alte Herr, fest und mannhaft auftretend, durchschreitet die Halle; sein Weg führt ihn an den Baron vorüber.

Bei dessen Anblick macht er eine Bewegung des Hauptes, welche verräth, daß er Weinfelden erkenne, auch schien es, als wolle er anhalten und ihn ansprechen, doch er ging vorüber und ließ sich erst in ziemlicher Weite von ihm an einem Tischen nieder.

Der Baron glaubte zu träumen.

Rasch einen Entschluß fassend, erhob er sich, ging zu dem alten Herrn und sagte höflich grüßend:

Herr von Niederstein, es freut mich, Sie nach meiner jahrelangen Abwesenheit von Wien wohlauf wieder zu finden.

Der alte Herr, ohne den Gruß zu erwiedern, schaute Weinfelden mit einem durchbringenden Blicke an und sagte mit kalt einschneidender Stimme:

Wann sind Sie hier eingetroffen?

Vor wenigen Stunden mit dem Abendtrain.

Ah, dann begreife ich.

Was begreifen Sie, mein Herr?

Daß die Zeit Ihrer Anwesenheit zu kurz ist, als daß Sie orientirt sein könnten.

In der That, Herr von Niederstein, ich habe in der Dauer von nur einigen Stunden Erfahrungen gemacht, die mich zur Genüge erkennen lassen, daß es selbst für wiedergekehrte Eingeborne nöthig ist, sich in Neuwien zu orientiren. Ich genoß die Ehre, Sie ehedem zu den Freunden meines Hauses zu zählen, ich glaube mich daher an den rechten Mann zu wenden, wenn ich Sie bitte, meiner Unkenntniß zu Hilfe zu kommen.

Ich erkläre, mein Herr, daß ich hiezu keinen Beruf fühle. Wenn ich Ihnen sage, daß ich ein Freund Ihrer Gattin bin, so werden Sie begreifen, daß ich der Ihrige nicht sein kann.

Sie denunciren sich selbst, um so besser, Sie ersparen mir damit die Mühe, meine Feinde suchen zu müssen.

Ich verwehr' es Ihnen nicht, mich stets als solchen zu behandeln.

Da Sie zu den Freunden meiner Frau gehören, so wird es Ihnen vielleicht möglich sein, mir zu offenbaren, wo ich den Grund ihrer Feindschaft zu suchen habe?

Das fragen Sie mich? Ich denke, daß gerade Sie selbst darauf am zuverlässigsten antworten könnten.

Kann ich wissen, was während der Zeit meiner Abwesenheit in Wien vorgefallen ist?

Sie stellen sich unwissend, mein Herr, daß ist Ihre Sache, hier weiß man, woran man ist. Nicht in Wien, sondern in London ist der Grund zu finden —

Herr von Niederstein, ich ersuche Sie, sich deutlicher zu erklären.

Ich sagte Ihnen bereits, daß ich keinen Beruf zu Erklärungen fühle, weil ich dazu nicht ermächtiget bin. Indessen will ich Ihnen in einer Parallele einen Fingerzeig geben. Wie Sie wissen, war ich Soldat, ich trug eine weiße Uniform. Einst manövrirten wir im Feuer und mein Rock bekam einen schwarzen Pulverfleck. Mein Privatdiener, dem es oblag, den Fleck herauszuputzen, gab sich viele Mühe doch umsonst. Eines Tages hört er von einer neuerfundenen Tinktur sprechen, durch welche jede Gattung von Schmutzflecken beseitiget werden könne. Er kaufte ein Fläschchen und begann nach der beigefügten Vorschrift meine Uniform zu traktiren. Der Pulverfleck verschwand richtig, aber zwei Tage darauf befand sich an derselben Stelle, wo er gesessen, ein Loch im Rock. Sie werden begreifen, mein Herr, daß damit meine Uniform ganz unbrauchbar wurde.

Weinfelden kniff die Lippen zusammen und schaute den alten Herrn mit düsterem Blicke an.

Dieser änderte den bisherigen Ton und sagte mit bedauerndem Wohlwollen:

Baron, Sie haben Wien politisch gravirt verlassen, und kehren moralisch gravirt zurück. Sie haben sich in die Arme Ihres Bruders begeben, mögen Sie es nie bereuen!

Ohne eine Gegenrede abzuwarten, schritt der Greis aus der Halle.

Weinfelden wollte nacheilen und in trotziger Weise den Gegner zwingen, ihm Rede zu stehen, er besann sich jedoch eines Andern und bezwang seinen Groll.

Ich will keine Voreiligkeit begehen, murmelte er, sondern mich früher überzeugen, worauf meine Feinde sich stützen. Doch wohin nun in der Nacht sich wenden? Zu meinem Bruder?

Er rief den Marqueur, zahlte und eilte nach der Jägerzeile.

Sechstes Kapitel.

Es ist eigenthümlich, daß die Menschen niemals ihr Glück, wohl aber ihr Unglück zu erhöhen streben.

Man hört selten Jemanden jubeln: „Ich bin der glücklichste Mensch auf Erden!" wohl aber kann man täglich mehrere finden, deren jeder der „unglücklichste aller Sterblichen" ist.

Dieses Ergebniß liegt in der Unersättlichkeit der menschlichen Natur.

Wer heute den Haupttreffer in der Kredit-Lotterie gewinnt, ist im Stande, morgen zu klagen, daß er nur um „Ein Aug'" den Hauptgewinnst der Como-Rentenscheine verfehlt.

Ohne Zweifel, es gibt viele Unglückliche auf der Erde, wer aber ist von allen Unglücklichen der Unglücklichste?

Derjenige, den seine Verhältnisse zwingen, sein Unglück im Innersten zu verschließen, oder auch derjenige, dessen Charakter und Temperament so geartet sind, daß er sein Unglück in der stillen Brust mit sich herumträgt und schweigend leidet. Diejenigen, welche am wenigsten klagen, sind die Unglücklichsten.

Zu der letzterer Klasse gehörte — Raphael Hort.

Der junge Comptoirist fühlte sich seit dem Verschwinden seiner Geliebten um so unglücklicher, da es seinem Wesen widerstrebte, sich mitzutheilen und aus der frischen Quelle theilnehmender Herzen Trost zu schöpfen.

Der einzige Ort, wo er sich scheinbare Linderung holte, war die Wohnung der Frau Lichtfall.

Dorthin zog es ihn, dort erschien er täglich zu Besuche.

Aber, wie gesagt, die Linderung war nur eine scheinbare, es war die einer Wallfahrt zu dem Grabe der Geliebten.

Die unglückliche Mutter in Trauerkleidern — sie erschien seit dem Verschwinden Eleonorens nicht anders — gab sich in Wahrheit viele Mühe, ihn zu trösten, aber ach, wenn nur der Trost mit weinenden Augen gespendet nicht wirkungslos wäre.

Der Trost ist wie ein Bähumschlag, er muß warm und trocken gegeben werden, wenn er wirken soll.

Und — man erlaube uns die Berührung einer sehr prosaischen Thatsache — selbst die scheinbare Linderung, welche dem jungen Leidenden bei Frau Lichtfall zu Theil wurde, war sehr kostspielig.

Wer seine Seelenmedizin in solchen Apotheken holt, wird bald ein ruinirter Mann, besonders wenn er auf ein so geringes Einkommen angewiesen ist, wie Raphael.

Seitdem er sein Portefeuille heimlich auf dem Tische des Taufes zurückgelassen hatte, waren nur wenige Wochen verstrichen; aber in diesen wenigen Wochen ergaben sich viele Gelegenheiten, der ihm verliehenen Würde eines Schutzengels Ehre zu machen.

Bei einer so tief gekränkten, aber feinen und zarten Seele, wie Frau Lichtfall, durfte man nicht befürchten, daß je eine undelikate Bitte über ihre keuschen Lippen treten würde, allein es gibt Methoden, Geld zu erlangen, ohne daß man es begehrt, Lagen zu zeigen, ohne daß man sie enthüllt.

Man läßt ahnen, errathen, man schüttet seinen Kummer in des Freundes Herz aus und hofft, daß er als Reciproce es mit seiner Baarschaft auch so machen werde.

Und der gute Herr Raphael beeilte sich wirklich zu schütten, allein es war bald ausgeschüttet, dann begann der Quell etwas sparsamer zu fließen, item er floß noch immer.

Aber wenn sich schon ein lebendiger Brunnen ausschöpfen läßt, um wie viel eher eine Cisterne bei trockenem Wetter.

In dem Portefeuille des Comptoiristen trat Ebbe ein.

Sein Unglück steigerte sich zu einem poetischen Schmerz, der Seele gesellte sich die Pein prosaischer Verlegenheit.

Nun trat die furchtbarste, weil folgenschwerste aller menschlichen Schwächen in's Spiel, die — falsche Scham.

Dieses Gefühl, so unansehnlich und unscheinbar es auch auftritt, erzeugt doch oft verheerendere Wirkungen, wie die stärkste Leidenschaft.

Es arbeitet allmählig, langsam und stätig.

Die Zahl derjenigen, die durch falsche Scham verleitet in's Verderben gehen, ist Legion.

Raphael litt an dieser Schwäche.

Der Gedanke, von der Mutter seiner Geliebten als besitzlos angesehen zu werden, erfüllte ihn mit Entsetzen.

Eines Tages befand er sich bei der unglücklichen Mutter zu Besuche, als unerwartet ein stattlicher Herr eintrat, mit Backenbart, Schnurbart und aufgesteckten Augengläsern.

Der Herr trug Mütze und Uniform eines Polizei=Kommissärs und wurde von der Frau des Hauses mit großer Ehrerbietung empfangen.

Ach, hochverehrter Herr Kommissär, Sie haben sich zu mir bemüht, was verschafft mir die Ehre?

Ich komme, um mit Ihnen in der bewußten Angelegenheit Rücksprache zu führen.

O, ich bitte gefälligst Platz zu nehmen.

Meine Zeit ist gemessen, sagte der Herr in der Uniform, während er sich auf einen Sessel niederließ.

Ich bitte, Herr Kommissär, sprechen Sie, ich stehe zu Diensten.

Der Kommissär trug Bedenken, ein Blick auf Raphael sollte darthun, daß dessen Anwesenheit nicht erwünscht sei.

Frau Lichtfall fiel rasch ein:

Ich bitte um Entschuldigung, daß ich die Regeln des guten Anstandes außer Acht gelassen, mein Unglück ist enorm! — Ich bin so frei, die Herren einander vorzustellen — Herr Polzei-Kommissär Smettena — Herr Raphael Hort aus dem Comptoir des Wechselhauses Konstant und Kompagnie.

Die beiden Herren verneigten sich gegen einander.

Frau Lichtfall fuhr fort:

Herr Raphael Hort ist der künftige Gatte meiner Tochter — der Komptoirist erröthete — ich bitte daher, ihn als ein Glied meiner Familie anzusehen. Mein Unglück ist auch sein Unglück, vor ihm habe ich keine Geheimnisse, er ist der Trost meines Elends, er ist, was er heißt, in Wirklichkeit, mein Hort. Ich bitte daher, Herr Kommissär, ungescheut vor ihm zu sprechen.

Wenn sich's so verhält, antwortete der Beamte, seinen Bart streichend, hab' ich weiter keine Bedenken. Wir sind ihrer Tochter endlich auf die Spur gekommen.

Raphael wechselte die Farbe — Frau Lichtfall schnellte vom Sitz, hob die Hände gegen die Zimmerdecke und rief: Allmächtiger, Deine Gnade waltet noch immer!

Sprechen Sie, Herr Kommissär, fuhr sie zu diesem fort, bei Allem, was Ihnen lieb und theuer ist, flehe ich Sie an, sprechen Sie!

Daß ich Ihnen jetzt schon Mittheilungen mache, begann dieser, ist eigentlich gegen die Norm, denn die Sache ist noch im Gang und noch nicht vollständig eruirt. Meine persönliche Achtung und Theilnahme, die ich für Sie hege, bewogen mich jedoch, diesmal eine Ausnahme eintreten zu lassen und Sie von dem in Kenntnis zu setzen, was bisher eruirt worden ist. Hören Sie mich also an. Mit Ihrer Tochter ist ein unerhörtes Bubenstück geschehen, sie wurde entführt.

Entführt? Eleonore entführt, ausgeraubt —

Trösten Sie sich, letzterer ist nicht der Fall, denn der Missethäter ist ein zu reicher Mann, als daß er dergleichen nöthig hätte.

Wer ist er? wie heißt er?

Ich muß den Namen vorläufig verschweigen. Er ist einer der reichsten Bojaren in der Wallachei.

Ein Wallach! Entsetzlich, o ich unglückseligste aller Mütter!

Hatte Fräulein Eleonore vielleicht je Gelegenheit —

Um Gott, Herr Kommissär, jammerte Frau Lichtfall, ihn unterbrechend, verdächtigen Sie unser Theuerstes nicht, unsere Ehre! Mein Kind lebte unter meiner strengen Aufsicht, Herr Raphael ist der erste und einzige Mann, der unsere Schwelle überschritt, Lori kam nie von meiner Seite.

Dann muß der Bojar, der sich in letzterer Zeit in Wien aufhielt, Ihre Tochter irgendwo gesehen und eine unwiderstehliche Leidenschaft zu ihr gefaßt haben. Die Entführung geschah auf einem von ihm eigens gemietheten Schiffe.

Entsetzlich! Ich werde gegen die Dampfschifffahrts-Gesellschaft klagend auftreten —

Es war kein Dampfschiff. Das Fräulein wurde vom Exerzierplatze hinweg geraubt, vermuthlich in einem geschlossenen Wagen zu Schiffe gebracht und muß sich jetzt in der Walachei befinden.

Raphael glaubte zu träumen.

Hätte nicht ein Polizei-Kommissär das Alles erzählt, es würde ihm wie ein Märchen geklungen haben, allein diese Herren geben sich bekanntlich mit Märchen nicht ab;

wer wie sie in der Lage ist, dem Ernste des Lebens von allen Seiten in die Karten zu gucken, der hat für Gebilde der Phantasie keine Vorliebe.

Dem Komptoiristen erschien daher, was er hörte, außerordentlich, allein er zweifelte nicht daran.

Die unglückliche Mutter fuhr fort die Hände zu ringen.

Lori in der Walachei! der Gedanke wurde in allen Formen wiederholt.

Der Kommissär ersuchte sie, ihrem Schmerze zu gebieten und ihn seine Mittheilung beenden zu lassen.

In Folge dieser Ergebnisse, fuhr er fort, wendeten wir uns sogleich an das Kabinet in Bukarest, das Konsulat wird sich alle mögliche Mühe geben, den Aufenthaltsort zu entdecken, denn, wohlgemerkt, man kann keine Reklamation erheben, so lange das Fräulein nicht ermittelt ist. Sie können überzeugt sein, daß die kaiserlichen Behörden Alles aufbieten werden, das Verbrechen an den Tag zu bringen, indessen gibt es doch noch ein Mittel, die Angelegenheit zu beschleunigen, und dieses liegt in Ihrer Hand.

In meiner Hand, ach Gott, sprechen Sie es aus, und wär's mein Leben, ich böte es auf.

Sie sind eine exaltirte Mutter, tadelte der Kommissär, wer wird denn gleich an den Tod denken! Behalten Sie Ihr Leben und verwenden Sie es zum Besten Ihrer Tochter. Das Mittel, welches ich Ihnen anrathe, besteht darin, daß Sie sich entschließen, selbst nach Bukarest zu reisen —

Ich — nach der Walachei —

Was haben Sie dort zu besorgen? Sie stehen unter dem Schutze des Konsuls.

Was aber soll ich in Bukarest beginnen?

Ich werde Ihnen den Namen des Entführers anvertrauen, Sie können entweder direkt oder indirekt auf ihn einwirken — Sie können, um den Aufenthalt des Fräuleins zu erforschen, manchen Weg einschlagen, der nur Ihnen als

Frau und als einer Privatperson zugänglich ist. Kurz, meine persönliche Ueberzeugung ist, daß Ihr Aufenthalt in Bukarest von dem glücklichsten Erfolge begleitet sein muß. Zu diesem wohlgemeinten Rathe fühlte ich mich verpflichtet und damit bin ich auch heute zu Ende. Es bleibt Ihnen überlassen, den Rath zu befolgen oder nicht.

Nach diesen Worten erhob sich der Kommissär, empfahl sich und verließ, von der Frau des Hauses bis an die Thüre geleitet, die Wohnung.

Der Herr Kommissär, sagte die unglückliche Mutter zurückkehrend, ist ein sehr liebenswürdiger Mann, sein Rath ist mir wichtig und verdient, daß er wohl überdacht werde. Ach, wenn eine Reise nach Bukarest nur nicht gar so entsetzlich viel Geld kosten würde!

Sie verlor aber an jenem Tage kein Wort mehr über die erwähnte Angelegenheit.

———

Und es ward Abend, es ward Morgen.

Raphael kam wieder und Frau Lichtfall sprach von Allem, nur nicht von der Walachei und von den Walachen, die damals noch keine Konstitution und auch noch nicht mit den Moldauern unirt waren.

Dagegen war sie sehr wortkarg, sehr tiefsinnig und um fünfundzwanzig Grade trauervoller wie sonst.

Arme Frau!

Sie litt an unterdrückten Wünschen.

Armer Raphael!

Er litt an einer Ohnmacht seines Portefeuilles.

Bei seinem nächstfolgenden Besuche erwartete ihn eine neue Ueberraschung.

Wenn es nach so vielen Niederschlägen möglich war, noch Niederschlagenderes zu bieten, geschah es heute.

Der Komptoirist war kaum eingetreten, als Frau Lichtfall ihm mit dem Rufe: „Ein Brief, ein Brief!" entgegenstürzte.

Ein Brief? Von Fräulein Lori?

Nein, er ist von dem Walachen, von dem Entführer. Fluch ihm, Fluch, Fluch!

Zu diesem dreimaligen „Fluch" setzte die unglückliche Mutter hinzu:

Lesen Sie, lesen Sie!

Der Brief ist ja französisch!

Wissen Sie denn nicht, daß gebildete Russen und Walachen immer französisch schreiben?

Raphael las.

Der Inhalt des Briefes lautete getreu übersetzt, wie folgt:

„Madame!

„Ich liebe Ihre Tochter, die sich in meiner Gewalt befindet.

„Ich liebe Eleonoren und will sie zur glücklichsten Frau dies- und jenseits des Pruth machen.

„Das thörichte Mädchen weigert sich aber, meine Gattin zu werden, weil ihr Herz, wie sie sagt, nicht mehr frei ist.

„Alle meine Mühe, sie zu überreden, war vergebens, ich legte ihr die Hälfte meiner Reichthümer zu Füßen und sie wies sie zurück, weil meine Hand daran hing.

„Ich wende mich daher an Sie, die erfahrenere und praktischere Frau, und bitte Sie um die schriftliche Einwilligung zur ehelichen Verbindung mit Ihrer Tochter. Besitze ich jene, so werde ich wissen, was ich zu thun habe.

„In der Stunde, wo Sie das bezügliche Dokument einem Ihnen nachträglich namhaft zu machenden Wiener Bankier übergeben, werden Sie von diesem vorläufig dreitausend Stück Dukaten erhalten.

„Ihre Antwort auf Gegenwärtiges senden Sie: Bukarest, poste restante, unter dem fingirten Namen: „Spiridon Fantapuzeno."

„Sie werden begreifen, Madame, daß wenn ich auch diesen Brief nicht unterzeichne, ich dennoch nichts sehnlicher wünsche, als mich zu nennen

Ihren Schwiegersohn."

Nachdem Raphael diesen Brief laut vorgelesen, oder vielmehr vorgestammelt hatte, schlug die unglückliche Mutter die Hände über dem Kopfe zusammen und jammerte:

Was sagen Sie dazu? Was sagen Sie dazu?

Armer Raphael!

Was sollte er dazu sagen?

Er war vernichtet, er stand auf dem Punkte zu verzweifeln.

Er sah den Gegenstand seiner ersten, reinen, heiligen Liebe verloren, Lori sollte die Gattin eines walachischen Bojaren werden, schon der Gedanke machte ihn zum Kandidaten des Görgen'schen Institutes.

Der junge Mann sagte gar nichts, sondern warf sich auf den Divan, vergrub das Antlitz in dessen Kissen und seufzte schwer und tief.

Ach, wäre er in diesem Momente ein Rothschild gewesen oder ein Sina, er hätte nicht seinen halben, sondern seinen ganzen Reichthum zu Füßen der Frau Lichtfall niedergelegt, allein er war nur Raphael Hort, er besaß nichts als ein liebevolles, treues Herz, ein zwar sehr werthvolles, aber leider nicht versatzfähiges Eigenthum.

Herr Raphael, unterbrach Frau Lichtfall das eingetretene Schweigen, ermannen Sie sich und lassen Sie sich von Ihrem gerechten Schmerz nicht bewältigen. Ich bin keine Mutter, die durch ihr Kind Reichthümer erstreben will, ich würde daher die Gelegenheit dazu nur nothgedrungen ergreifen. Ich werde mich mit diesem Briefe sogleich zu dem Herrn Kommissär, meinem Gönner, begeben und ihn um seinen Rath befragen, ich weiß aber im Voraus, welches seine Meinung sein wird. „Machen Sie sich und Ihr Kind glücklich!" wird er sprechen. Gut, das will ich. Hätte ich meine Lori in Wien, so weiß ich, was ich zu thun hätte, um ihr Glück zu fördern, so aber wird sie gewaltsamer Weise in der Walachei zurückgehalten, was soll ich da beginnen? Die Reise nach Bukarest antreten, dort ihre Befreiung bewirken? Ich möchte mich mit Wonne den Mühen und Gefahren unterziehen, allein — dabei seufzte sie schwer auf — ein meinen Verhältnissen unüberwindliches Hinderniß steht diesem Unternehmen entgegen —

Der Komptoirist, dessen Gedanken gerade thätig waren, dieses Hinderniß zu beseitigen, richtete sich rasch auf, ergriff die weiche Hand der unglücklichen Mutter und sagte mit dem Tone eines Mannes, der einen Entschluß gefaßt hat:

Gnädige Frau, gedulden Sie sich nur einen oder zwei Tage, Sie sollen die Reise nach Bukarest antreten.

Raphael — Engel — mein Sohn — mein Kind —

Und in den Armen lagen sich Beide und weinten vor Schmerz und Freude.

Nach dieser Szene verließen die Mutter und der Komptoirist wieder das Haus.

Sie ging mit dem Briefe zum Kommissär und er begab sich zu — Bernhard Meibler.

Siebentes Kapitel.

Wer war Bernhard Melbler?
Ein Millionär, oder mindestens ein Kapitalist?
Nichts weniger als das.
In einem gewissen Sinne konnte man ihn einen Kapitalisten nennen, doch trug er sein ganzes Kapital mit sich im Kopfe herum.
War er etwa ein Geldverleiher, ein Wucherer?
Nichts weniger als das!
Er lieh Niemandem Geld, sondern warf es lieber zum Fenster hinaus.
Bernhard war ein junger, fleißiger, flotter Bildhauer, ein im Auffliegen begriffener Künstler, nebenbei ein Landsmann und Jugendfreund Raphael's.
Bernhard hatte auf der „Laimgrube am Glacis" — diese Bezeichnung übertrug sich aus Altwien nach Neuwien — zu ebener Erde sein Atelier.
Es stand im Hofe und bot mit seinen hohen bogigen Fenstern von außen das Ansehen einer Kapelle.
Der kleine Bau war eigens zu dem Zwecke eines Bildhauer-Ateliers aufgeführt worden.
Die Nacht war angebrochen, man befand sich der Jahreszeit nach zu Ende Oktober; Raphael traf daher, als

er durch das hohe Bogenthor in die Werkstätte des Künstlers trat, dieselbe von mehreren Gasflammen erleuchtet.

Man war in voller Beschäftigung.

Die Szene bot einen interessanten Anblick.

Ringsum an den Wänden Statuen, Büsten, Modelle von Thon, Gyps oder Marmor.

Dort arbeitete ein Geselle an einem Grabmonument, hier modellirte ein Lehrling eine Hand, drüben meiselte einer an einem Kopf von Marmor.

Die Mitte des Ateliers nahm eine riesige Figur von Sandstein ein, sie personificirte das Kapital, und war bestimmt das Palais eines Geldinstitutes zu zieren.

Auf dem Nacken dieser Figur ritt Bernhard Meidler und arbeitete an deren Kopf herum.

Glücklicher Künstler, der das Vermögen besitzt, sogar dem Kapital den Kopf zurecht zu setzen.

Bernhard hatte den Eintretenden kaum erblickt, so rief er auch schon von oben herab:

Raphael, grüß' Dich Gott. Du triffst mich in voller Arbeit.

Laß Dich nicht stören.

Adam, wie viel ist's an der Uhr?

Es fehlen zehn Minuten auf Acht.

Macht Feierabend! Ich schenk' Euch diese zehn Minuten zu Ehren des Besuches. Was mich betrifft, Bruder, so gedulde Dich ein wenig, ich muß meiner Figur noch das zweite Ohr aushauen. Es ist ein Kapitalmensch, wie gefällt sie Dir?

Die Figur ist sehr hübsch, mich wundert es aber, daß man das Kapital in einer Frauensperson personificirt.

Du hast nicht ganz Unrecht. Das Kapital ist eigentlich ein Herkules, der Löwen bändiget, allein Männer können keine Kinder zeugen, das Kapital im modernen Sinne hat aber den Monsieur Schwindel geboren, daher muß es nothwendig ein Weib sein. Der kleine Schwindel ist jetzt erst drei Jahre alt, kann aber bereits in Brüchen rechnen, addirt Achtel und Viertel und verspricht ein großer Mann zu werden. Die taumelnde Frazze, die ich dem Kapital zu Füßen gelegt, ist Herr Schwindel. Ich wollte, um das Kapital getreu darzustellen, die Statue aus Papier machen, allein ich fürchtete, die Papparbeiter könnten es als einen Eingriff in ihr Gewerbe ansehen und gegen mich klagbar werden. So, das Loch zum Ohr ist fertig, die Fortsetzung folgt morgen.

Damit löste er sich vom Nacken des Kapitals los und lief auf der rückwärts an die Figur gelehnten Leiter herab.

Er reichte dem Freunde die vom Sandstein geweißte Hand und schüttelte die Raphaels mit Wärme.

Bernhard war klein, flink, rührig, mit vollen, hübsch gefärbten Wangen, trug ein blondes Schnurbärtchen und kurzgeschorenes Haar.

Er glich nicht im Entferntesten jenen Standesgenossen, die in Kitteln mit zottigem Bart und langen Locken durch die Straßen rennen und äußerlich eine Genialität zur Schau tragen, die ihnen innerlich mangelt.

Bernhard war nämlich ohne Excentrizität, ohne Neid, ohne Kabale.

Lobenswerthe, aber seltene Eigenschaften bei Künstlern.

Jetzt reinigte er sich die Hände, warf die Arbeitsblouse von sich und zog den Rock an.

Nun steh' ich zu Deiner Disposition!

Adam wendete er sich zu einem einzigen zurückgebliebenen Arbeiter — lösch' das Gas und schließ' das Atelier.

Nach dieser Anordnung hängte er sich in den Arm des Freundes und sagte: Komm'!

Wohin gehen wir?

Ich überlaß' es Deiner Wahl.

Machen wir einen Gang durch die Straßen.

Einverstanden, ich benöthige ohnedem Bewegung, um meine Muskulatur in Thätigkeit zu setzen.

Bernhard, ich will gleich auf die Veranlassung zu sprechen kommen, die mich zu Dir führt.

Eine besondere Veranlassung? Laß hören.

Ich benöthige Geld.

Wie viel?

Fünfhundert Gulden.

Fünfhundert Gulden? Freund, das ist in Verhältnissen wie die uns'rigen eine respektable Summe. Du kennst mich zu genau, um nicht zu wissen, daß ich einen solchen Betrag nicht disponibel habe.

Ich weiß das, lieber Bernhard, ich erwartete auch nicht, sie von Dir zu erhalten, wohl aber durch Dich.

Lieber Raphael, es wäre gar traurig, wenn ein Mann in meiner Stellung keinen Kredit besäße, allein es ist Grundsatz bei mir, niemals Geld zu borgen. Ich bin kein Haushälter, ich gebe viel aus, wenn ich viel verdiene, ich weiß mich aber auch einzuschränken, wenn die Ebbe eintritt. Abgesehen davon bin ich wirklich erstaunt, wie Du, der sonst eingezogene haushälterische Mensch dazu kommst, einen solchen Betrag zu benöthigen? Raphael, Raphael, mir scheint, Du spielst auf eigenes Risiko an der Börse?

Du irrst, Bernhard, ich benöthige das Geld zu einem andern Zwecke.

Welches ist dieser Zweck?

Laß das, es ist mein Geheimniß.

Ich will nicht weiter in Dich dringen, denn sobald Du es für nöthig erachtest, das Geheimniß sogar vor Deinem Jugendfreunde zu bewahren, mußt Du Deine gewichtigen Gründe dafür haben. Ich respektire Deine Gründe, bitte aber dafür, daß Du auch meine Grundsätze respektirst. Besäße ich die Summe vorräthig, ich würde sie Dir ohne Bedenken leihen, allein mich in Geldmanipulationen einzulassen, widerstrebt meinem Naturell, ich verlöre meine ganze Ruhe und Sorglosigkeit, die zu meinem Geschäfte unentbehrlich sind, wenn mich das Bewußtsein drückte, daß von mir ein

Schuldschein oder gar ein Wechsel circulirt, die ich in einer bestimmten Zeit einlösen müßte. Ich will hoffen, Freund, daß Dich meine Aufrichtigkeit nicht mißstimmt oder gar verletzt.

Nicht im Geringsten, ich nahm zu Dir meine Zuflucht weil Du mir in dieser großen Stadt der Nächste bist und weil ich zu Dir das meiste Vertrauen habe. Ich dachte nicht daran, Dir zuzumuthen, daß Du Dich meinetwegen in Manipulationen einlassen sollst, ich wollte Dich blos um Deinen Rath, um Deine Fürsprache angehen. In den Kreisen, wo ich mich bewege, kann ich kein Geld entlehnen, ohne daß mein Chef es erführe und das ist's, was ich vermeiden will. Den Grund davon brauch ich Dir nicht erst zu sagen.

Bernhard bedachte sich eine Weile und erwiederte dann:

Du erwartest Rath von mir, Du sollst ihn haben, den besten, den ich geben kann. Raphael, vermeid' es, die ersten hundert Gulden zu borgen, faßt Dich der Teufel bei einem Haar, Du gehörst ihm ganz und gar.

Ich muß die erwähnte Summe haben, an sie knüpft sich mein Lebensglück.

Du hast ein schweres Wort gesprochen. Wenn's so steht, meinetwegen, ich werde Dich in ein Gasthaus führen, wo wir um diese Stunde einen Mann treffen, an den Du Dich wenden kannst. Meine Fürsprache soll Dir werden, aber von Einstehen meinerseits darf keine Rede sein.

Raphael erklärte sich damit zufrieden.

Die beiden Freunde waren bei dieser Unterhaltung wacker ausgeschritten und befanden sich bald in einem der ganz neu entstandenen Stadttheile, wo vor noch wenigen Jahren Feld- und Scheermäuse ihre unterirdischen Wühlereien trieben, wo aber jetzt staatliche Zinshäuser prangten, hoch aufgegipfelt, gleichsam, um sich über den blauen Dunst zu erheben, der in Wien in so großen Quantitäten erzeugt wird.

In einem dieser Häuser befand sich das Lokale, wo die beiden Freunde eintraten.

Ein ziemlich geräumiger Salon mit Gas beleuchtet, eine Menge Tische und Tischleins, daran eine Menge Gäste und Gästinnen von der sogenannten „mittleren Bürgerklasse."

Der Volkssänger, Herr Moser amüsirte das Publikum; er ist eine der wenigen Spezialitäten, die sich aus Altwien nach Neuwien herübergescherzt haben, ohne seine Laune mit der Nationalgarde=Uniform in's Depot abgegeben zu haben.

Unser Mann ist noch nicht da, begann Bernhard, nachdem er sich mit Raphael an einem Seitentischchen niedergelassen hatte, er kann aber nicht lange mehr ausbleiben, denn er ist ein Moserianer und fehlt nirgends, wo sein Idol sich produzirt. Damit Du Dich in dem Charakter ein wenig orientirst, will ich versuchen, ihn in einigen Zügen zu skizziren. Der Mann heißt Wurm. Dabei darfst Du ja nicht an den Sekretär gleichen Namens in „Kabale und Liebe" denken, denn bei unserem Wurm ist keine Spur von Kabale und keine von Liebe. Als Staatsbürger ist er Armenvater, als Geschäftsmann Geldverleiher. Als Ersterer ist er bereit Jedermann, zu jeder Stunde ein Armuthszeugniß auszustellen, der kein anderes Zeitungsblatt liest, als den Volksfreund. Ich kenne eine arme Frau, welche er von allen Betheiligungen ausschloß, weil sie die Morgenpost las. Eine Frau, die an „Grasel" Wohlgefallen findet, sagte er zu ihr, hat keinen Anspruch auf Unterstützung. Die Arme replicirte freilich, ihre Vorliebe für den genannten Spitzbuben rühre blos von dem Umstande her, weil ihr seliger Vater mit dabei war, als er auf dem Glacis hingerichtet wurde, der Grasel nämlich, allein der Armenvater achtete auf die Replik nicht und genügte seinem armenväterlichen Gewissen. Was den Geldverleiher Wurm betrifft, so handelt er ebenfalls wie der Armenvater nach gewissen Grundsätzen. Der Oberste davon ist, nie und nimmer einem Juden Geld zu borgen, er nährt sich bloß von christlichen Interessen, zwanzig vom Hundert, nie weniger; wenn er in der Zeitung liest: „Fünfzig Gulden schenke ich Demjenigen, der mir eine Summe von fünfhundert Gulden gegen Hypothek auftreibt u. s. w." so hat er seinen Mann gefunden, er spielt dann in einer Stunde die Rolle des Besorgers und des Verleihers, so wie einst gewisse Schauspieler die Rolle des Karl und Franz Moor in einer und der nämlichen Vorstellung produzirten. Ich erwarb mir die Gunst des Herrn Wurm nach dem Tode seiner Frau. Er bestellte deren Grabstein bei mir. Von der Ansicht ausgehend, daß die Gönnerschaft der Lebendigen nützlicher ist, als die der Todten, entwarf ich ein Monument, welches den Armenvater glorifizirte, seit damals nennt er mich nie anders, als: Mein lieber Sohn!" und ich nenne ihn: „Verehrter Herr Papa." Du aber wirst wohlthun, ihn mit: „Herr Armenvater" anzusprechen, er betrachtet das als eine bürgerliche Charge und bildet sich viel darauf ein. Noch etwas, Wurm lechzt nach einem Orden, nach einem Bändchen, nach einem Verdienstkreuz. Er bedenkt aber nicht, daß ein Wucherer in einem Tage mehr Verdienste auffrißt, als zehn Armenväter in einem Jahr erwerben können, und huldigt dem Wahn, seine Leidenschaft ehestens befriedigt zu sehen. Es fällt ihm auch gar nicht ein, sich für einen Wucherer zu halten, er gehört zu jenen Wienern, die einem in ihrer harmlosen Gemüthlichkeit die Haut abziehen und damit ein natürliches Geschäft abgethan zu haben glauben.

Ah, unterbrach der Bildhauer sich selbst, da kommt er!

Voran bewegte sich ein Schmerbauch, hintendrein wand sich der Wurm.

Wenn sich der Leser eine Kreislinie denkt und daran vertikal eine mathematische Tangente gezogen, so hat er Herrn Wurm mit seinem Bauch.

Er war ein anatomisches Räthsel, ein im Verhältniß magerer Mann mit einem zu fetten Bauch.

Die Wiener witzeln über Alles, sogar über Armenväter, es gab daher einige, die behaupteten, Herr Wurm leide an Würmern, andere dagegen meinten, der Bauch repräsentire den Geldverleiher und der übrige Körper bis an den Hals den Armenvater, der Kopf, meinen sie, sei eine bloße „Zuwag," ungefähr wie man bei den Metzgern zu mehreren Pfunden Rindfleisch ein kälbernes Bein als Zugabe erhält.

Doch, wie gesagt, das Alles war bloße Witzelei, der Armenvater trug eine kostbare Ankeruhr mit massiver goldener Kette, schweren vollwichtigen Berlocken und an den Fingern ein Dutzend Ringe mit allerlei Edelgestein, und, daß wir's ja nicht vergessen, am rechten Ohrläppchen ein festgeschraubtes Goldplättlein, von wegen der Augen, wie er sagte.

Für Herrn Wurm, oder vielmehr für seinen Bauch in dem reichgefüllten Salon einen Platz zu finden, war nicht leicht, der Bildhauer beeilte sich daher, ihn an seinen Tisch zu laden, was auch mit Vergnügen angenommen wurde.

Verehrter Herr Papa, ich bin erfreut, Sie wohlauf zu sehen!

Desgleichen, lieber Herr Sohn.

Die Herren erlauben, daß ich Sie einander vorstelle. Herr Kaspar Wurm, wohlverdienter Armenvater, Raphael Hort, Komptoirist bei Konstant und Kompagnie, mein Freund.

Freut mich, freut mich.

Nach dieser solennen Vorstellung erschien Herr Moser und komplimente den Armenvater persönlich.

Lassen Sie sich nicht stören, lieber Moser, machen Sie nur fort, was haben Sie Neues auf dem Repeto-ihre?

Eine Conversation.

Gut konversiren Sie fort, ich werde blos Ohr sein.

Nun zu Ihnen, lieber Sohn, sind Sie brav fleißig? Ich werde nächstens für Sie Arbeit haben.

Vielleicht wieder ein Monument?

O nein, ich benöthige zwei neue Steinstufen —

Papa, Sie erzeugen sich als Armenvater so viele Stufen, daß Sie bereits eine Stiege bis in den Himmel bauen können. In der Regel gehört die Erzeugung von Steinstufen in das Bereich der Steinmetze, bei Ihnen will ich mich jedoch der Gefahr der Gewerbepfuscherei aussetzen und übernehme die Bestellung.

Sapperment, was seh' ich, d i e ist auch da? Nu wart', wir wollen der Anderen den Brotkorb ein wenig höher hängen.

Wurm starrte bei diesen Worten in die Ferne, dann zog er sein Notizbüchlein aus der Brusttasche und machte zu einem der darin verzeichneten Namen ein Kreuz.

Abscheuliches, gewissenloses Volk! murmelte er.

Was haben Sie, Herr Papa?

Sehen Sie dort das Weibsbild zwischen den fünf Herren —

Sie trägt einen grünen schweren Shwal —

Die nämliche —

Fungirt Sie vielleicht gar in Ihrer Liste?

Sie nicht, wohl aber ihre Schwester. Von nun an wird sie aus der Liste gestrichen; wenn die Susi mit Hut und Shwal zum Harfenisten gehen kann, hat ihre Schwester keinen Anspruch auf die Armenkasse.

Herr Papa, nicht blos Ihr Amtseifer, sondern auch Ihre Logik verdient ein Kreuz.

Meinen Sie?

Ich lebe und sterbe für diese Ansicht.

Nu, nu, was nicht ist, kann werden.

Es muß werden, glauben Sie mir, es muß oder es gibt keine Gerechtigkeit mehr auf der Erde. Wie gefällt Ihnen mein Jugendfreund Raphael?

Er sieht aus wie ein solider junger Mann.

Wären Sie geneigt, mit ihm ein Geschäft zu machen?

Raphael, Raphael, der Name klingt jüdisch.

Ich stehe Ihnen dafür, daß er ein Christ.

Stehen Sie auch für seine Solvenz ein?

Papa, Sie kennen meine Grundsätze, ich empfehle ihn Ihnen, ich übernehme jedoch keine Garantie. Ich verspreche aber, im Falle Sie ihm aus der momentanen Verlegenheit helfen, Ihnen nicht blos die zwei Steinstufen als Rabatt zu liefern, sondern auch auf jede eine Armenbüchse auszuhauen.

Das hieße die Armuth mit Füßen treten, mir fällt was Klügeres ein.

Zum Beispiel?

Eine Neuerung, die vielfältig Nachahmung finden wird.

Wie, Sie fürchten sich vor Neuerungen nicht?

Die meinige ist unschädlich. Machen Sie eine große Armenbüchse aus Marmor, damit ich sie ober meinem Hausthor anbringen lasse; wenn der Bezirksarzt, die Bezirks-Hebamme, der Vorspanns-Kommissär ihren Schild haben, warum denn nicht auch der Armenvater?

Die Idee ist gut. Ich werde eine Büchse machen mit der Inschrift: „Vorspanns-Kommissär für die Armen."

Herr Wurm hielt sich seinen Bauch, was er jedesmal that, wenn er sich entschloß zu lachen.

Sie sind ein Spaßvogel, lieber Sohn, halten wir uns an die Büchse, lassen wir den Vorspanns-Kommissär fallen.

Das Geschäft ist also abgemacht?

Wie viel Geld benöthigt Ihr Freund?

Blos fünfhundert Gulden.

Auf wie lange?

Zahlbar in sechs Monaten.

Wegen der Interessen werde ich mich mit ihm persönlich verständigen.

Das versteht sich von selbst.

Sie machen mir auch die Steinstufen und die Marmorbüchse als Rabatt.

Mein Wort darauf.

Das Geschäft ist gemacht.

Bildhauer und Armenvater schüttelten sich die Hände, dann wurde auch Raphael in die Unterhaltung hineingezogen und von dem günstigen Erfolge des bisher vertraulich geführten Gespräches in Kenntniß gesetzt.

Man war damit eben zu Ende, als einer der Volkssänger die Tribüne bestieg und ankündigte:

Wir werden die Ehre haben vorzutragen eine komische Szene unter dem Titel: Die Konversation über den Stephansthurm und Alles was d'ran hängt," von Moser.

Das Publikum klatschte Beifall.

Das Geschäft zwischen Raphael und dem Geldverleiher war abgemacht.

Achtes Kapitel.

An dem nämlichen Vormittage, an welchem Raphael Hort bei Herrn Wurm sich einfand, um die fünfhundert Gulden in Empfang zu nehmen, welche der Mutter seiner Geliebten die Reise nach Bukarest ermöglichen sollten, an dem nämlichen Vormittage erschien Frau Lichtfall in der Wohnung des Herrn Christoph von Weinfelden und verlangte mit dem Baron zu sprechen.

Der gnädige Herr fuhr seinen Diener sehr ungnädig an. Ich bin nicht zu Hause.

Euer Gnaden vergeben, ich kann die Frau von Licht=
fall mit dieser Angabe nicht mehr bedienen, sie weiß
bereits —

Daß Du ein Dummkopf bist. So laß sie herein, in
Teufels Namen!

Die trauernde Mutter trat in das Gemach.

Ihre Dienerin, Herr Baron!

Ich bin sehr erfreut, Sie bei mir zu sehen, liebe
Madame.

Ich will es glauben, obgleich der Umstand, daß man
mich warten ließ —

Mißverständniß, nichts als Mißverständniß.

Ich bin nicht gewohnt zu antichambriren.

Weinfelden blickte gegen die Stubendecke und sagte
mit salbungsvoller Geberde:

Wie können Sie nur glauben, daß Ihnen bei mir so
etwas zugemuthet werden sollte?

Zeit und Weile sind ungleich, erwiederte die Dame,
die sich eines barschen Tones bediente, eines Tones, der
mit ihrer Trauerkleidung im grellen Widerspruche stand,
noch vor zwei Monaten wär's mir nicht in den Sinn ge=
kommen, heute halte ich es für möglich.

Sie thun mir unrecht, ich bin keines jener wandel=
baren Gemüther —

Schon gut, wozu die Mühe; ich habe die Ehre den
Herrn Baron zu kennen.

Wie geht's der Lori?

Diese Frage war überflüssig. Sie wissen recht gut,
wie es ihr gehen kann. Wenn Sie indessen ein Bulletin
wünschen, so sage ich, ihr Befinden ist den Umständen
gemäß.

Und wie geht es Ihnen?

Danke, danke. Mir geht es auch den Umständen
gemäß.

Und da diese Umstände sehr günstig sind —

Sehr günstig? Wie so? Warum? Benehmen sich Herr Baron vielleicht darnach, daß meine Umstände sehr günstig sein können?

Ich denke, Sie haben keinen Grund sich über mich zu beklagen.

Doch, doch, ich beklage mich sehr über Sie. Ich bedauere es, allein da einmal davon die Rede ist, darf ich es nicht verhehlen.

Genügsamkeit ist eine Tugend —

Ich bitte Sie um Gotteswillen, Herr Baron, verschonen Sie mich mit Ihrer Moral, Sie wissen, wie wenig ich davon halte.

Madame, Sie sind doch nicht gekommen, mir eine Szene zu machen?

Bewahre, behüte, ich denke nicht daran.

Kann ich Ihnen mit Etwas dienen?

Gewiß, Herr Baron, deshalb kam ich ja hieher.

Sie haben doch vor einigen Tagen meine Sendung erhalten?

Ihre Sendung? Richtig, ich entsinne mich, es ist schon lange her.

Weinfelden nahm sein Notizbuch zur Hand, erholte sich Raths darin und versetzte dann:

Es sind ja seitdem erst fünf Tage verflossen.

Fünf Tage, sechs Stunden, zweiunddreißig Minuten, replicirte die unglückliche Mutter höhnisch, mein Gedächtniß ist so treu wie Ihr Notizbüchlein.

Und Sie erachteten es doch schon für nöthig, sich wieder zu mir zu bemühen?

Ja, Herr Baron.

Liebe Madame, Sie müssen meine Güte nicht mißbrauchen.

Es fällt mir nicht ein, an Ihre Güte zu appelliren, ich schätze sie gerade so hoch wie Ihre Moral.

Wollen Sie mich beleidigen?

Dieselbe Frag: könnte ich an Sie, Herr Baron, richten. Oder ist es vielleicht keine Beleidigung, wenn Sie mich fast auf den Standpunkt drängen wollen, über meine Ausgaben Rechnung zu legen? Oder ist es keine Beleidigung, wenn Sie sich den Anschein geben, aus purer Güte zu thun, was doch Ihre Schuldigkeit ist?

Madame, ich habe bereits mehr gethan, als meine Schuldigkeit!

So? Haben Herr Baron vielleicht einen beeideten Schätzmeister aus dem Versatzamte zu Rathe gezogen? Auf dem heutigen Gange zu Ihnen führte mich mein Weg über den Graben-Platz. Der herabfallende Nebel machte das Straßenpflaster schlüpfrig, und ein Herr war so unglücklich, auszugleiten und in einen Auslagkasten zufallen. Der Kaufmann begehrte für die zerschmetterte Mesenscheibe von Milchglas eine enorme Summe als Schadenersatz. Da der Andere dagegen Einsprache erhob, sagte der Kaufherr: Wären Sie bei meinem Nachbar, dem Kunsthändler, eingefallen, hätten Sie eine Scheibe für nur fünf Gulden eingeschlagen, die meinige hat mich fünfhundert gekostet.

Wie ich eben vernehme, Madame, verstehen Sie es auch, Fabeln zu erfinden.

Die Moral können Sie sich dazu denken, Herr Baron.

Nur keine Excentricitäten, wenn ich Sie bitten darf, wir wollen gute Freunde bleiben.

Ich bin mit Vergnügen dazu entschlossen.

Ich bin stets bereit, Ihnen zu dienen, nur müssen Sie die Gelegenheit nicht mißbrauchen.

Herr Baron, ich bin eine zu gebildete Frau, um nicht zu wissen, was recht und billig ist.

Bezüglich des Rechts lasse ich die Aeußerung gelten, aber billig sind Sie wirklich nicht.

Herr von Weinfelden Senior konnte nicht umhin, sein Wortspiel zu belächeln und Frau Lichtfall that dasselbe, begleitete es jedoch mit einem Achselzucken, welches, vereint mit der Miene, die Aeußerung enthielt: Scherze Du nur, Du mußt doch tanzen, wie ich pfeife!

Und traun! diese Frau verstand zu pfeifen, trotz des großen und schweren Unglücks, welches sie veranlaßte, Trauergewänder zu tragen.

Der Baron begab sich zu einer Kassette, nahm Geld heraus und reichte es der Dame, die es mit einem Knix annahm und verbarg.

Ihre Dienerin, Herr Baron.

Sie wollen schon fort?

Ich habe Geschäfte.

Bleiben Sie noch ein Viertelstündchen, mir ging so eben eine Idee durch den Kopf, die ich zu realisiren wünsche, und zwar mit Ihrer Unterstützung. Nehmen Sie gefälligst Platz.

Frau Lichtfall ließ sich nieder, ihr Antlitz zeigte die Miene eines Menschen, dessen Neugierde in hohem Grade erregt ist.

Kennen Sie meine Schwägerin? fragte der Baron nach einer kurzen Pause.

Par Renommé.

Wissen Sie, daß mein Bruder Franz aus London hieher zurückgekehrt ist?

Ich fand es als Neuigkeit in der Zeitung.

Wissen Sie auch, daß es zwischen meinem Bruder und seiner Frau zu einem Ehescheidungs-Prozeß kommen wird?

Nach dem, was ich gehört habe, finde ich es natürlich.

Glauben Sie, gestützt auf das, was Sie gehört haben, daß wir den Prozeß gewinnen werden?

Ich zweifle nicht daran.

Wissen Sie, wie hoch sich in diesem Falle unser Gewinn belaufen würde?

Ich kenne die Einzelnheiten des Ehevertrages nicht.

So will ich Ihnen blos andeuten, daß uns, wenn wir reussiren, ein Betrag von mindestens 50,000 Gulden zufällt.

Ein hübsches Sümmchen.

Wovon auch Ihnen etwas zu Gute kommen soll, vorausgesetzt, daß Sie in unserem Interesse sich thätig erweisen.

Ich bin mit Vergnügen dazu bereit, doch muß ich jetzt schon bemerken, daß ich momentan okkupirt bin, ich verreise nämlich auf die Dauer einiger Wochen —

Mein Angelegenheit pressirt nicht, der Civilprozeß geht bei uns den Schneckengang, bis Sie nach Wien zurückkehren, ist auch noch Zeit genug. Ich möchte jedoch jetzt schon wissen, ob ich dann auf Sie zählen kann, im entgegengesetzten Falle würde ich eine anderweitige Acquisition zu machen suchen.

Um was handelt sich's denn?

Ich bedarf einer mir ergebenen Person, die sich in den Diensten der Baronin befindet.

Um das Kind bei seinem wahren Namen zu nennen, Sie wünschen also einen Spion in dem Hause Ihrer Schwägerin.

Kennen Sie Jemanden unter der Dienerschaft?

Im Augenblicke nicht, doch glaube ich versprechen zu dürfen, daß es mir nach meiner Rückkehr möglich sein wird, entweder mit einer bereits dort befindlichen Person anzuknüpfen oder durch gewisse Protektionen eine mir ergebene Person dort einzuschmuggeln.

Letzteres dürfte ihnen schwer fallen, wenn gerade kein Dienstplatz im Hause erlediget wäre.

Es soll meine Sorge sein, einen vakant zu machen. Ich bitte, Herr Baron, sich vollkommen auf mich zu verlassen.

Schön, sehr schön! Der Wahrheit sei die Ehre, wenn Sie wollen können Sie recht liebenswürdig sein, aber leider Gottes, wollen Sie nicht immer.

Wer kann mich dessen beschuldigen? Wo man mir liebenswürdig entgegenkommt, dort verstehe ich es ebenfalls zu sein. Eine Weile schien es mir, als dächten Sie allmälig die geschlungenen Bande zu lockern. Gut, dacht ich mir, er soll's thun. aber er wird dafür gerupft werden, daß ihm die Augen übergehen sollen!

Welch ein abscheulicher Vorsatz —

Bitte, Herr Baron, es war nur eine Idee für den Fall der Noth, jetzt fällt es mir nicht ein, sie zu realisiren. Wünschen Sie vielleicht noch etwas?

Vor der Hand nicht.

Ich habe also die Ehre mich zu empfehlen. Sobald ich zurückkomme, werden Sie sogleich von mir hören.

Reisen Sie mit Gott.

Und mit der Eisenbahn. Adieu, Herr Baron, pah, leben Sie wohl, recht wohl!

Herr von Weidenfelden blickte der Davonrauschenden nach und murmelte, als die Thüre sich hinter ihr geschlossen hatte.

Ich wünsche, daß Du das Genick brächest auf der ersten Station! Dieses Weib ist weit gefährlicher, als ich bisher vermuthete, ich muß auf der Hut bleiben. In jedem Falle wär's klüger gewesen, mich mit der Sippschaft nicht einzulassen, da es aber einmal geschehen ist, so will ich sie mindestens benützen!

———

Als Frau Lichtfall in ihrer Wohnung angelangte, fand sie ihren Schutzengel mit dem Reisegelde.

Ich komme soeben von der Statthalterei, wo ich wegen des Reisepasses Schritte that, ich hoffe morgen mit dem Dampfboot abzureisen. Mein theurer Raphael, ich nehme diese von Ihnen gebotene Summe an, bemerke jedoch, daß ich sie blos als Darlehen betrachte.

Gnädige Frau, ich bin glücklich, Ihnen dienen zu können, denn im Grunde diene ich damit mir nur selbst.

Noch Eines, lieber Raphael, ich ernenne Sie auf die Dauer meiner Abwesenheit zu meinem Hausverweser und werde Ihnen den Schlüssel meiner Wohnung übergeben. Damit der Hausmeister Ihnen nichts in den Weg lege, werde ich ihn von dieser Verfügung in Kenntniß setzen.

Der junge Komptoirist fühlte sich in der That glücklich, der Mutter der Geliebten die Reise ermöglicht zu haben, und wünschte, daß sie von dem günstigsten Erfolge begleitet werde.

Frau Lichtfall hatte, was sich vor einer Reise leicht begreifen läßt, allerlei Gänge und Einkäufe, Raphael entfernte sich daher, um ihr nicht die Zeit zu rauben.

Abends machte er die Abschiedsvisite, am Morgen begleitete er die unglückliche Mutter zum Dampfboote, der Abschied war von beiden Seiten ein sehr gerührter.

Leben Sie recht wohl, lieber Raphael, lispelte die unglückliche Mutter, ich zweifle nicht, daß ich im Triumphe wiederkehren werde. Lüften Sie mir öfter die Wohnung und zögern sie nicht mit den Antworten, so oft ich Ihnen schreibe. Leben Sie wohl, ich muß auf's Dampfschiff, die Rührung übermannt mich.

Sie eilte an Bord — der Comptoirist warf sich in den Fiaker und fuhr zurück nach der Stadt.

Wie oft der Arme an diesem Tage Nordbahn, Palffy und andere Lose für Dampfschiffe ansah, kann man sich denken.

Die Liebe ist blind, sie kommt mit dieser Blindheit zur Welt wie der Igel mit den Stacheln.

Die Blindheit ist ihr Attribut und — wir wagen die Behauptung, eine Liebe ohne sie ist gar keine Liebe.

Sobald der Verstand in seine konstitutionellen Rechte tritt, endet die Diktatur des Herzens.

Neuntes Kapitel.

Der Chef des Hauses „Konstant und Kompagnie" stand an dem Fenster seines Gemaches und schaute hinab auf die lebhaft bewegte Ringstraße.

Die Stirnhaut in tiefe Falten gelegt, den Blick düster, die Miene ernst, so bot er ein Bild der Sorge und des Bangens.

Er war allein, von Niemandem beobachtet, er konnte somit die lästige Maske der Erhabenheit und Gemüthsruhe ablegen, und seinem äußeren Wesen gestatten, die Eindrücke des Innern wieder zu spiegeln.

Hier aber wogte und stürmte es, und der Geist suchte vergebens nach festem Grunde, um zu ankern.

Ein Anker ist das Sinnbild des Handels, viele meinen, weil er ein Symbol der Hoffnung, wir aber glauben, daß man damit dem Geschäftsmann bedeuten wolle, stets auf „festen Grund" zu achten und nicht in's Blaue hinein zu schwindeln.

Herr Konstant, es war dies ein tiefes Geheimniß zwischen ihm und einem Vertrauten, hatte sich in wagiger Weise auf der Börse engagirt und hoffte durch einen glücklichen Erfolg das Züngelein seiner Bilanz, nach der Seite der Aktiva herüber zu drücken, er hoffte nicht, nur, sondern rechnete mit Zuversicht darauf.

Es war zu jener Zeit, wo man nichts besorgte, als die Revolution, wo man einen Krieg zwischen Großmächten für unmöglich hielt.

Herr Konstant spekulirte à la Hausse, und sah im Geiste den Tag nicht ferne, wo Kreditaktien den Kurs von 400 erreichen würden, denn der Revolution gegenüber, waren alle Mächte gerüstet, Europa hatte anderthalb Millionen Soldaten auf den Beinen.

Keine Seele in Wien ahnte, daß Herr Konstant an der Börse spekulire, er selbst besuchte sie selten und seine öffentlichen Agenten besorgten nur Geschäfte, in soweit sie mit der Thätigkeit der Wechselstube in Verbindung standen.

Niemand sah Herrn Konstant mit Bevollmächtigten oder Sensalen verkehren, und doch waren Verabredungen und Communikationen nothwendig und hatten auch wirklich täglich statt.

Wie? wird der Leser fragen.

Die Spekulation ist erfinderisch, wie die Liebe, ist sie doch bei Vielen auch eine Leidenschaft, wie könnte sie sonst — wie die neue Zeit sattsam darthut, sogar zu Verbrechen führen?

Wie zwei Liebende sich geheime Rendezvous an dritten Orten geben, wo man sie nicht kennt, sich Billets zusenden u. s. w., so der Wechsler und sein Bevollmächtigter.

Dieser, Ludwig Helmberg war sein Name, galt allgemein auf der Börse, als ein auf eigene Rechnung arbeitender Spekulant, Niemand wußte, daß er nur ein vollziehendes Organ sei.

Mancher unserer Leser, besonders unter jener Klasse, welche von dem Worte „Arbeit" den Begriff materieller Kraft nicht trennen können, werden vielleicht an unserem Ausdrucke „arbeitender Spekulant", Anstoß nehmen.

Wir erlauben uns, Sie eines Irrthumes zu zeihen, dem leider eine große Mehrzahl der Staatsbürger huldigte und der auch schon viel Unheil gestiftet hat.

Man ist gewohnt, mit dem Worte „Arbeiter" eine Klasse von Menschen zu bezeichnen, die bloß mit ihrer physischen Kraft thätig ist.

Das ist falsch, grundfalsch!

Jeder der nicht bettelt, sondern seinen Lebensunterhalt verdient, ist ein Arbeiter.

Der Eine arbeitet mit seinem Geiste, der Andere mit seinem Kapital, der Dritte mit seiner Muskelkraft.

Der Schuster ist ein Arbeiter, wie der Professor, der Spekulant ist einer wie der Holzschieber.

Der geistige Arbeiter reibt sich eher auf, wie der physische, der, welcher mit seinem Kapital arbeitet, ist zahlreicheren und größeren Gefahren ausgesetzt, wie jener, der bloß den Körper anstrengt.

Gewöhnen wir uns endlich das Wort „Arbeiter" universell aufzufassen, und das abscheuliche Wort „Proletarier" welches die neue Zeit geschaffen hat, wird schwinden.

Kaiser Josef, an dem wir alle mit so inniger Verehrung hangen, sagte von sich: „Ich bin bloß der erste Beamte im Staate," würde er heute leben, so möchte er sagen: „Ich bin bloß der erste Arbeiter im Staate."

Der Spott über die Börsemänner ist ein billiger, dem Denkenden sind sie bloß Arbeiter, wie alle Anderen.

Stellt man sich auf diesen Standpunkt, dann schwindet die Kluft zwischen „Arbeiter" und der „besitzenden Klasse," wir sind eben alle Arbeiter, der Eine mit mehr, der Andere mit weniger Erfolg, der Eine in weiteren, der Andere in engeren Dimensionen.

So lange es Menschen gibt, so lange wird es Fehler, Schwachheiten und Leidenschaften geben.

Kann man es verhindern, daß der weniger Besitzende den mehr Besitzenden beneide?

Man kann den Neid nicht verhindern, aber man kann den Neid ~~diese~~ unschädlich machen.

Wie das? Wer kann es bewirken und wodurch?

Um das Resultat hervorzubringen, müssen zwei Faktoren eingreifen.

Erstens der Mehrbesitzende durch den weisen Gebrauch, welcher er von seinem Reichthume macht, und zweitens, der Staat, durch die Art und Weise, wie er den mehr Besitzenden in Anspruch nimmt, das heißt: wie er die Lasten vertheilt.

Die befriedigende Lösung dieser beiden Frägen wird den Neid und den bösen Willen unschädlich machen.

Das hier Gesagte erhebt keinen Anspruch auf Originalität, aber gewisse Dinge kann man nicht oft genug wiederholen.

Das eben Gesagte ist auch keine Abirrung von unserem Pfade, denn dieser führt uns durch die sozialen Wirren und wer kann in Abrede stellen, daß die Kapital- und Arbeitsfrage darin zwei der wichtigsten Momente bilden.

Herr Konstant war ein Arbeiter im Kapital, aber er arbeitete unglücklich.

Je entschiedener das Glück ihm den Rücken kehrte, desto eifriger strebte er, es wieder zu erhaschen.

Seine Spekulationen wurden immer wagiger, immer gefährlicher.

Herr Helmberg, sein Vertrauter, kannte die bedeutenden Verluste, welche jener erlitt, da jedoch Herr Konstant die Differenzen pünktlich ausglich, so bestätigte ihn dies nur in der Ansicht von dessen Reichthume.

An dem Tage, da wir den Wechsler in der oben angegebenen Weise am Fenster stehend treffen, sind schlimme Nachrichten aus Paris eingetroffen, an der Börse gab es Sturm, die Verluste der Haussespekulanten steigerten sich von Minute zu Minute.

Helmberg war zwar für unvorhergesehene Fälle mit Instruktionen versehen, allein die Panique trat mit solcher Rapidität auf, daß er es für nöthig erachtete, einen Expressen an Herrn Konstant zu senden, um dessen Meinung einzuholen.

Unter dem Eindrucke dieser unheilvollen Botschaft befand sich der Wechsler eben als die Thüre des Gemaches sich öffnete und seine Gattin eintrat.

Madame Konstant, ob der Verstörung, welche das Antlitz ihres Gemals bekundete, erschrocken, blieb am Eingange stehen.

Ihr Eintritt war nicht bemerkt worden, sie konnte daher ihre Betrachtung mit Muße vervollständigen.

Nachdem sie es eine Weile lang gethan, weckte sie mit einem absichtlich erzeugten Geräusch Herrn Konstant aus seinem Dahinbrüten.

Er ersah kaum die Gattin, so verscheuchte er die Wolken vom Antlitz, zeigte eine lächelnde Miene, kurz er nahm wieder die Maske der Unbefangenheit vor.

Zu spät, die Eingetretene hatte gesehen und — errathen.

Madame Konstant war eine erfahrene, verständige Frau.

Sie entstammte einer Familie, wo die Industrie im riesigsten Maßstabe ihre Schwingen entfaltete.

Von Jugend an gewohnt im Ueberfluß einherzuschreiten, hatte sie auch gelernt Geschäftsstürme zu errathen und sich dabei zu benehmen.

Es ist dies nicht so leicht, wie man zu glauben geneigt sein dürfte.

Man denke sich ein vom Sturme gepeitschtes, leckes Schiff.

Der Kapitän bedarf der ganzen Geistesgegenwart, um seine Anordnungen zu treffen.

Wenn nun die Passagiere auf dem Schiffe, von Angst ergriffen, in Klagen ausbrechen, oder gar durch unnützes Hin- und Herrennen die Mannschaft entmuthigen und die Verwirrung vermehren, so wird der Untergang des Fahrzeuges beschleuniget.

Aehnlich ist die Stellung der Frau an der Seite des Gatten in Geschäftskrisen.

Madame Konstant war ernst, wie immer, aber sie hütete sich, ein Wort des Bangens oder der Klage über ihre Lippen zu senden.

Sie erkundigte sich nach dem Befinden des Gatten.

Herr Konstant versicherte, daß er wohl sei.

Wir haben für den Abend eine Einladung zu Mannstein erhalten.

Wünschest Du sie anzunehmen?

Es hängt von Deiner Disposition ab.

Gehen wir, ich möchte die Empfindlichkeit der Frau von Mannstein nicht anregen.

Du wirst sie doch nicht so hoch anschlagen, um Dir Zwang anzuthun?

Das wohl nicht — indessen es ist besser wir gehen.

Wie Du wünschest. Hast Du Depeschen aus Paris erhalten?

Die Rente ist bedeutend niedriger gekommen.

Nun, sie wird sich schon wieder heben.

Auch ich bin der Ansicht. Die Herren dort manövriren, um billiger zu kaufen.

Man könnte ihre Schachzüge hinnehmen, wenn nur nicht die übrige Geschäftswelt darunter litte!

Ein Klopfen an einer der Seitenthüren unterbrach das Gespräch.

Der erste Kassier des Geschäftes trat aus der Wechselstube herein.

Herr Konstant ging ihm ein Paar Schritte entgegen.

Der Angekommene flüsterte dem Chef einige Worte zu.

Madame gab sich den Anschein, als achte sie nicht darauf und stellte sich, als spähe sie nach der Ringstraße hinab.

Ihr scharfes Gehör reichte jedoch aus, die Weisung ihres Gemals zu vernehmen: Dislociren Sie einen Theil der Wechsel in der Bank und den anderen in der Sparkasse!

Der Kassier entfernte sich.

Madame kehrte sich wieder ihrem Gemal zu und bemerkte, daß Blässe seine Wangen entfärbte.

Sie besaß den Takt, den Faden des früheren Gesprächs nicht wieder aufzunehmen, sondern machte Bemerkungen über Dinge, die in ganz anderen Kreisen lagen.

Herr Konstant gewann dadurch Gelegenheit, sich wieder zu fassen.

Erneuertes Klopfen an der Thüre.

Diesmal war es der Buchhalter, welcher eintrat.

Madame benützte dessen Erscheinen als Vorwand, sich zu entfernen.

Ich will nicht weiter stören, lieber Freund, sagte sie, und verließ, von dem freundlichen Abschiedsnicken des Gatten begleitet, das Gemach.

Unruhe und Beklommenheit erfüllten ihre Brust.

Aus ihrem Zimmer führte eine Thüre in den Korridor, in welchen auch die Thüre des Geschäftslokales mündete.

Madame trat auf den Korridor und wartete.

Nach wenigen Sekunden kam einer der Komptoiristen mit einem Portefeuille aus der Wechselstube.

Wohin gehen Sie, Herr Raphael?

Nach der Sparkasse, gnädige Frau.

Treten Sie auf einen Augenblick bei mir ein.

Der junge Mann beeilte sich, dem Wunsche nachzukommen.

Sie haben Wechsel im Portefeuille?

Zu dienen, gnädige Frau.

Wie hoch im Betrage?

Zehntausend Gulden.

Lassen Sie mich die Papiere sehen.

Raphael öffnete das Portefeuille.

Madame besah die Papiere.

Von meinem Bruder ausgestellt! hauchte die Dame.

Und von dem Herrn Chef girirt, setzte Raphael hinzu.

Die arme Frau mußte ihre ganze Fassung zusammen= raffen, um nicht umzusinken.

Es ist gut, gehen Sie!

Der Komptoirist entfernte sich.

Madame Konstant sank auf den Divan und vergrub das Antlitz in dessen Kissen.

Sie kannte die Schriftzüge ihres Bruders genau.

Die Unterschrift sämmtlicher Wechsel war künstlich nachgeahmt, die Wechsel waren — falsch.

Zehntes Kapitel.

So oft der Karneval wiederkehrt, bekommen wir die stereotypen Klagen über den Verfall der maskirten Bälle zu lesen.

Die Wiener finden kein Interesse mehr daran.

Warum nicht?

Schlechte Zeiten.

Lächerliche Angabe.

Die erst vor einigen Tagen zerronnene Schlittenfahrt hätte bewiesen, daß es in Wien noch immer einige hundert

Leute gibt, die einige hundert Gulden hinauswerfen können, wenn es gilt Aufsehen zu erregen und von sich reden zu machen.

Ist den Wienern der Witz ausgegangen?

Noch lächerlicher!

Die Hunderte Bonmots vom Jahre 1859 beweisen das Gegentheil.

Die Wiener Stadt-Epigramme haben an Klassicität nichts eingebüßt. Ihr Witz trifft noch immer den Nagel auf den Kopf, oder wenn er zufällig keinen besitzt, so mindestens an die Stelle, wo andere Nägel ihre Köpfe haben.

Warum finden also die Wiener kein Interesse mehr an maskirten Bällen?

Unseres Bedünkens ist der Grund in dem Mißbrauche zu suchen, der hier jahraus jahrein mit Masken getrieben wird. Wo im gewöhnlichen Leben die Maske prävalirt, können Bälle mit Masken keinen Reiz mehr üben.

Veranstaltet einen Ball, wo Jeder, der ihn besucht, verhalten ist die Maske, die er im Leben trägt, abzulegen und sich zu zeigen, wie er wirklich ist, dann werdet Ihr erleben welch' ein Aufsehen ein solcher Ball erregt.

Aber wie Viele oder wie Wenige werden an einem solchen Balle Theil nehmen?

Gerade darin liegt eine Bekräftigung für die Ansicht, daß die Maske im gewöhnlichen Leben prävalirt.

Aber, wird man mich fragen, ist es anderwärts anders?

Ja!

Warum?

Darum.

Dieses „Darum" enthält nur fünf Buchstaben, und dennoch ließe sich darüber ein ganzes Buch schreiben, was ich aber weislich unterlasse, da ich nur Romandichter und kein Buchschreiber bin.

Begnügen Sie sich also einstweilen mit den fünf Buchstaben und folgen Sie mir in den Salon Mannstein, wo man Thee trinkt.

Der arme Thee!

Er muß seinen Namen herleihen, während hundert andere Dinge gegessen und getrunken werden, er muß den Sündenbock abgeben, wie ungefähr der nominelle Redakteur eines Journals, hinter dem eine ganze Partei arbeitet.

Der Thee wird genannt und das Gelée oder die Mousseux haben's verschuldet.

Also frisch hinein auf den parkettirten Boden, dessen braune Glätte mit der Schlüpfrigkeit einer Eisbahn konkurrirt.

Masken, Masken, nichts als Masken!

Merkwürdig, trotz der zahllosen Lichtflammen erkennt man nur bei Wenigen die Täuschung, man glaubt Jeden zu sehen, wie er wirklich ist, während, was man bei den Meisten sieht, doch nur Maske ist.

Das reiche Haar jener Dame — Maske, das Lächeln auf den Lippen — Maske, die Krinoline — Maske.

Dort der fromme Blick des himmelwärts gekehrten Auges — Maske, der stolze Ernst — Maske, der volle Busen — Maske.

Masken, Masken, nichts als Masken!

Wie friedlich und freundlich jenes Ehepaar verkehrt — Maske, wie geduldig die Frau des Hauses die Ungeschicklichkeit eines Dieners mit nur einem Blicke straft — Maske, nichts als Maske.

Christoph Freiherr von Weinfelden, der Mann, dessen Worte eitel Salbung, dessen Blicke nur von Frömmigkeit leuchten, ist auch da.

Er lächelt sanft und demüthig, als hätte er nie ein Wasser getrübt.

Durch langjährige Praxis hat er einen förmlichen Rosenkranz von falschen Tugendperlen aneinander geheuchelt und trägt ihn nun zur Schau.

Maske, Maske, alles Maske!

Herr und Madame Konstant zieren ebenfalls die Gesellschaft.

Sie ernst, freundlich, unbefangen.

Er heiter, sorglos, von beneidenswerther Ruhe.

Er gibt sogar einige Scherze zum Besten — keine gefrornen, sondern wirkliche, lebensfähige Späße, die verdientermaßen kolportirt werden.

Herr von Konstant ist so vergnügt, daß selbst wir an ihm irre werden könnten, wenn wir nicht wüßten, daß eben Alles nur Maske ist.

Doch seien wir gerecht, seien wir vor Allem wahr.

Sind Masken auch die Regel, so wissen wir, daß es keine solche gibt ohne Ausnahme.

Herr von Metzenberg, der alte Lebemann, der fortwährend an Magenbeschwerden laborirt, ist keine Maske.

Er hat im Laufe der Jahre alle möglichen Kurarten versucht, Hahnemann, Prießnitz, Schoder, Skofitz umsonst, sein Magen bleibt renitent, selbst das nach dem neuesten medizinischen Fortschritts-Programm publizirte „Pepsin" wurde von ihm zurückgewiesen.

Metzenberg's Magenkatarrh ist keine Maske.

Auch der junge Herr von Lager, der einzige Sohn eines armen Millionärs, der die Pepita anbetete, für die Camarra schwärmte und für Fräulein Taglioni enthusiasmirt war, der in jedem dieser drei Feldzüge wacker mitgestürmt und jedesmal einen Schuh oder ein Strumpfband erobert hat, auch dieser Herr von Lager ist keine Maske.

Auch unser Bekannter aus dem Wechselsalon, der immer schreiende Baron Alpenheim, gibt sich wie er ist.

Um Gott, Herr Baron, Sie sind noch hier?

Zu dienen, meine Gnädige!

Sie hatten sich ja exilirt?

Der Mensch denkt, der Minister lenkt. Ich stand bereits mit einem Fuße im Waggon, da kommt mir ein Hofrath nachgerannt und flüstert mir zu: Baron, machen Sie keine tollen Streiche, bleiben Sie, tragen Sie Ihr Talent nicht in's Ausland, ich bin ermächtiget, Ihnen den Wink zu geben, daß man Sie einer Gesandtschaft attachiren wird. So der Hofrath. Was sollt' ich thun, meine Gnädige? Im Grunde meines Herzens bin ich doch Patriot, der Patriotismus überwog den Feudalismus, ich blieb!

Und nacheinander schreit Herr von Alpenheim drei verschiedene Gesandtschaften in die Welt hinein, bei welchen er attachirt werden soll, und immer bleibt er in Wien und noch immer zögert die Ernennung.

Wo man sich mit solcher Offenheit bloß legt, ist von Maske keine Rede.

Die Gesellschaft hat sich im Salon vertheilt; hier bewundert man ein Album, dort ein Gemälde, drüben spricht man von Louis Napoleon und hart daneben von Fräulein Wildauer und dem „Versprechen hinter'm Herd."

Madame Mannstein macht die Honneurs, der Herr des Hauses nähert sich ihr und flüstert ihr zu:

Wo bleibt die Baronin?

Sie wird schon kommen, erhält er zur Antwort, gedulde Dich nur. Unser Programm ist entworfen und wird genau befolgt werden.

Sie trennen sich.

Wieder vergehen einige Minuten.

Jetzt öffnen sich neuerdings die Flügel des Salons und man meldet: Frau Baronin von Weinfelden, Herr von Niederstein sammt Gemahlin.

Die Genannten traten ein.

Christof von Weinfelden preßt die Lippen zusammen und erblaßt.

Der größte Theil der Gesellschaft ist verdutzt.

Hier schüttelt man die Köpfe, dort lächelt man maliziös.

Der Abend wird interessant werden, flüsterte Herr Constant.

Ich würde ihn mit Vergnügen genießen, erwiederte Metzenberg, wenn nur mein heilloser Magen —

Ach, meine Herren, wie gefällt Ihnen diese Combination?

Die gleichzeitige Einladung zweier so intimen Feinde war mindestens eine Taktlosigkeit oder eine Bosheit.

Vielleicht geschah es absichtlich.

Meinen Sie?

Die Baronin und die Frau des Hauses sind Freundinnen.

Es war somit auf den Herrn Baron abgesehen?

Der arme Christof, er wird Höllenqualen ausstehen.

Er erspart sich damit einige Bußübungen und Kasteiungen.

Klarisse hat eine einfache, aber geschmackvolle Toilette gemacht.

Ein Kleid von perlgrauer Seide eine Spitzen-Coiffure, wie sie einer vermählten Dame angemessen.

Frau von Riederstein ist eine ehrwürdige Matrone, sie und ihr Gemahl passen vollkommen zu einander.

Mit dem Erscheinen dieser drei Personen ist die Gesellschaft vollzählig.

Die Unterhaltung wird lebhafter.

Klarisse bemerkt ihren Schwager nicht oder will ihn nicht bemerken.

Sie und Frau von Riederstein werden von einigen Damen umringt, man bekomplimentirt sich, sagt sich Schönheiten, Schmeicheleien.

Zum Thee!

Die Parole ist gegeben.

Die in Kugeln und Kügelchen zertheilt gewesene Masse fließt wie Quecksilber in eine große Kugel zusammen. Die Tafel bildet den Vereinigungspunkt.

Das Arrangement der Plätze zwingt den Baron an der Seite seiner Schwägerin zu sitzen.

Nun kann man sich weder von der einen noch von der anderen Seite mehr ignoriren, man genügt der guten Lebensart und nickt sich zu.

Klarisse ironisch lächelnd, Christof mit grinsender Freundlichkeit.

An dessen anderer Seite sitzt der greise Herr von Niederstein, nicht unähnlich dem Ritter mit dem flammenden Schwerte, den die Sage zur Ueberwachung der Drachen aufstellt und der bereit ist, das Unthier anzufallen, sobald es sich nur regt.

Man spricht. Die Unterhaltung ist eine allgemeine.

Man erwartet wieder ein neues Ballet im Operntheater! so eine Dame.

Ich hörte auch davon sprechen.

Herr von Thaler, sind Sie davon prävenirt?

Ich weiß nichts.

Sie wollen es nur nicht verrathen.

Er ist durch und durch Egoist.

Wer so viel Kredit auf der Liebesbörse genießt, hat es wahrhaftig nicht Noth.

Apropos, meine Herrschaften, haben Sie bereits Kunde von der neuen Societät, die sich konstituiren wird.

Eine Societät?

Nun ja, eine Gesellschaft unter der Bezeichnung „die Schwarzwalder Aktiensocietät."

Zu welchem Zwecke?

Zur Erzeugung von elektrisch beleuchteten Nachtuhren, die rückwärts gehen.

Herr von Metzenberg beliebt witzig zu sein.

Ich? Fällt mir nicht ein. Ich erzähle bloß, was ich höre. Mein Leiden erlaubt mir keine geistigen Anstrengungen.

Sie sollten doch trachten, von dem Uebel endlich befreit zu werden.

Ich soll trachten? Gibt es einen Professor oder Wunderdoktor, den ich nicht schon konsultirt habe? Wissen Sie, was Professor Sloda neulich zu mir sagte?

Nun, was sagte er?

Gehen Sie ins Riesengebirge! — Was soll ich dort machen, Herr Professor? — Hungern und Sie werden gesunden! antwortete er. — Ich soll hungern, für diese Kur danke ich. Martin Luther hatte ganz recht, als er die Aerzte Herrgottflicker nannte. Glauben Sie mir, meine Herrschaften die Medizin liegt bei uns noch in den Windeln.

Die Medizin und die Baukunst.

Wie so auch die Baukunst?

Sehen Sie sich nur den Stefansthurm an, er ist ja immerfort eingefatscht. *)

Bravo, Herr von Constant, der Witz verdient Verbreitung!

Wie es Ihnen beliebt, nur bitte ich, ihn nicht nach Paris zu telegraphiren, denn ich will Herrn von Rothschild keine Konkurrenz machen. Er macht eben so gute Witze wie Geschäfte.

Wissen Sie, was er neulich von Napoleon gesagt hat?

Nun?

Aut Caesar, aut nihil.

Wahrhaftig, Rothschild ist ein großer Mann.

Wenn ich nicht Metzenberg wäre, möchte ich Rothschild sein.

---
*) Fatsche oder Fasche eine breite, lange Binde.

Breier. Mit und ohne Maske.

Ad vocem Caesar. Ist es wahr, daß Cäsar nach Beendigung der Catilina'schen Unruhen im Schuldenarrest gesessen ist?

Plutarch erzählt es.

Hätten die Römer ihn sitzen lassen, wäre ihre Republik nicht zu Grunde gegangen.

Gleichzeitig mit dieser laut geführten Unterhaltung wurde ein leise Zwiesprache gepflogen, und zwar zwischen der Baronin von Weinfelden und ihrem Schwager.

Marisse hatte sich ihrem Verwandten zugeneigt und flüsterte: Baron, ich will den Zufall, der uns hier zusammenführt, nicht unbenützt lassen. Sie haben gegen mich eine Intrigue eingefädelt; das Motiv, welches Sie dazu verleitete, liegt am Tage. Ich fürchte weder Sie, noch Ihren Bruder, denn ich besitze Waffen, Sie zu schlagen.

Meinen Sie denn, daß wir keine in Hände haben?

Gut denn, dann werden wir uns messen. Ich mache Sie aber darauf aufmerksam, daß ich den Krieg öffentlich führen werde.

Wir haben die Oeffentlichkeit nicht zu scheuen.

Wer weiß, wer weiß? Ueberlegen Sie wohl, was Sie beginnen.

Unser Entschluß ist unerschütterlich.

Sie wollen also Krieg?

Ich nenne es Prozeß.

Gut, dann Sie sollen ihn haben!

Die Baronin warf einen vielsagenden Blick auf ihre Freundin.

Die kurze Scene blieb unbeachtet, die Unterhaltung der Anderen erlitt nicht die mindeste Störung.

Jetzt trat ein Diener ein und überbrachte dem Herrn des Hauses ein gefaltetes Papier.

Eine Depesche aus London, sagte Herr von Mannstein laut.

Eine telegrafische Depesche!

Was bringt sie Neues?

Herr von Mannstein, Sie werden doch den neuen Paragraf des guten Tones kennen: „Alle Depeschen, die während eines Diners oder Soupers einlaufen, gehören mit zu den Genüssen, welche den Gästen nicht entzogen werden dürfen", sagte Herr von Riederstein.

Ich bin kein Verehrer neuer Paragrafe, versetzte Herr von Mannstein, indessen bin ich ein zu treuer Zögling der modernen Gesellschaft, um mich ungefügig zu zeigen. Die Depesche, welche mir eben aus London zugeht, lautet wie folgt:

„Palmerston wird wieder Minister. Consols $95^{3}/_{4}$. Unter den hier weilenden deutschen Flüchtlingen herrscht Bestürzung und Entrüstung. Einer aus ihrer Mitte hat der Polizei Enthüllungen gemacht. Derselbe — ein gewisser Baron Weinfelden — ist von hier abgereist."

Allgemeine Sensation.

Der Bruder des Genannten sitzt wie vom Schlage gerührt da —

Die Uebrigen folgen mechanisch dem gegebenen Signal.

Der Wolf mit und der ohne Schafpelz haben einen Vorgeschmack erhalten, wie die Baronin den Krieg zu führen entschlossen ist.

Eilftes Kapitel.

Wie weit es doch manche Menschen in kurzer Zeit bringen können!

Raphael Hart war als schlichter Provinzjüngling nach Wien gekommen, wurde dann Comptoirist bei Herrn Constant, avancierte hierauf zum Schutzengel einer betrübten Mutter, damit noch nicht genug, goß das Glück sein ganzes Füllhorn über ihn aus und machte ihn zu deren Hausverweser.

Wer denkt bei diesen zahlreichen Würden nicht an gewisse Herren, die sich nicht genug mit Aemter und Geschäften beladen können, die gleichzeitig deren Präsidentschaften, drei Direktionen, fünf verschiedene Verwaltungsraths=rathsstellen inne haben und das Alles nnr zum Besten des Vaterlandes.

Glückliches Vaterland!

Wo Tauben sind, fliegen Tauben zu, wer einmal drei Anstellungen hat, dem braucht um die vierte nicht zu bangen, unser Raphael kann es noch zum Finanzrath bringen, natürlich nur bei Frau Lichtfall.

Er hat durch den Erfolg bewiesen, daß er Anleihen zu kontrahiren verstehe, eine Eigenschaft, welche die unglückliche Mutter zu schätzen wußte und um welche ihn mancher Financier beneiden konnte.

Freilich, wenn man die Kehrseite der Medaille in Betracht zog, so fand man, daß der junge Mensch in seinen Staatshaushalt ein Deficit hinein gebracht hatte und man weiß, wie schwer die Deficite zu beseitigen sind, ferner daß Raphael seine frühere Ruhe, seine Behaglichkeit, seine Zufriedenheit eingebüßt oder vielmehr eingetauscht hatte, und zwar für — Liebe.

Es fällt mir nicht ein, die Liebe gering zu taxiren, besonders die platonische, denn auch ich war, ich weiß gar nicht wie oft, verliebt, mir aber wurde nie eine Geliebte durch einen walachischen Bojaren geraubt, ich vermag daher eine derartige Situation nicht zu beurtheilen.

Eines nur möcht' ich behaupten, daß sie keine beneidenswerthe ist, daher ich den Tausch des Comptoiristen für unvortheilhaft erkläre.

Keppler, der bewährte Mathematiker, erzählt, daß ein gewisser Mathias, ein Professor in Heidelberg, der auf einem Auge blind, war, wenn er sich das andere zuhielt, durch die Nase gesehen habe.

Unter den groß- und kleindeutschen Professoren erlebt man allerlei Wunder, folglich ist auch das möglich. Unser Raphael war aber kein Professor, am allerwenigsten einer der Weltweisheit, es war ihm daher versagt, da ihm die Liebe beide Augen zuhielt, durch die Nase zu sehen oder ganz unkepplerisch gesprochen, den Braten zu riechen.

Seitdem Raphael Hausverweser geworden, fühlte er sich noch unglücklicher, denn nun war ihm ja auch die Gunst versagt, mit der Mutter der Geliebten zu verkehren.

Zwar glaubte er dafür einigen Ersatz zu finden, wenn er sich in die leere Wohnung begab und dort, wie ein zweiter Jeremias auf den Trümmern Jerusalems, Trauerlieder lispelte, denn an's Singen war bei ihm nicht zu denken, allein auch dieses Surrogat erwies sich wie alle anderen unzureichend, der Anblick der öden Zimmer machte ihm die Größe seines Verlustes noch empfindlicher, er floh.

Wohin?

Zu seinem Freunde, dem Bildhauer.

Meidler freute sich zwar, den Jugendgenossen jetzt öfters bei sich zu sehen, als früher, aber es wunderte ihn.

Er nahm sich die Mühe, Raphael zu beobachten und erkannte bald, daß er traurig, unruhig und unstät war.

Bruder, Du bist verliebt?

Was fällt Dir ein.

Läugne nicht mit den Lippen, was die andern Gesichtstheile bejahen.

Wenn es Dir Vergnügen macht, meinethalben, ich bin verliebt.

Ich weiß nicht, warum Deine Liebe mich vergnügen sollte, allein, daß sie Dich traurig macht, ist vom Uebel. Du liebst unglücklich, und solche Liebe verleitet zu allerlei Thorheiten.

Lieber Bernhard, ich kam zu Dir, um mich zu zerstreuen, statt dessen quälst Du mich.

Wie? Du suchst Zerstreuung? Warum hast Du das nicht gleich gesagt. Heute ist Sonntag, das ist erwünscht, komm!

Wohin?

Ich geh', ein Modell suchen, begleite mich.

Toller Einfall.

Was findest Du daran Tolles?

Arbeiten die Wiener Künstler auch nach Modellen?

Lächerliche Frage. Studiren die Wiener Aerzte nicht auch an Cadavern? Nun siehst Du, was dem Arzte der todte, das ist dem Maler und Bildhauer der lebendige Mensch. Jene nennen's Cadaver, wir heißen es Modell. Erinnerst Du Dich noch an Ammerlings Bild, „die Evatochter," welches vor mehreren Jahren in der Kunstausstellung Epoche machte? Richtig, Du warst damals noch nicht in Wien, nun siehst Du, ich kann das Modell jener Evatochter, es war ein Fräulein — doch jetzt genug, komm'!

Wie kam es Dir gerade jetzt in den Sinn, ein Modell zu suchen?

Du täuschest Dich, wenn Du meinen Gang für improvisirt hältst. Die Nothwendigkeit dazu war vorhanden.

Wozu benöthigest Du das Modell?

Ich habe für das Frontispice des neuen Theaters eine Gruppe zu liefern. Thalia, Euterpe, Terpsychore umschlingen sich, während zu ihren Füßen allerlei Geflügel, Amoretten u. s. w. sich herumtummeln. Für die „Thalia," als die Mittel- und Hauptperson, suche ich noch das Modell.

Und für die anderen?

Die sind bereits kopirt. Jetzt aber komm.

Der Komptoirist ging noch nicht, sondern fuhr fort zu fragen.

Lieber Bernhard, sagte er, ich begleite Dich mit Vergnügen, indessen möchte ich doch gern wissen, wohin?

Zur Zeit, da ich in Rom studierte, suchte ich meine Modelle in dem Bezirke Trastevere —

Und hier in Wien?

Begeb' ich mich nur in eine der Tanzschulen. Doch nun genug der Fragen. Gehen wir!

Jetzt gingen sie.

Und wir betreten wieder einen Salon, einen zwar gewichsten, aber sonst bescheidenen Salon.

Ein Fortepiano liefert die Musik zu dem Tanze, der hier gelehrt wird.

Gelehrt ist für heute nicht der passende Ausdruck, sondern geübt.

Heute sind blos Uebungsstunden bestimmt, die Zöglinge des Meisters zu vereinigen, damit sie im großen Ganzen ausführen, was sie im Einzelnen gelernt.

Diese Zöglinge gehörten keineswegs der Kinderwelt an, sie waren dem Puppen- und Reiterspiele schon entwachsen und besuchten die Tanzschule, um die alljährlich neu auftauchenden Tänze zu studieren oder um sich zu vergnügen.

Die jungen Herren und Damen sehen sehr anständig aus, aber wir, die wir uns im Salon Mannstein durch Masken nicht täuschen ließen, werden es auch in der Tanzschule nicht. —

Wir erkennen in dem jungen eleganten Herrn den Spezereibeflissenen an der aufgedunsenen Hand, welche die Fessel aus schwedischem Leder zu sprengen droht, wir errathen das vorstädtische Hausherrnsöhnlein trotz Ketten und Ringen an seiner eckigen Ungeschliffenheit, wir riechen die konditionirenden Fräuleins, gleichviel, ob sie Bonbons, Zigarren oder Luxusgebäck verabreichen, kurz, wir wissen recht wohl, daß in der großen Welt Masken den Charakter verbergen müssen, in der Demimonde aber den Stand.

Herr Patt, der Tanzmeister ist eine einnehmende stattliche Männerfigur, er trägt einen wohlgepflegten Schnur- und Knebelbart, duftet von Parfüms und erfreut sich ausgezeichneter Connexionen.

Der Bildhauer war mit ihm persönlich bekannt.

Meidler erfreute sich noch ledigen Standes zu sein, der Tanzmeister hoffte ihn mit Rosenketten zu umschlingen und diese Ketten sollten in seinem Salon geschmiedet werden.

Aber Meidler war ein lustiger Vogel, und lustige Vögel gehen nicht auf dem Leim.

Der Bildhauer beutete die Bestrebungen des Tanzmeisters aus, ohne daß dieser seinen Zweck erreichte.

Patt empfing unsere Bekannten mit fast familiärer Freundlichkeit.

Er legte Gewicht darauf, Künstler zu empfangen und hielt auch Raphael dafür.

Herr von Meidler, ich bin beglückt, Sie wieder bei mir zu sehen.

Der Fasching naht und da ist es Pflicht —
Sie gedenken also heuer Ernst zu machen?
Womit —
Nun, mit einer zweiten Hälfte —
Das lassen wir jetzt, vor der Hand will ich mir den neuen Tanz ansehen —
Sie werden entzückt sein, er ist mit Geschmack und Grazie kombinirt!
So? Ich gratulire. Es ist Zeit, daß einmal ein neuer Tanz einschlägt, denn sonst wird's auch von den Tänzen heißen, daß nichts Gescheidteres nachkommt. Im Vertrauen verehrter Herr und Meister, wissen Sie, warum ich gekommen bin?
Nun?
Ich benöthige eine — Thalia!
Tanzmeistes und Kalligraphen sind in der Regel keine Gelehrten, unserem Herrn Patt war indessen die genannte Person keine Fremde.
Ah, das eine fröhliche, lustige Dame.
Thalia ist die Muse des Schauspiels.
Richtig, ich entsinne mich dessen aus der Mythologie. Wir wollen sehen. Placiren Sie sich, ich werde gleich wieder bei Ihnen sein.
Der Tanzmeister glitt dahin, gab mit den Händen ein Zeichen, das Fortepiano begann, man ordnete sich zur Quadrille.
Die am Tanze nicht Theilnehmenden bildeten Zuschauer.
Händedrücke, Liebesblicke, verstohlene Seufzer wurden entsendet und empfangen, im Uebrigen herrschten Anstand und Mäßigung, man amüsirte sich mit lobenswerther Zurückhaltung,
Der Tanzmeister kommandirte die Figuren, leitete die Ungeübten, half dem Gedächtnisse der Vergeßlichen nach, wies die Irrenden zurecht, kurz er übersah Alles und stellte

sogar die Schlachtordnung her, als die Linie zu wanken begann und mit allgemeiner Auflösung drohte.

Meidler und Raphael standen abseits.

Der Komptoirist dachte an seine Lori und der Bildhauer an seine Thalia.

Jetzt glitt der Tanzmeister heran und flüsterte:

Merken Sie auf, die Dame, in deren Nähe ich mein Tuch werde fallen lassen, an die wenden Sie sich, sie ist zur Thalia geschaffen!

Kaum gesprochen, war er auch schon fort.

Vier Augen folgten ihm.

Jetzt hielt er an, das Tuch entfiel seiner Hand. Die signalisirte Dame stand in der Kolonne.

Meidler ließ sie nicht mehr aus den Augen.

Er war im Geiste so ganz und gar mit ihr beschäftigt, daß er die Bewegung nicht bemerkte, in welche sein Freund gerathen war.

Auf einmal fühlte er sich von diesem an der Hand ergriffen und gegen die Salonthüre gezogen.

Lieber Bernhard —

Was hast Du so plötzlich?

Verlassen wir den Salon.

Was fehlt Dir, bist Du unwohl geworden?

Komm nur, komm!

Ich möchte aber wissen —

So komm doch, ich werde Dir's schon sagen.

Die Freunde befanden sich im Vorzimmer, doch auch hier schien es dem Komptoristen noch nicht geheuer, er begehrte, daß der Freund ihn bis auf die Straße begleite.

Meinethalben, antwortete Meidler, ich geh mit Dir bis an's Thor, aber ich werde mich nicht entfernen, ohne mit meiner Thalia gesprochen zu haben.

Als die jungen Leute am Hausthore angelangt waren, sagte Raphael:

Lieber Bruder, ich kehre um keinen Preis in den Salon zurück.

Warum nicht?

Das Mädchen, welches der Tanzmeister zur Thalia geeignet bezeichnet hat —

Nun, kennst Du es?

Nein, aber den Herrn, mit welchen sie getanzt hat, glaube ich zu kennen.

So! Wer ist er.

Er ist von der Polizei.

Ah? dehnte der Bildhauer.

Ich sah ihn an einem gewissen Orte, dort trug er wohl Backenbart und Augengläser —

Das sind Dinge, die sich leicht ablegen lassen, was soll er bei der Polizei sein?

Er ist Kommissär und heißt Smettena.

Du kennst ihn also näher?

Das ist gerade nicht der Fall, was ich aber sage, ist richtig.

Der Leser wird die Angst des Komptoiristen leicht begreifen.

Der Polizeikommissär war der Gönner der Frau Lichtfall, wenn er Raphael erkannte und ihn bei der Mutter der Geliebten als einen Besucher von Tanzschulen denuncirte, so warf dies ein sehr zweideutiges Licht auf seine Treue.

Ein solider junger Mann, dem die Geliebte geraubt wurde, besucht keine Tanzschule!

Er hatte sich freilich in der unschuldigsten Weise, blos von seinem Freunde verleitet, dazu entschlossen; allein wenn je, so lief hier die Wahrheit Gefahr, für eine Ausrede gehalten zu werden.

Raphael fand es daher gerathen, sich aus dem Staube zu machen, bevor er von dem Gefürchteten bemerkt wurde.

Auch auf den Bildhauer machte die Enthüllung Raphaels einen deprimirenden Eindruck.

Der Polizeikommissär war ein noch junger Mann, trotzdem bezweifelte Meidler, daß er die Tanzschule um sich zu amüsiren besucht habe.

Er hat sich ex officio eingeschlichen, dachte der Künstler, und wie es scheint kennt ihn sogar der Tanzmeister nicht, sonst würde er mir dessen Begleiterin nicht zur Thalia empfohlen haben.

Begleiterin? Wer weiß, ob dem so ist? Er kam vielleicht allein und hat das Mädchen blos zum Tanze erbeten—

Der Bildhauer war mit diesen Betrachtungen noch beschäftigt, als die Treppe herab Stimmen sich näherten.

Man lachte und schnatterte.

Zwei Paare waren es.

Jetzt zog Meidler seinem Freund vom Thore hinweg, eilte mit ihm quer über die Straße und pflanzte sich dort in den Schatten einer Thorhalle.

Die Dunkelheit war angebrochen, Gasflammen beleuchteten die schmale Gasse.

Der Bildhauer erkannte in zweien aus dem Thore tretenden Personen seine Thalia und ihren Tänzer.

Die er ließ einen Pfiff ertönen.

Ein Fiaker rasselte herbei, die vier Personen stiegen ein.

Meidler faßte einen raschen Entschluß.

Bruder Raphael, leb wohl!

Wohin eilst Du?

Ich fahre mit, ich muß wissen, wo meine Thalia daheim ist?

Damit schlüpfte er hinaus, schwang sich rückwärts des Kutschkastens auf die schmale Querfeder, die Pferde zogen an, das Gefährte rasselte fort über's Pflaster.

Zwölftes Kapitel.

Wir inkommodiren die Leser nicht ohne Noth, wir muthen ihnen daher auch nicht zu, dem im Trabe dahinrollenden Fiaker nachzurennen; sie mögen sich für diesen Abend begnügen, und der Ausdauer und Gewandtheit des jungen Bildhauers vertrauen.

Bernhard Meidler erreichte seinen Zweck, welcher darin bestand, das Haus zu wissen, wo die empfohlene Thalia wohnte, und benützte dann den entleerten Fiaker, um den weiten Rückweg nicht zu Fuße machen zu müssen, und weit war der Weg, denn das Fräulein logirte zwischen Penzing und Breitensee auf der Windmühle.

Auf die Gefahr hin, daß morgen fünf dortige Hausbesitzer nach dem Beispiele der Ottakringer sich zusammenthun und Protest erheben, sagen wir, daß die Windmühle ein kleines unansehnliches Nest ist, wo man fast immer molestirt wird, wenn nicht von Roth, so von Staub.

Am Vormittage nach der erwähnten Fahrt, finden wir Meidler wieder im Stellwagen um nach der Windmühle zu gelangen.

Wir eilen ihm voraus, was bei einem Stellwagen keine Anstrengung kostet, und führen den Leser in der Wohnung ein, die auch jener zum Ziele hat.

Wir treten von der Straße in einen Hof, der weder ländlich noch städtisch aussieht, gelangen von hier in eine Küche und von da in die Stube.

Obwohl es bereits zehn Uhr ist, ist die Küche noch kalt, der Heerd noch leer, kein Symptom läßt erkennen, daß man hier zu Mittag speisen werde.

Die Stube ist geräumig, ziemlich anständig möblirt, befindet sich jedoch noch im Morgennegligee, das heißt in jener wenig malerischen Unordnung, die zu dem Glauben verleitet, man habe erst das Lager verlassen.

Dem war aber nicht so.

In der Mitte der Stube stand ein großer runder Tisch.

An diesem Tische, der mit Bildern, Farben, Wassergläsern voll war, saßen zwei Frauen und waren emsig beschäftigt, schwarz gedruckte Bilder zu illuminiren.

Die eine von ihnen war eine beleibte Matrone, in einem großgeblumten fettigen Männerschlafrock und einem turbanartig um das Haupt gewundenen Tuch.

Sie hatte etwas Maskenartiges an sich, nur das Augenglas von schwarzem Horn umrahmt, dessen sie sich bediente, störte den Eindruck.

Im ersten Augenblicke war man versucht sie für einen Zwitter zu halten, erst bei näherer Betrachtung entdeckte man an ihr noch erhebliche Reste ehemaliger Schönheit.

Ihr Teint war fein und zart, ihre Brauen hübsch geschwungen, die Zähne trotz der Zeit wundersam erhalten.

Das Mädchen neben ihr war ihre Tochter.

Zum Unterschiede von der Mutter hatte sie bereits Toilette gemacht, einfach aber nett.

An dem Hauskleide traten die vollen malerischen Formen lebhafter hervor, die Arbeit gab Gelegenheit ihre tadellos gebildete Hand zu bewundern.

Jugend, Frische und Gesundheit vereinigten sich, dieses Mädchen mit dem Dufte des Frühlings zu umhauchen, das Auge glühte. Das schwarze üppige Haar glänzte.

Wenn wir errathen, daß Mutter und Tochter seit vier Uhr Morgens an der Arbeit saßen, dann wird man es entschuldigen, daß die Stube noch nicht aufgeräumt ist, dann wird man begreifen, warum die Küche noch kalt ist.

Und die Arbeit geht Beiden flink von der Hand, man sieht, daß sie im Koloriren geübt sind.

Die Mutter fast noch mehr wie die Tochter.

Wie viel mag an der Uhr sein?

Auf diese Frage der Mutter nahm sich das Mädchen Zeit sich umzuwenden und nach der im Rücken an der Wand hängenden Schwarzwälder Uhr einen Blick zu werfen und sagte dann:

Fünf Minuten über Zehn.

Schon! Wie die Zeit vergeht.

Bis Mittag werden wir hoffentlich fertig sein.

Nach Tisch wirst Du liefern.

Nach Tisch, ja!

Das Mädchen sprach diese Worte mit Laune, ohne Beimischung bitterer Ironie, die doch nahe lag, da vorläufig keine Aussichten auf eine Mahlzeit vorhanden waren.

Bist Du schon bei Appetit Madeleine?

Man könnt es beinahe Hunger nennen.

Ich will schnell etwas bereiten.

Nein, nein, das raubt uns wieder ein halbes Stündchen, stören wir uns nicht. Erst wenn die Arbeit gethan sein wird, wollen wir an's Essen denken.

Wir vergaßen zu erwähnen, daß aus der Stube eine Thür in ein zweites inneres Gelaß führte, welche jedoch geschlossen war.

In diesem Augenblicke vernahm man von drinnen heraus das Geschrei eines Kindes, jenes kläglich, herzergreifende Geschrei, welches ganz junge Wesen hören lassen, die, obwohl sie erst kürzlich das Licht der Welt erblickten, doch schon Bedürfnisse fühlen und den Wunsch darnach nur durch Schreien auszudrücken vermögen.

Wahrscheinlich mochte dieses Schreien sich den Vormittag hindurch oft wiederholt haben, denn Madeleine sagte zu der Mutter:

Das Kind ist heute sehr unruhig.

Wir werden vielleicht ein anderes Wetter bekommen, antwortete diese.

Der Winter fängt an sich zu melden.

Madeleine, Du sagtest mir noch gar nicht, wie Du Dich gestern unterhalten hast?

Gut, recht gut. Ich habe viel getanzt.

Wo warst Du?

Herr Hammer führte mich in eine Tanzschule, weil ich den Wunsch äußerte, die neue Mazurka zu lernen.

Nun, hast Du sie erlernt?

Vollkommen.

Herr Hammer ist ein gefälliger Mensch.

O ja!

Du sprichst das in einem Tone, als wärest Du der entgegengesetzten Ansicht.

Das Mädchen lächelte vor sich hin und erwiederte:

Ich bin es auch. Die Gefälligkeit des Herrn Hammer ist nicht weit her, glaub' mir's.

Er macht Dir förmlich den Hof.

Er thut dergleichen.

Fühlst Du keine Neigung zu ihm?

Ganz und gar nicht. Mir mißfällt sein Charakter, er ist nach der einen Seite hin zu frei, nach der anderen dagegen zu verschlossen —

Die Arbeit der Frauen erlitt durch diese Unterhaltung nicht die mindeste Unterbrechung, da aber das Schreien des Kindes sich wieder vernehmen ließ, so erhob sich die Mutter ging zur geschlossenen Thüre und rief, ohne sie zu öffnen, hinein:

Fräulein Lori, das Kind scheint krank zu sein, soll ich die Hebamme holen?

Sie muß ohnedem bald kommen! tönte es zur Antwort, worauf die Matrone sich wieder an die Arbeit begab.

Jetzt hörte man das Geräusch von Tritten.

Es ist Jemand in der Küche.

Herein!

Ihr Diener, meine Damen! grüßte Bernhard Meidler, in die Stube tretend.

Das Mädchen erhob sich.

Was wünschen Sie, mein Herr?

Ich habe die Ehre mit Fräulein Madeleine Kamhauer zu sprechen.

So heiße ich.

Ich bin der Bildhauer Bernhard Meidler.

Ah!

Dieses „Ah" war von einer Pantomime begleitet und mit einem Tone gesprochen, welche vereint die Aeußerung enthielten: Ich weiß, was Du willst.

Nehmen Sie Platz, mein Herr.

Die Damen sind, wie ich sehe beschäftiget.

Sie nehmen es nicht ungütig, wenn wir uns nicht stören lassen.

Im Gegentheil, meine Damen, es wird mich freuen, wenn Sie Ihre Arbeit fortsetzen, denn Zeit ist für unsereins Geld, und ich möchte Sie daran nicht verkürzen. Ich mache es gerade wie Sie, wenn ich dringende Arbeit habe und Besuch erhalte.

Wo befindet sich Ihr Atelier?

Auf der Laimgrube an der Wien. Mein Fräulein, ich muß Ihnen das Kompliment machen, daß Sie den Pinsel äußerst gewandt führen.

Das macht die Uebung.

Breier. Mit und ohne Maske.

Ist Ihnen diese Beschäftigung angenehm?

Gewiß, mein Herr. Ich hege eine Vorliebe dafür, weil sie an die Kunst streift. Sie müssen mich nicht verlachen, wenn ich Ihnen sage, daß ich mir einbilde, ein Stückchen von einer Künstlerin zu sein.

In jedem Falle hat der Kolorateur eben so das Recht, sich einen Künstler zu nennen, wie z. B. der Zimmermaler.

Wir Beide streichen an, nicht wahr? Er nach der Chablone, ich nach dem Muster. Hörst Du es, Mutter, wir sind Künstlerinnen, wir sind Malerinnen, aber wilde.

Wenn es keine wilderen gebe, wie Sie, Fräulein, dann könnte sich Apollo gratuliren.

In diesem Momente drang aus der Nebenstube wieder das Geschrei des Kindes heraus.

Der Bildhauer stutzte.

Madeleine schmunzelte und fragte:

Gefällt Ihnen das?

Nebenan scheint ein ganz junger Staatsbürger eingezogen zu sein?

Vor zehn Tagen.

So, erst zehn Tage alt und macht jetzt schon Opposition. Es ist merkwürdig, wie in Oesterreich die Schreier überhand nehmen.

Das rührt daher, meinte die Matrone, weil die Geschäfte schlecht gehen.

Ja, ja, erwiederte Meidler, es liegt Alles darnieder, der Handel und der Wandel, nur die Händel floriren.

Das Stück zu fünfzig Kreuzer.

Alle Drei lachten.

Liebe Mutter, nahm jetzt das Mädchen das Wort, ich werde den Rest allein fertig machen, hab' die Güte nach der Küche zu sehen.

Wie Du willst, sagte die Frau im Schlafrock und Turban, und erhob sich.

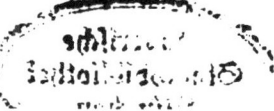

Der Bildhauer theilte seine Aufmerksamkeit zwischen beiden Frauen, die eine erschien ihm so originell, wie die andere schön.

Sie verzeihen schon, sagte die Mutter mit einem Knixe, der sich komisch genug ausnahm, ich muß nach der Küche.

Ich bitte meine Anwesenheit zu ignoriren, und sobald ich lästig falle, mich abzuschaffen.

So lange Sie sich betragen wie bisher, haben Sie das nicht zu besorgen, versetzte Madeleine lächelnd; doch nun, da wir allein sind, was steht zu Diensten?

Ich war gestern in der Tanzschule des Herrn Patt.

Auch ich war dort.

Ich hatte das Glück Sie zu sehen —

Das Glück können Sie täglich haben, wenn Sie sich nach der Windmühle bemühen.

Wer weiß, was im Schooß der Zeiten schlummert.

Sie sprechen das in einem Tone, der mich verleiten soll, Etwas zu glauben, woran Sie im Ernste nicht denken. Sie würden es bald müde werden, täglich den weiten Weg hieher zu machen.

Wozu wären denn die Stellwagen erschaffen?

Die Strapazen bleiben dieselben.

Was man gerne thut, fällt Einem nicht schwer.

Es frägt sich aber, ob man's wirklich gerne thut? Wenn man Sie anhört, sollte man glauben, Sie interessiren sich für mich.

Ich gebe Ihnen mein Wort, daß Sie mir gefallen.

Sie sind nicht der Erste, der mir das sagt, Sie sind aber auch nicht der Einzige, dem ich es nicht glaube. Das heißt, ich gebe zu, daß Ihnen meine Person gefällt, wie ungefähr ein hübsches Bild dem Kunstfreunde, und ich wende gegen diese Art von Wohlgefallen nichts ein, allein an ein Gefallen innigerer Weise werden Sie mich nicht glauben machen.

Vielleicht doch, mit der Zeit.

7*

Das ist möglich.

Fräulein Madeleine!

Was beliebt?

Schenken Sie dem Herrn, mit dem Sie gestern im Fiaker nach Hause fuhren, auch keinen Glauben?

Ihm weniger, wie jedem Anderen. Uebrigens fuhren wir zu Vieren.

Ich weiß es, denn ich war so frei mich rückwärts anzuhängen.

Was Sie sagen?

Ich that dies, um Ihre Wohnung zu erfahren.

Das Mädchen lachte und sagte:

Zu viel Mühe, wirklich zu viel.

Wenn ich nur mit dem Herrn Kommissär darob keinen Streit bekomme.

Mit wem?

Nun mit dem Polizeikommissär, Ihrem Beschützer von gestern.

Madeleine schaute ihn verwundert an und sagte:

Sie sprechen doch nicht von dem Herrn, mit dem ich nach Hause fuhr?

Von wem denn sonst?

Und Sie behaupten er sei Kommissär?

Ein Freund, der mich begleitete, kennt ihn und sagte mir, daß er der Polizeikommissär Smettena sei.

So? dehnte jetzt das Mädchen, wiegte den Kopf, fuhr aber fort eifrig zu koloriren.

Ich sage Ihnen damit doch keine Neuigkeit? fragte der Bildhauer.

Ja wohl, mein Herr, was Sie mir sagen ist eine Enthüllung für mich, für die ich Ihnen danke. Jener Herr hatte die Güte, mich ein wenig anlaufen zu lassen, immerhin, ich werde mich zu benehmen wissen, übrigens mögen Sie daraus erkennen, wie ferne er mir steht.

Ich hielt ihn für Ihren Liebhaber.

Ich habe keinen Geliebten.

Warum nicht?

Weil —

In diesem Moment hörte man daneben wieder das Geschrei des Kindes.

Das Mädchen wies nach der geschlossenen Thüre und sagte:

Hören Sie den kleinen Warner, er antwortet für mich!

Und nach einer kurzen Pause:

Doch, nun zu Ihnen, mein Herr. Was führte Sie eigentlich zu mir?

Der Wunsch, Ihre Bekanntschaft zu machen.

Sehr schmeichelhaft für mich. Sind Sie vermält?

Ich bin ledig.

Ganz ledig?

Man kann nicht lediger sein.

Haben Sie eine Geliebte?

Meine Muse ausgenommen, besitze ich keine. Uebrigens will ich aufrichtig sein.

Ausnahmsweise, wie?

Ich verband mit meinem Besuche noch einen Zweck.

Und dieser ist?

Ich soll eine Thalia anfertigen. Zu dieser Statue benöthige ich ein Vorbild.

Madeleine lachte laut auf.

Es hat Ihnen gewiß Jemand erzählt, daß ich einem Maler, der eine Orientalin zu malen hatte, einige Sitzungen gewährte. Die türkischen Gewänder kleideten mich recht gut. Uebrigens würde ich mich auch dazu nicht herbeigelassen haben, wäre der Künstler nicht ein alter, stocktauber Herr gewesen.

Möchten Sie mir einen ähnlichen Wunsch nicht gewähren?

In keinem Falle.

Warum nicht?
Aus vielerlei Gründen.
Wollen Sie mir diese mittheilen?
Warum nicht. Erstens weil Sie ein junger Mann sind, zweitens weil Sie unvermält, drittens weil Sie ein Bildhauer sind, und endlich viertens weil Sie mir gefallen.
Fräulein Madeleine —
Sie hören, daß ich aufrichtig bin, vielleicht aufrichtiger wie Sie. In Folge dieser Eigenheit muß ich Ihnen aber auch sagen, daß Sie sich sehr täuschen würden, wenn Sie, durch mein Geständniß veranlaßt, sich Hoffnungen hingäben, die sich nicht realisiren können. In diesem Falle handelten Sie klüger, sich um mich nicht weiter zu bekümmern. Dem Himmel sei es gedankt, meine heutige Aufgabe ist gelöst. War ich nicht fleißig? Wie gefällt Ihnen meine Koloratur?
Sie ist farbenreich!
Beide lachten.
Die Mutter trat ein.
Bist Du fertig, Madeleine?
Ja, liebe Mutter.
Auch ich bin es.
Dann gehen wir zu Tische. Herr Meidler, ich bin so frei, Ihnen einen Vorschlag zu machen. Speisen Sie mit uns, dann fahren wir selbander nach der Stadt, ich um meine Arbeit abzuliefern, Sie um an die Ihrige zu gehen.

Madeleine, Du ladest den Herrn zu Mittag ein und weißt doch, daß unsere Küche —

Nur eine Nothküche ist; ja, liebe Mutter, ich weiß das, allein ich denke, da Herr Meidler Zeuge von unserem Fleiße war, soll er auch unsere einfache, schlichte Lebensweise kennen lernen, vielleicht wird dies geeignet sein, seine Ansichten über uns ein wenig zu rectificiren. Uebrigens ein Schelm, der mehr gibt als er hat.

Nun, Herr Bildhauer, sind Sie entschlossen mit meinem Schmarrn vorlieb zu nehmen?

Wenn Sie erlauben —

Ich erlaube es nicht nur, sondern ich bitte Sie darum.

Und er blieb.

Das karge Mahl war bald eingenommen.

Madeleine, unbefangen, munter, natürlich, ohne jede Ziererei, erwies der Küche ihrer Mutter alle Ehre. Meidler gab mehr den Zuhörer ab wie den Theilnehmer, die Scherze des Mädchens lieferten einen reichlichen Ohrenschmaus und bildeten die Würze des Mahles.

Kurze Haare sind bald geschoren, in acht Minuten war abgespeist, die Mutter band die Bilder zu einem Packete zusammen, während dem warf das Mädchen den Mantel um und setzte den Hut auf.

So, ich bin reisefertig, wo ist das Packet?

Ich werde so frei sein, es zu tragen, sagte Meidler.

Sie sind sehr freundlich, wenn Sie uns wieder einmal besuchen, werde ich mich dankbar zeigen und Sie abermals zu Tische laden. Adieu, Mutter, in drei Stunden bin ich wieder zurück, vorausgesetzt, daß ich unseren Herrn Steindrucker daheim finde. Sollte Herr Theodor Hammer zu Besuche kommen, so sag' ihm einstweilen, er möge mit uns weiter keine gnädigen Scherze treiben, die Fortsetzung werde ich folgen lassen, Adieu!

Meidler verließ mit Madeleine die Wohnung, als wäre er wer weiß wie lange schon mit ihr bekannt.

Ein eben von Hütteldorf daher kommender Stellwagen nahm sie auf.

Dreizehntes Kapitel.

Wenn Sorgen, Kummer, Bangen, Rathlosigkeit physisch eben so schwer in's Gewicht fielen, als sie geistig auf dem Menschen wuchten, dann würde manche Equipage, die jetzt leicht und elastisch dahinrollt, zu einem förmlichen Lastwagen werden.

Man denke sich, um nur ein Beispiel anzuführen, einen Mann in der Stellung des Herrn Konstant und in der Lage, in die er sich hineingebracht hat.

Das Geschäft ging, wie das Verhängniß, seinen eisernen Schritt, und keine Wendung wollte eintreten zu Gunsten des hartbedrängten Mannes.

Und die Gattin, die im Stillen mitleidende, die mitgetroffene Frau!

Von der Stunde an, wo Madame Konstant den Abgrund vor sich offen sah, der ihres Hauses Ansehen, ihrer Familie Ehre zu verschlingen drohte, scheute sie fast das Alleinsein mit ihrem Manne, zitterte sie vor dem unausbleiblichen Momente, wo der letzte Halt schwinden und das ganze Gerüste einstürzen würde.

Wie schwer trugen die Gatten nur an dem Zwange, den sie sich auferlegten, um nicht nur vor der Welt, sondern auch im Hause ihren Gemüthszustand zu verbergen, ja noch mehr, sie waren sogar bestrebt sich gegenseitig nicht durchschauen zu lassen.

Sie sollte den Stand des Geschäftes nicht erfahren — er sollte nicht ahnen, daß sie sein Geheimniß enthüllt.

Auf die Dauer war weder eine solche Täuschung auszuführen, noch ein Zustand, wie der vorhandene, zu halten.

Einem sehr stürmischen Tage an der Börse folgte ein stürmischer Abend im Hause des Wechslers.

Ein Unterschied bestand nur darin, daß hier die Szene blos unter vier Augen vor sich ging.

Herr Konstant trat in das Gemach seiner Gemalin, er war bleich, verstört.

Madame erbebte bei seinem Anblicke, sie erkannte den Anbruch der Katastrophe.

Liebe Ida, begann er mit gepreßter Stimme, ich kann die Lage, worin ich mich befinde, nicht mehr verbergen.

Die Gattin vermied es, ihn anzusehen.

Ein tiefer, schwerer Seufzer war die einzige Antwort auf seine Ansprache.

Ich soll morgen 40,000 Gulden decken, fuhr Herr Konstant fort, und bin nicht in der Lage es zu können.

Madame Konstant bedeckte ihr Antlitz mit den flachen Händen, nicht etwa um Thränen zu verbergen, sondern um ihre Gedanken zu sammeln.

Nach einer kurzen Pause ließ sie die Hände sinken, und aus ihrem todtblassen Gesichte stierte ein düsterer Blick den Gatten an.

Georg, begann sie anfangs murmelnd, im Verlaufe der Rede jedoch lauter werdend, Du wirst mir das Zeugniß geben, daß ich mich bisher sorgfältig enthielt, auf Deine Geschäfte irgend welchen Einfluß zu nehmen —

Ich anerkenne Dein Vertrauen —

Ich will gerade nicht behaupten, daß einzig und allein das Vertrauen mich dazu bestimmte, doch dem sei wie ihm wolle, ich ließ Dich gewähren; im Stillen jedoch hegte ich die Hoffnung, Du würdest Deiner Pflicht gemäß mich von Zeit zu Zeit über den Stand unseres Hauses informiren, worauf ich als Deine Gattin ein Anrecht hatte, selbst wenn ich von Dir aus der Armuth enthoben worden wäre, was doch keineswegs ~~nicht~~ der Fall war. Nachdem Du aber jenes sorgfältigst vermiedest, muß ich wahrhaftig erstaunen, daß Du jetzt auf einmal mittheilsam wirst, nachdem Du so lange geschwiegen!

Dein Vorwurf ist gerecht, erwiederte der Wechsler mürrisch, ob er aber in dieser Stunde am Platze ist, gebe ich Deinem Gefühl zu bedenken.

Du appellirst an mein Gefühl? In der Welt, worin wir leben, werden Gefühle so stiefmütterlich behandelt, daß man andererseits wieder nicht auf sie zählen kann. Doch lassen wir diese Erörterungen, die eigentlich nicht hieher gehören. Du kamst mir mitzutheilen, daß Du Dich in Verlegenheit befindest, wozu diese Mühe, Du weißt doch recht wohl, daß ich nicht in der Lage bin, Dir beizustehen.

Ich erwarte Hilfe durch Deinen Einfluß?

Durch meinen Einfluß?

Ein Wort von Dir bei Deinem Bruder genügt, unseren Kredit herzustellen!

Unseren Kredit? Du willst sagen Deinen Kredit, der meinige bedarf dessen nicht, er steht ungebeugt fest. Wenn ich von meinem Kredit spreche, so verstehe ich die Ehre darunter.

Ich denke, in der Ehe ist die Ehre gemeinsam wie das Vermögen.

Dieser Ansicht bin ich nicht. Wenn die Frau nicht acceptirt, hat man kein Recht auf sie. Wenn Du an Deiner Ehre fallirst, kann die meinige noch aufrecht stehen bleiben und sie wird es.

Du sprichst in einem auffallend gereizten Tone, ich erkenne Dich kaum.

Ich glaube Dir's, kenne ich mich doch seit einer gewissen Zeit kaum selbst mehr; meine Stimmung ist eine peinliche für mich und für meine Umgebung.

Es liegt in Deiner Macht sie zu beseitigen und mich dem Unglück zu entreißen. Eine telegraphische Nachricht an Deinen Bruder —

Madame Konstant schüttelte verneinend das Haupt.

Wie, Du nimmst Anstand mich zu retten? rief der Wechsler im Affekt.

Du vergissest, Georg, daß ich aus einem Hause stamme, dessen Geschäfte nach Millionen zählen. In einem solchen Hause lernt man mindestens so viel, um zu beurtheilen, ob eine Rettung möglich ist oder nicht. Ich sage Dir, die angegebene Summe würde die Existenz des Hauses fristen, allein nimmermehr dessen Sturz aufhalten.

Du vergissest, daß eine Wendung der politischen Konjunktur —

Sein Geld auf die Politik hin riskiren ist ein zu gefährliches Spiel, als daß ich es billigen oder gar unterstützen sollte.

Du weigerst Dich also mir zu helfen?

Unter den angegebenen Umständen ja!

Und wenn ich Dir entdecke, daß nicht blos das Haus, sondern noch mehr auf dem Spiele steht?

Madame Konstant ballte krampfhaft ihre Hand und preßte die Lippen aneinander, wie Jemand, der einen fürchterlichen Schmerz leidet und es nicht erkennen lassen will.

Ich verstehe Deine Aeußerung nicht, murmelte sie, so viel aber entnehme ich daraus, daß ich vorhin Recht hatte zu sagen, die verlangte Summe würde die Existenz unseres Hauses nur fristen. Du hast an der Börse gespielt, hast seit längerer Zeit alte Wunden verdeckt, indem Du Dir neuere schlugst, der Himmel mag wissen, wie hoch Dein Passivstand sich beläuft.

Ida, ich habe von Dir Rath und Hilfe erwartet, statt dessen bietest Du mir Vorwürfe.

Meine Schuld ist es nicht, wenn Klagen über den unseligen Stand unseres Hauses Dich wie Vorwürfe treffen. Enden wir diese peinliche Szene. Willst Du an Deinen Bruder telegraphiren?

Georg, ich begreife Dein Begehren nicht, nur die verzweifelte Lage, in der Du Dich befindest, kann es entschuldigen. Was erwartest Du von ihm, oder richtiger, welche Zumuthung soll ich an ihn stellen? Welcher Vernünftige wird sich herbeilassen, ein ganz baufälliges Haus mit großen Kosten von Außen zu übertünchen, blos um die Welt glauben zu machen, daß es sich noch im guten Zustande befinde? Bei dem nächsten Sturme fällt es doch zusammen. Angenommen, die momentane Verlegenheit wäre beseitigt, was wäre die nächste Folge? Daß Du Dich in noch mehr forcirte Spekulationen einließest und ein noch wagigeres Spiel triebest. Und dazu soll ich meine Hand bieten? Nimmermehr, es komme was da wolle, ich werde mit leiden, aber mich wird das Bewußtsein erfüllen, keinen Antheil an dem Mißgeschicke zu haben. Du wirst morgen Deine Zahlungen einstellen —

Und einen Kriminalprozeß am Halse haben, murmelte der Wechsler.

Die Gattin stieß einen Wehruf aus und bedeckte das Antlitz mit beiden Händen.

Was sie eben hörte war ihr kein Geheimniß, und doch fuhr das entsetzliche Wort gleich einem spitzigen Dolch durch ihr Herz.

O, ich Unglückliche! wimmerte sie, so weit ist es gekommen!

Und nach einer langen, stummen Pause raffte sie sich auf und sagte:

Es sei, ich werde auch das zu ertragen wissen.

Mit diesen Worten eilte sie in das angrenzende Kabinet und schloß sich ein.

Herr Konstant eilte aus dem Hause.

Vierzehntes Kapitel.

Die neueste Zeit hat eine fünfte Großmacht installirt, die — öffentliche Meinung.

Die neueste Zeit hat auch eine Allmacht entdeckt, die — Interessen.

Der Stein der Weisen, den Gelehrte und Steckenpferd-Reiter durch Jahrhunderte vergebens gesucht, er ist gefunden in den gemeinschaftlichen Interessen.

Aus ihnen entsprang die Association, diese Wünschelruthe, um geahnte aber tief verborgene Schätze an die Oberfläche zu beschwören.

Die gemeinschaftlichen Interessen rufen Verträge in's Leben, welche das gewöhnliche Menschenalter überdauern, folglich die Kraft der Verjüngung wie die ideale Tinktur des Grafen von St. Germain besitzen, sie sind der Kitt für Allianzen im Großen und Kleinen.

Ihre Allgewalt ist so riesig, daß sie selbst Heterogenitäten zusammenhalten.

Sie sind ein Naturgesetz, und wie bei manchen anderen Naturgesetzen bedurfte es lange, bis sie entdeckt wurden.

Erst Newton ist durch einen vom Baume fallenden Apfel zu der Selbstfrage veranlaßt worden, warum strebt jede Schwere der Erde zu, nach abwärts, warum nicht nach aufwärts?

Man staunt, daß die so einfache, so natürliche Lehre der Gravitation bis auf Newton warten mußte, eben so ist's mit den gemeinschaftlichen Interessen.

Ihre Entdeckung, ihre Anwendung blieb unserer Zeit vorbehalten.

Haben wir es nöthig, Wirkungen aufzuzählen, welche durch gemeinschaftliche Interessen bereits erzielt wurden?

Der Leser kennt sie so gut wie wir.

Zwei mächtige Reiche, die sich Jahrhunderte feindlich bekämpft haben, machten endlich die Entdeckung, daß sie gemeinschaftliche Interessen haben, sie verbanden sich und beherrschen die Welt.

Um vom Großen auf's Kleine, speziell auf unsere Erzählung überzugehen, weisen wir auf Franz und Christoph von Weinfelden.

Sie waren wohl Brüder, allein man wird nicht leicht zwei Menschen finden, die in ihren Charakteren und Temperamenten so schroff sich entgegenstanden, und dennoch verbanden sich diese feindlichen Elemente durch die Macht gemeinschaftlicher Interessen.

Wir fürchten, schon Gesagtes zu wiederholen, wenn wir auf eine Auseinandersetzung der Ziele und Zwecke der beiden Brüder eingingen.

Der Prozeß mit der Baronin hatte begonnen, in beiden Lagern war man thätig.

Ohne den Leser durch wörtliche Anführung des Heirats=vertrages zwischen den getrennten Gatten zu ermüden, erwähnen wir blos, daß die Spitze der Streitsache darauf hinauslief, daß Klarisse, im Falle sie des Ehebruches über=wiesen wurde, den Prozeß verlor und zur Zahlung der stipulirten Summe von 50,000 Gulden verpflichtet war, während der Baron, eines solchen Verbrechens schuldig, ohne alle Ansprüche blieb.

Da Franz von Weinfelden zur Zeit, als er die Ehe einging, wenig oder nichts besaß, so hatte er im schlimmsten Falle nichts zu verlieren, wobei wir jedoch ausdrücklich bemerken, daß wir nur vom Geld sprechen und den Ehrenpunkt unberührt lassen,

Der bekannte Königsspruch: „Alles verloren, nur die Ehre nicht!" war nicht die Lieblings-Devise der Wölfe mit und ohne Schafspelz.

Christoph von Weinfelden, dem der bestehende Ehevertrag zur Genüge bekannt war, hatte kaum von der Existenz des Kindes Kunde erhalten, als er auch schon die Intrigue entwarf, die er bisher mit gutem Erfolge durchführte.

Was er über das Kind vernommen hatte, ließ ihn nicht zweifeln, daß es Klarissen angehöre.

Daß Franz diese Ueberzeugung theilte, brauchen wir nicht erst zu versichern.

Leicht beweglich, leidenschaftlich, in den Mitteln nicht wählerisch, war er, sobald er sich dem frommen Heuchler überlieferte, ein bloßes Werkzeug in dessen Händen.

Die Allianz mit seinem Bruder hatte ihn indessen nicht blos in einen Prozeß, der gerichtlich geführt wurde, verwickelt, sondern sie brachte ihn auch in Konflikt mit jenem Theile der Gesellschaft, deren Sympathien er früher besessen.

Franz von Weinfelden hatte einen zweifachen Kampf zu bestehen, einen juridischen und einen sozialen.

Der erstere wurde schriftlich und geheim geführt — der letztere mündlich und öffentlich.

Von dem Abende an, wo er in Wien angelangt war und das Haus seiner Gattin verschlossen fand, bis zu dem Morgen, wo wir ihn im Gespräch mit seinem Bruder treffen, wie viele Kränkungen, Zurücksetzungen, indirekte Beleidigungen hatte er schon erfahren müssen!

Je empfindlicher Du Dich zeigst, warnte Christoph mit dem Tone eines glaubenseifrigen Bekehrers, desto thätiger werden unsere Feinde sein, Dich zu verwunden. Im Grunde genommen sind es doch nur Nadelstiche —

Du nennst Beleidigungen, wie sie mir geboten werden, Nadelstiche? Ich war früher Mitglied des Lesevereins, jetzt verweigert man mich aufzunehmen.

Du sollst Mitglied eines andern Vereins werden, der Dir ersprießlichere Vortheile bieten wird.

Meine ehemaligen Freunde gehen mir aus dem Wege —

Danke den Herren, daß sie das thun. Du mußt jetzt Deine Freunde in ganz anderen Kreisen suchen.

Vor einigen Tagen wollte ich den Doktor Mahl besuchen — ich sah ihn von der Straße aus am Fenster stehen — und dennoch meldete mir der Bediente, der Herr Doktor sei nicht daheim.

Schreib' diese Abweisung in Dein Notizbuch und lauere die Gelegenheit ab, sie mit Zinseszinsen zurückzuzahlen.

Gestern im Theater — ich saß im Sperrsitz im Parterre — erhoben sich meine Nachbarn rechts und links wie auf ein gegebenes Signal und verließen mit geräuschvoller Ostentation ihre Sitze, so daß Aller Augen sich auf mich wendeten.

Wer waren die beiden Herren?

Ich kenne sie nicht.

Du hättest augenblicklich das nämliche thun sollen.

Ich war nicht vorbereitet. Alle Welt scheint verschworen, mich zu demüthigen, zu kränken, zu beleidigen.

Machinationen, nichts als Machinationen. Wir können uns der nämlichen Waffen nicht bedienen, weil uns die Mittel und Konnexionen nicht zu Gebote stehen, dafür besitzen wir wieder andere Mittel, und sei überzeugt, sie werden ihre Wirkung thun. Unsere Feindin gräbt Minen, wir werden Gegenminen machen. Ich war nach dem Abende bei Mannstein auch afficirt, ich war erbittert, wüthend, aber ich besaß die Kraft, an mich zu halten, ich suchte Trost in frommer Selbstbeschauung und fand ihn in reichem Maße. Ich bin bereits vollkommen abgekühlt und trage die Ueberzeugung in mir, daß auch unsere Zeit kommen wird.

Ich möchte nur wissen, auf welchem Wege Klarisse von den Vorgängen in London Kenntniß erlangte?

In jedem Falle auf einem sündigen! Sie hat auf dieses Geschoß gepocht, sie meinte uns damit abzuschrecken, nun die Kugel aus dem Rohr, heißt es zum zweiten Male laden, mit Einer Kugel kann man nicht zweimal schießen. Wir wollen sehen, woher sie eine zweite nimmt.

Das Gespräch der Brüder erlitt eine Störung durch die Meldung des Dieners, Herr Doktor Ruff sei draußen.

Ruff war der Anwalt der beiden Brüder, es versteht sich daher von selbst, daß er von ihnen mit ausgezeichneter Freundlichkeit empfangen wurde.

Es kömmt mir sehr erwünscht, meine Herren, begann der Advokat, daß ich Sie beisammen treffe.

Was bringen Sie uns, lieber Doktor?

Ich weiß nicht soll ich sagen „Gutes" oder „Schlimmes."

Sie machen uns neugierig.

Doktor Schweidler war bei mir.

Ah!

Er kam, wie er sagte, im ausdrücklichen Auftrage unserer Gegnerin, deren Sache er vertritt.

Lieber Doktor, ich hoffe, daß Sie Ihre bisherige Superiorität behaupten werden.

Ich will mein Möglichstes thun, indessen —

Das klingt fast wie ein Zagen.

Ein Prozeß, meine Herren, ist eine Krankheit in Rechtssachen, und Sie werden wissen, daß man nicht jede Krankheit heilen, so auch nicht jeden Prozeß gewinnen kann. Ich will damit nicht sagen, daß wir den unsrigen verlieren, allein es können schlimme Zwischenfälle eintreten, und diese sind wie in der Medizin auch bei uns gefährlich.

Breier. Mit und ohne Maske. 8

Lieber Doktor, Ihre Schlüsse beunruhigen mich. Doch um wieder auf den Anwalt der Gegnerin zu kommen, was wollte er?

Ich muß Ihnen im Voraus bemerken, selbst auf die Gefahr hin, meine Klienten einzubüßen, daß ich ein intimer Freund Schweidler's bin.

Das ist von Uebel, lieber Doktor.

Seien Sie außer Sorge, dieses persönliche Verhältniß übt auf meinen Beruf keinen Einfluß, und ich werde Ihre Sache mit dem ganzen Aufwande meiner Erfahrung und meines Wissens vertreten. Wenn ich der Freundschaft zwischen mir und Schweidler erwähnte, so that ich es blos, um Ihnen damit eine Ueberzeugung von der Aufrichtigkeit und Wahrheit dessen, was er mir sagte, beizubringen.

Nun, was sagte er?

Mein Freund erklärte mir, daß er im Auftrage der Baronin mich besuche, um wo möglich den Rechtsstreit zu verhindern.

Ich glaube gerne, daß unsere Gegnerin es wünscht.

Mein Freund wurde von seiner Klientin in die Sachlage eingeweiht und beschwor mich, Sie zur Auflassung des Prozesses zu bewegen.

Herr Christoph von Weinfelden rieb sich vergnügt die Hände.

Lieber Doktor, Sie bringen uns vortreffliche Nachrichten. Der Feind will retiriren, was bedeutet das?

Angenommen, der Antrag der Gegnerin bedeute einen Rückzug, wie Sie behaupten, dann vergessen Sie auch die weise Lehre nicht, daß man einem fliehenden Feinde goldene Brücken bauen müsse.

In Prozeßsachen, lieber Doktor, verhält sich's anders. Da muß der Retirirende die Brücke, die man ihm läßt, bezahlen.

Der Aeußerung meines Freundes zu Folge — und ich setze nicht den leisesten Zweifel darein — ist der Antrag der Baronin nichts weniger als ein Rückzug. Der Prozeß ist für uns nicht zu gewinnen —

Wer behauptet das?

Doktor Schweidler gab mir sein Ehrenwort darauf.

Worauf stützt er seine Behauptung?

Ich sagte Ihnen ja, daß die Baronin ihn eingeweiht hat.

Hat er Ihnen darüber ein Näheres anvertraut?

Daran ist nicht zu denken. Mein Freund ist ein Ehrenmann und verräth die Geheimnisse seiner Klienten nicht im Vorhinein.

Wenn unsere Gegnerin ihrer Sache so gewiß ist, warum läßt sie dem Prozesse nicht seinen Lauf?

Weil sie zur Schonung des Namens, den sie trägt, es nicht zum Aeußersten kommen lassen will.

O, o, welche zarte Rücksicht, rief der jüngere Baron höhnisch.

Sie will uns schonen? setzte der Aeltere hinzu, wir aber wollen nicht geschont sein.

Die Baronin hat erklärt, daß sie in der Auflassung des Prozesses von Ihrer Seite eine genügende Satisfaktion erblicke.

Sie spricht noch von Satisfaktion, unverschämt!

O Ihr Heiligen dort oben, könnt Ihr eine solche Frechheit ungezüchtiget lassen?

Wenn Sie aber, fuhr der Anwalt nach dieser Exklamation seines Klienten fort, den Antrag der Baronin zurückweisen, dann werden Sie einen Eklat erleben —

Genug, Herr Doktor, rief Franz, den Advokaten unterbrechend, ich ziehe meine Klage nicht zurück, sondern bitte Sie, mit aller Energie vorzugehen. Kann ich auf Sie zählen?

Ich werde meiner Pflicht gewissenhaft nachkommen.

Ich ersuche darum, und bitte Sie, sich weder um Drohungen noch um Manövers zu kümmern. Die Gegnerin soll Eklat's herbeiführen, es wird sich zeigen, wer den Platz behauptet, ob sie oder ich!

Der ältere Bruder verdrehte die frommen Augen und stimmte flötend und süß dieser Ansicht bei.

Doktor Ruff machte eine Pantomime, welche die Worte: „Ich wasche meine Hände" ausdrückte, und empfahl sich dann.

Ich hätte nicht übel Lust einen anderen Advokaten zu nehmen, sagte Franz, nachdem Ruff sich entfernt hatte.

Wäre sehr überflüssig. Ich bin mir selbst Advokat genug und überwache jede Zeile, tröstete Christoph, ich möchte jedoch wissen, was die Gegnerin wieder in petto hat?

Nach einer Pause tiefen Nachdenkens:

Franz, Du besitzest Briefe von Deiner Frau?

Die Frage wurde bejaht.

Bring' sie sogleich herüber, ich bedarf ihrer.

Der Jüngere entfernte sich und kehrte nach einigen Minuten mit einem Briefpackete zurück, welches er dem Anderen übergab und ihn dann auf sein ausdrückliches Begehren wieder allein ließ.

Der Fromme studirte diese Briefe durch.

Der Doktor fürchtet Zwischenfälle von der feindlichen Seite, murmelte er, ich werde welche zu unseren Gunsten arrangiren. Wenn nur die Lichtfall schon zurück wäre.

Euer Gnaden, Herr Baron, meldete der Diener wieder, Frau von Lichtfall ist draußen.

Sie ist mir sehr willkommen.

Die würdige Frau war a tempo erschienen.

Der Zufall ist ein geschickter Theater-Inspicient, er schickt die Schauspieler mit dem Schlagwort auf die Szene und sie treten auf und spielen die Komödie weiter.

Fünfzehntes Kapitel.

Kanonen haben nicht gedonnert, Glocken haben nicht geläutet, als sie, die Siegreiche, in Wien einzog.

Ja, die glückliche Mutter war mit der eroberten Tochter im Triumphe nach Wien zurückgekehrt.

Der Schutzengel und Hausverweser wurde mit dem Wohnungsschlüssel herbeigeschworen und der Komptoirist eilte oder flog vielmehr nach dem Schillerplatze.

Ein Aufschrei Eleonorens und sie hing an seinem Nacken und er umschlang die zärtliche Geliebte.

Sie weinte, er vergoß Thränen und die Mutter sperrte die Wohnung auf.

Ach, Raphael, klagte Lori, was habe ich während der Zeit gelitten!

Nun kam die Mutter herbei.

— Raphael, Sohn, Engel, umarmen Sie mich, Sie verdienen, daß man Sie in Gold fasse und der ganzen Männerwelt zum Beispiele anempfehle. Wie ist es Ihnen während der Zeit ergangen, was haben Sie unternommen? Ach, mein Gott, ich frage, und vergesse, was Alles ich selbst ausgestanden.

Und nun begann auch sie zu schluchzen.

Allgemeines Thränenvergießen, Ausverkauf des ganzen Vorrathes stummer Wonne und innerlichen Entzückens.

Ach, Raphael, unterbrach die tief gerührte Mutter die herrschende Stille, was sagen Sie zu meinem wieder eroberten Kinde? Lesen Sie den Schmerz der Trennung, die Qualen überstandener Angst und Gefahr von ihrem Antlitze herab?

Der arme Verliebte!

Die Mutter forderte ihn zum Lesen auf und er hatte in dieser entzückenden Minute sogar das Buchstabiren verlernt.

Man denke sich ein verliebtes Auge, welches zum Ueberflusse in Thränen schwimmt, was läßt sich damit viel lesen?

Indessen der Unterschied zwischen früher und jetzt war so groß, daß er sogar von dem liebegeblendeten Auge des Komptoiristen bemerkt wurde.

Die Rosen auf den Wangen Lori's waren verblaßt, die üppige Fülle verschwunden.

Eleonore stand dem Geliebten erschöpft und schmachtend gegenüber, und er war eben daran dem Gefühle der Verwunderung Raum zu geben, als sie sich neuerdings an seine Brust warf und schluchzend ausrief:

Noch acht Tage Trennung von Ihnen und der Gram der Liebe hätte mich getödtet!

Der junge Mann, der im Geiste bereits die todte Geliebte mit dem Cypressenkranz in den Haaren vor sich liegen sah, klagte:

O, wodurch haben wir ein so hartes Geschick verdient?

Bei den Göttern, wir haben es nicht verdient, theurer Raphael. Was uns traf war eine Prüfung, und der Himmel sei gepriesen, wir haben sie überstanden!

Das waren die Gefühlsentströmungen der ersten Viertelstunde der wieder vereinigten Liebenden.

Ihnen folgten die Mittheilungen, welche die Mutter über sich nahm.

Sie waren herzzerreißend.

Raphael bekam eine lange Geschichte zu hören, wie sie sich aber nur in der Walachei ereignen kann, in einem Lande, welches zwar der Zukunft angehört, in der Gegenwart aber von der modernen Kultur noch wenig beleckt ist.

Da bei uns der gerechte Zweifel obwaltet, daß der Leser an der Mittheilung der Frau Lichtfall ein eben so gespanntes Interesse nehmen werde wie der Komptoirist, so unterlassen wir es, sie in ihrer thränenreichen Ausführlichkeit wiederzugeben, und begnügen uns blos mit der Versicherung, daß Alles so gekommen war, wie der Herr Polizeikommissär von Smettena seiner Zeit angegeben hatte.

Das Fräulein war vom Exerzierplatze hinweg geraubt und auf ein Schiff gebracht worden.

Der walachische Bojar war sterblich in Eleonore verliebt und begehrte nichts weniger als ihre Hand und ihr Herz.

Das brave Mädchen schüttelte den Kopf und sagte:

Mein Herz ist nicht mehr frei, und Sie werden einsehen, mein Herr, daß eine Hand ohne Herz keinen Werth mehr hat.

Der walachische Nabob theilte diese Anschauung nicht, er behauptete, sich einstweilen mit der Hand zu begnügen, und legte in der Gestalt einer Verschreibung eine ganze walachische Herrschaft als Preis dafür zu Füßen der Geraubten.

Sie aber blieb standhaft.

Sie können mich martern, Sie können mich ermorden, das waren ihre selbsteigenen Worte, aber Sie werden mich niemals bewegen, dem Manne meines Herzens untreu zu werden.

Und richtig, er hat sie nicht bewogen, die Tugend der standhaften Wienerin trug den Sieg davon über den

Walachen, und zwar durch die Energie der auf dem Kampfplatze erscheinenden Mutter und durch die Unterstützung des österreichischen Konsuls.

Unser Herr Konsul, rief Frau Lichtfall, als sie an diese Stelle ihrer Erzählung gelangte, in Extase, ist ein wackerer Mann, ein menschenfreundlicher Herr, ich ging bei ihm aus und ein, wie bei einem Verwandten, ich werde die mir geleisteten Dienste nicht vergessen.

Wahrhaft dramatisch war die Szene, in welcher die gekränkte Mutter dem Bojaren zum ersten Male entgegen trat.

Sie war ihm wie der Blitz in's Haus gefahren.

Ueberrascht, niedergedonnert starrte er sie an, er hatte Alles erwartet, nur nicht, daß eine schwache, unbewehrte Frau allein nach der Walachei kommen werde, um ihr Kind wieder zu erobern.

Wie früher die Tochter, suchte er jetzt die Mutter für sich zu gewinnen.

Armer Nabob, alle Schätze Indiens — und die Walachei ist noch lange kein Indien — reichten nicht hin, die brave Mutter willfähriger zu machen.

Ich thue meinem Kinde keinen Zwang an, das sind wieder i h r e selbsteigenen Worte, der Mann, den sie liebt, ist ein Engel an Tugend und Güte, ich weiß, daß sie nur an seiner Seite glücklich werden kann, und ich will nicht ruhen, bis ich sie ihm wiedergegeben habe.

Der Walach begriff diese Verblendung nicht, wie er sie nannte, er schüttelte den Kopf mit dem langen Lockenhaar und rief:

Madame, Sie sind mir ein Räthsel!

Mein Herr, ich bin kein Räthsel, ich bin eine Wienerin. Ich verschmähe allen walachischen Besitz, geben Sie mir mein Kind und lassen Sie uns heimziehen in Frieden.

Davon wollte er anfangs nichts hören, allein die verzweifelnde Mutter — wie sie erzählte — warf sich ihm zu Füßen, sie flehte, sie beschwor, sie drohte.

Geben Sie mir mein Kind, rief sie, oder meine Stimme soll bis nach Paris und St. Petersburg bringen!

Bei dem letztern Namen fuhr der Bojar zusammen, mittlerweile hatte auch der Konsul reklamirt und der Räuber mußte seinen Raub herausgeben.

Das gekränkte Recht kam wieder zu Ehren, die bedrohte Tugend gieng siegreich aus dem Kampf mit der brutalen Gewalt hervor.

Den Augenblick, wo ich meine Lori auf wallachischem Boden wiedersah, werde ich nie vergessen, nie!

Die Expedition hat mich viel Geld gekostet, denn unter uns gesagt, der Konsul war so gütig mir zur Bestreitung der Rückreise hundert Gulden vorzustrecken und ich zehrte sie auf, denn Lori erkrankte mir in Pest, allein wer denkt an Geld, wenn es das Leben eines theueren Kindes gilt. Jetz habe ich sie wieder, und daß dem so ist, verdanke ich vor Allem Ihnen, theuerer Raphael. Von nun an, meine Tochter, darfst Du nie mehr ohne Schleier die Straße betreten, damit nicht ein anderer Wallache in Wien zu einem ähnlichen Bubenstück hingerissen werde. Weiter habe ich mir's gelobt, Dich nie mehr um meine Pension zu senden, von nun an werde ich sie mir jedesmal selbst holen. Ferner bitte ich Dich den Exercierplatz, wo Dir das Unglück begegnete, ja nicht mehr zu betreten, nimm lieber einen Umweg und wäre er noch so groß.

Eleonore versprach diesen Anordnungen nachzukommen.

Raphael war ganz betäubt, theils von der Aufregung des Gefühls, theils von den lebhaften Mittheilungen der Dame, die in buntem Wechsel immer neue Bilder und neue Vorstellungen heraufbeschworen.

Sein Geist hatte Mühe der gewandten Erzählerin zu folgen, er bewunderte den Muth, die Energie und die Aufopferung der Mutter, er war entzückt von der rührenden Treue der Tochter.

Um den armen Jungen nicht zur Besinnung kommen zu lassen, lud Madame Lichtfall ihn zum Bleiben ein, es war die erste Nacht, die er mit der Geliebten unter Einem Dache verbrachte.

Raphaels Glück war vollständig.

Die Mutter erzählte, Lori koste, er hörte, oder richtiger er sollte hören, thatsächlich aber vernahm er das Wenigste; denn an der Seite der Geliebten sitzen, ihren Odem schlürfen, ihr Herzpochen empfinden, unter dem Drucke ihrer Hand Ströme von Entzücken einsaugen, wer vermöchte da zu behaupten, daß die Sinne ihre Schuldigkeit thun.

Wie oft Raphael an diesem Abende die Hand seiner Geliebten küßte, läßt sich nicht bestimmen, die Thatsache jedoch läßt sich konstatiren, daß als man zu Bette ging, Lori's Hand ganz roth, der Komptoirist dagegen ganz blau angelaufen war.

Der junge Mann erhielt ein Kabinet angewiesen, welches durch das große Empfangsgemach von dem Zimmer der Damen getrennt war.

Daß er wenig schlief, braucht nicht erst erwähnt zu werden.

―――――

Am andern Morgen fand der Komptoirist die Mutter zum Ausgange bereit.

Man nahm das Frühstück ein.

Frau Lichtfall erachtete es für ihre Pflicht dem Herrn Polizeikommißär von Smettana ihren Besuch abzustatten, um ihm für seine gütige Verwendung zu danken und ihn von dem Erfolge ihrer Reise in Kenntniß zu setzen.

Da der junge Mann zeitlich in's Komptoir mußte, hatte man keine Zeit zu verlieren, man verabschiedete sich, Raphael begleitete die Mutter der Geliebten auf ihren ausdrücklichen Wunsch bis zum Direktionsgebäude und ging dann an sein Geschäft.

Hätte er sich die Mühe genommen, der würdigen Frau unbemerkt zu folgen, so würde er gesehen haben, daß sie zwar von der Spänglergasse in das Direktionsgebäude hineinging, daß sie jedoch — sei es in der Zerstreuung oder weil die Zeit der Amtsstunden noch nicht angerückt war — keine Treppe hinanstieg, sondern den kleinen Hofraum durchschritt und durch das zweite Thor, welches auf den „Platz am Peter" führt, das Direktionsgebäude wieder verließ.

Die wackere Frau benützte somit das Amtshaus blos als Durchhaus.

Wir begleiten sie auf ihrem ferneren Wege und bemerken zur Aufklärung des Lesers blos, daß die thätige Dame ihren Besuch bei dem Herrn Baron von Weinfelden in der Jägerzeile schon am vorigen Tage, noch vor der Bewillkommnung mit Raphael, abgestattet hatte.

Ueber das, was sie mit diesem frommen Manne verhandelt, wird der Leser sogleich Aufklärung erhalten.

Sechszehntes Kapitel.

In der inneren Stadt befindet sich eine öffentliche Anstalt, wir bemerken nebenbei, daß es keine kaiserliche ist.

Diese Anstalt besitzt einen Portier und die Gattin dieses Portiers besorgt weibliche Dienstplätze.

Die Frau Portierin war jedoch keine gewöhnliche „Zubringerin", welche sogenannte „Schnackerlplätze" zu vergeben hatte, sie genoß das Vertrauen reicher und vornehmer Familien, sie war auch in der Wahl der Mädchen, welche sie empfahl, sorgfältiger als dergleichen Anstalten in der Regel zu sein pflegen.

Kurz, die Portierin nahm unter den koncessionirten und unkoncessionirten Zubringerinnen ungefähr denselben Rang ein, wie Gunkel unter den Schneidern, Lenkey unter den Weinhäusern, Rosenberg und Breul unter den Galanteriehandlungen.

Ob die Portierin heute noch das Geschäft betreibt, weiß ich nicht, vor einigen Jahren, zur Zeit der Ereignisse, die wir erzählen, war's der Fall.

Es ist leicht möglich, daß ihre Firma noch florirt, es ist aber auch möglich, daß sie das Geschäft aufgegeben oder an eine Nachfolgerin abgetreten hat, dem sei wie ihm wolle, wir können uns nicht entschließen, ihren wirklichen Namen anzugeben und bedienen uns eines fingirten.

Sie heiße Aloisia Pipelmeyer.

Von ihrem Gatten, dem Portier — er war bereits der Dritte, den sie besaß — geschehe keine Erwähnung, er liegt außerhalb unserer Erzählung, wir halten uns blos an sie, was auch viel bequemer ist, da sie viel mehr Stoffhaltiges besitzt wie er.

Die Portierin war eine dicke, fleischige Brünette mit einem förmlichen Anflug von Schnurbart.

Sie trank leidenschaftlich gern Kaffee und schwärmte für Herrn Josef Wagner im Burgtheater.

So oft dieser Künstler beschäftigt war, konnte man im zweiten Parterre eine beleibte Dame sehen, die ein mächtiges Theaterperspectiv nur von den Augen brachte um Herrn Wagner zu applaudiren, diese Enthusiastin war Aloisia Pipelmeyer, die Portierin in der ...

Halt, ich verrathe es nicht.

Man besucht das Burgtheater nicht Jahre lang, ohne daß man an gutem Ton, Lebensart und feinem Benehmen profitirt.

Zum Lobe der Portierin sei es gesagt, daß auch sie dem Burgtheater viel verdankte, sie lernte mit vornehmen Leuten umgehen, sie bildete sich dort zu einer noblen Zubringerin heran.

Wenn Frau Pipelmeyer die Burgtheater-Logen durchflog, konnte sie von einem großem Theile sagen: „Dort sitzen meine Häuser!"

Und in der That, diese Hofräthin, jene Bankiersgattin gehörten ebenso zu ihren Kunden, wie jene Gräfin und diese Fürstin.

Stubenmädchen, Kammerfrauen, Extramädchen, Putzwäscherinnen, Friseurinnen, ja manchmal sogar Gouvernanten und Ammen gelangten durch ihren Einfluß, auf ihre Empfehlung in die bestrenommirtesten Häuser, sie hatte also ein unumstößliches Recht sie die ihrigen zu nennen.

Wir haben Frau Pipelmeyer eine Portierin genannt, und doch hatte sie mit dem Portierthum eben so wenig zu schaffen, wie zum Exempel eine Frau Landesgerichtsräthin mit dem Landesgericht.

Aloisia war die Gattin eines Portiers — sonst nichts.

Daheim in ihrem Zimmer war sie Kaffeetrinkerin, in den Herrschaftshäusern Agentin und im Burgtheater Schwärmerin, alles Uebrige ging ihren Mann an, oder das Dienstmädchen, welches sie hielt.

Kein Physiognomiker, kein Menschenkenner, wenn er Frau Pipelmeyer auf der Straße oder im Parterre zum ersten Male sah, hätte sie für die Frau eines Portiers gehalten, sie hatte das Aussehen einer Hebamme oder sonst einer Madame.

Durch ihre vielfältigen und langjährigen Beziehungen mit großen Häusern, durch den fleißigen Besuch der Mädchen, die häufig ihre Aufwartung machten, um sich bei ihr in Gunst zu erhalten kam sie allmählig zur Kenntniß mehr oder minder wichtiger Familienereignisse und befand sich somit im Besitze einer sehr schätzenswerthen Chronik mit und ohne Standal, welche aber leider nur auf Tradition basirte und bei der strengen Discretion der Sammlerin durch sie wohl schwerlich zur Veröffentlichung gelangen wird.

Ein für die Kulturgeschichte Wiens nicht genug zu beklagender Verlust.

Nebst den erwähnten Eigenthümlichkeiten besaß die Portierin noch eine, die wir erwähnen müssen.

Es war dieß ein unbeschreiblicher, fanatischer Haß, ja noch mehr, eine souveräne Verachtung der Marienstiftung.

Diese Dienstbotenbesorgungsanstalt — der Tendenz gemäß sollte sie eine Anstalt zur Heranbildung guter Dienstmägde sein — machte ihr und nur ihr einige Concurrenz, daher ihre Leidenschaft.

Die Marienstiftung ist eine durch und durch unpopuläre Anstalt, die Art ihrer Anlage trägt den Keim ihres Zerfalles in sich.

Dergleichen Institute können allenfalls in Tirol reussiren, aber nicht in Wien.

Von dem Momente an, wo das Publikum, eine gewisse officiöse Agition wahrnahm, um die Anstalt zu forciren, war sie vollends ein verlorner Posten.

Nur einzelne Familien sahen sich aus gewissen Rücksichten veranlaßt, ihre Dienstmädchen aus der Marienstiftung zu rekrutiren, zufälliger Weise aber gehörten diese Familien früher zu den Häusern der Portierin, daher ihr Haß ihre Verachtung.

Die feindliche Leidenschaft gegen diese Anstalt ging so weit, daß Aloisia, wenn sie darauf zu sprechen kam, sogar ihre Burgtheater-Bildung vergaß und zur gewöhnlichen Portierin herabstieg.

Nachdem wir dies vorausgeschickt haben, betreten wir gleichzeitig mit Madame Lichtfall die ebenerdige Wohnung der Frau Pipelmeyer.

Sie ist beschränkt wie die Wohnungen aller Portiere und Hausmeister, und überladen.

Frau Aloisia sitzt beim Kaffee und hat den Burgtheater-Zettel vor sich, und zwar nicht etwa die Reproduktion, wie die Journale sie bringen, sondern den wirklichen und wahrhaftigen Zettel, der in der Hoftheaterdruckerei das Licht der Welt erblickt.

Habe ich die Ehre mit Frau von Pipelmeyer zu sprechen?

Diese Frage von Seite der Lichtfall war mit einem zierlichen Knix begleitet.

Die Portierin nickte freundlich, erhob sich und sagte: Was steht zu Diensten, meine Gnädige?

Ich bitte sich nicht stören zu lassen, sonst würde ich es vorziehen später zu kommen, wo ich nicht genire. Kaffee und Suppe wollen heiß genossen sein.

Es gibt Viele, die da behaupten: kalte Suppe und kalter Kaffee schmecken wie Medicin. Ich mag auch keine kalte Suppe, beim Kaffee jedoch ziehe ich es vor, wenn er nicht warm ist; ich will noch schön werden!

Frau Lichtfall fand den Scherz wirksam und sagte lächelnd: Madame sind eine so stattliche Frau, daß Sie es nicht nöthig haben, sich sympathetischer Mittel zu bedienen.

Ich bitte, meine Gnädige, nehmen Sie Platz, was mich betrifft, so werde ich mit Ihrer Erlaubniß mein Frühstück fortsetzen.

Man setzte sich.

Ich genieße nicht die Ehre, von Ihnen gekannt zu sein, begann die Mutter Lori's, ich bin daher so frei, mich selbst vorzustellen. Mein Name ist Marianne Lichtfall, ich bin die Witwe eines fürstlich Hainwall'schen Stallmeisters und beziehe eine mäßige Pension. Ich bin im Besitze einer einzigen Tochter, die sittlich und häuslich erzogen, in weiblichen Handarbeiten gewandt und ein treues fleißiges Mädchen ist. Für dieses mein einziges Kind wünschte ich nun ein passende Dienststelle, zum Beispiel als Stubenmädchen, wozu sie alle Eigenschaften besitzt.

Hat das Fräulein schon gedient?

Bisher noch nicht, liebe Frau von Pipelmeyer.

Dann hat die Sache ihre Schwierigkeit, die Frauen nehmen ungerne Mädchen in Dienst, die in ihrem Berufe Anfängerinnen sind.

Ich weiß das, allein kein Gelehrter fällt vom Himmel, anfangen muß doch jeder Mensch. Ich kann versichern, daß meine Lori unter meiner Leitung eine Schule durchgemacht hat, die sie befähigt, in jedem Herrschaftshause einzutreten. Sie werden mit ihr Ehre aufheben, gewiß, hohe Ehre. Damit Sie aber in der Lage sind, über uns unparteiische Erkundigungen einziehen zu lassen, bin ich so frei, Ihnen hiermit meine Karte zu übergeben.

Ich zweifle nicht, gnädige Frau, sagte die Portierin, nahm aber nichtsdestoweniger die Karte, welche sich zufällig mit einer Zehngulden-Note verehelicht hatte, welche Verbindung mit einem freundlichen Kopfnicken zur Kenntniß genommen wurde.

Ich werde trachten, Ihr Fräulein Tochter unterzubringen, doch muß ich Sie bitten, sie zu mir zu schicken, denn ich muß das Fräulein sehen und sprechen.

Wann wünschen Sie, daß sie kommt?

Wann es Ihnen gefällig ist, ich bin immer zu Hause bis zur Theaterzeit.

Ah, Frau von Pipelmeyer lieben auch das Theater?

Ich besuche blos das an der Burg.

Gerade wie ich.

Wer gefällt Ihnen dort am besten?

Ich sehe Herrn Meixner gerne.

Und ich Herrn Joseph Wagner.

O, Frau von Pipelmeyer haben Geschmack.

Herr Wagner ist der erste Schauspieler in der Welt.

Er ist ein großer Künstler.

Sein Organ ist eitel Wohlklang, sein Feuer brennt ordentlich. Es ist nur zu bedauern, daß er nicht täglich beschäftiget ist. Doch um wieder auf das Fräulein zu kommen, wie alt ist Ihre Tochter?

Achtzehn Frühlinge.

Daß sie hübsch ist, versteht sich von selbst, von der Mutter auf das Kind zu schließen —

O, o, Frau von Pipelmeyer belieben zu schmeicheln. Bei mir heißt es tempi passati, ich rangire mich zum alten Eisen —

Daran thun Sie Unrecht, gnädige Frau. In unserem Alter kann man noch immer Anspruch erheben, ich habe bereits meinen dritten Mann, ich gebe Ihnen aber mein Wort, daß wenn er heute stürbe, ich zum vierten Male heiraten würde. Doch eine Frage, wie kam es, daß Sie sich in Ihrer Angelegenheit an mich wendeten.

Ich will Ihnen die Wahrheit eingestehen, liebe Frau von Pipelmeyer. Die schweren Zeiten zwingen mich, mein einziges Kind dienen zu lassen.

Besser ehrlich gedient, als leichtsinnig in den Tag hineingelebt.

So denke auch ich. Nachdem der Entschluß einmal gefaßt war, entstand die Frage, wohin mich wenden, um meine Tochter gut unterzubringen? Von einer gewissen Seite empfahl man mir die Marienstiftung —

Da hätten Sie Ihren Fang gemacht, fuhr die Portierin auf und erging sich dann in eine so scharfe Kritik dieser Anstalt, daß wir Anstand nehmen sie zu wiederholen.

Ihr Eifer ließ Frau Lichtfall sogleich die Antipathie erkennen, und sie beeilte sich, in die Philippika einzustimmen.

Nachdem die Anstalt gehörig zerlegt und in ihrer ganzen Blöße dargestellt war, griff Lori's Mutter wieder nach dem fallen gelassenen Faden ihrer Rede und fuhr fort:

Nachdem meine Abscheu gegen die genannte Anstalt nicht zu überwinden war, mußte ich mein Augenmerk anders wohin richten. Ich wohne, wie Sie aus meiner Adresse ersehen werden, auf dem Schillerplatze, da gelangte ich zur Kenntniß, daß unweit von mir in der Humboldtstraße bei der Baronesse von Weinfelden das Stubenmädchen gekündiget habe.

Was Sie sagen!

Die Baronin ist als eine ausgezeichnete Dame in der ganzen Nachbarschaft bekannt, und der Wunsch, meine Lori bei ihr zu placiren, erwachte in mir. Ich zog Erkundigungen ein, und erfuhr, daß die Baronin bei der Aufnahme der weiblichen Dienerschaft sich blos Ihrer Vermittlung bediene —

Darin hat man Sie gut unterrichtet, allein was Sie mir von einer Aufkündigung des Stubenmädchens erzählen, ist mir neu.

Ich weiß zuverlässig, daß diese gestern vor sich ging.

Ah, erst gestern! Dann wird wohl heute oder morgen Herr Müller — so heißt der Haushofmeister der Baronesse — kommen und mir den Wechsel anzeigen. Ich möchte wissen, was dem Mädchen einfiel, eine so vortheilhafte Stelle zu verlassen?

Mir wurde hinterbracht, ihr Geliebter habe sie dazu veranlaßt.

Leichtsinnige Person, wegen eines jungen Menschen, der nichts ist und nichts hat, ein solches Haus zu verlassen! Ich werde nicht ermangeln, wenn sie zu mir kommt, ihr meine Meinung auf gut deutsch zu sagen.

Meine Bitte, liebe Frau Pipelmeyer, geht demnach dahin, meine Lori bei der Frau Baronin unterzubringen, in welchem Falle Sie auf meine unbegrenzte Dankbarkeit zählen können.

Ich werde sehen, was sich thun läßt, senden Sie mir das Fräulein gleich hieher.

Damit endete die Szene und Frau Lichtfall verabschiedete sich.

Das Ergebniß ließ nichts zu wünschen übrig.

Lori präsentirte sich der Portierin und entsprach den Anforderungen.

Nachmittags erschien Herr Müller, um ein neues Stubenmädchen zu requiriren, am folgenden Vormittage machte Lori ihre Aufwartung bei Klarisse und erhielt die Dienststelle.

Frau Lichtfall hatte ihr dem Baron in der Jägerzeile gegebenes Versprechen gelöst.

Sie machte eine Stelle im Hause der Baronin vakant, indem sie das Stubenmädchen durch ihren Geliebten zur Kündigung veranlaßte, und verschaffte ihrer eigenen Tochter diese Stelle.

Der Wolf im Schafspelze rieb sich vergnügt die Hände.

Der Zweck heiliget die Mittel.

Siebenzehntes Kapitel.

Armer Raphael!

Neuer Fall aus den Wolken, neue Trennung, neues Leid!

Die Thränenspuren, welche der Bojar auf seinem walachischen Gewissen hatte, waren kaum vertrocknet und schon wurde für eine neue Anfeuchtung gesorgt.

Und wer war die Besorgerin?

Die wackere Frau, die brave Mutter, die sorgsamste aller Pensionistinnen.

In der That, eine merkwürdige Erscheinung, diese Frau Marianne Lichtfall.

Wenn für ihre Sorte ein Plutarch bestünde, sie verdiente darin zu prangen.

Wie sinnreich sie Alles in Szene setzte, wie geschickt sie es ausführte!

Und Lori, war sie nicht auch das Muster einer Tochter?

Das alte Wahrwort von dem Apfel, der nicht weit vom Stamme fällt, genügte bei ihr nur annäherungsweise, hier war er gar nicht vom Stamme gefallen, sondern hatte sich im Geäste verfangen.

Lori war in der Schule ihrer Mutter herangebildet, und das war keine gewöhnliche Schule, sondern eine förmliche Universität!

Lori studirte die Weltweisheit (Philosophie), sie durchdrang den Geist der verschiedenen Rechte (Jus) und sammelte Erfahrungen in der Heilwissenschaft (Medizin).

Brave Tochter, wackere Mutter!

Als Frau Lichtfall von jenem Besuche, den sie in der Jägerzeile bei dem Baron Christoph von Weinfelden abstattete, zurückkehrte und ihre Tochter in die ausgeheckten Plane einweihte, verzog das Fräulein zwar ein wenig die Miene und meinte: Mein Gott, da muß ich ja förmlich als Dienstmädchen einstehen!

Die Mutter aber beeilte sich, den Schatten von Opposition zu verscheuchen, und erwiederte:

Der Dienst eines Stubenmädchens bei einer Dame wie die Baronin Weinfelden ist weder schwer noch unangenehm, ferner wirst Du auch nur durch eine gewisse Zeit dort verweilen, nur so lange, bis der Baron seine Zwecke erreicht hat. Der Preis für Deine Aufopferung ist eine Aussteuer, die der Baron zahlen wird.

Sind Sie dessen auch gewiß?

Das laß meine Sorge sein! Wir wollen helfen, die Kastanien aus dem Feuer zu holen, allein wir werden nicht so unvorsichtig sein, ihm die Kastanien einzuhändigen, bis wir uns nicht durch Schwarz auf Weiß sichergestellt haben. Ich kenne meinen Mann, und weiß, wie ich ihn zu behandeln habe. Gewinnt er den Prozeß mit der Schwägerin, so fallen einige tausend Gulden für uns ab und Du heirateſt Raphael. Einen passenderen Mann findeſt Du schwer. Er ist eine gute, arglose Natur und liebt Dich. Er wird ein Muster von einem Ehegatten abgeben.

Was aber wird Raphael sagen, wenn er hören wird, daß ich als Stubenmädchen eintrete?

Das überlasse mir, ich werde ihn schon bearbeiten, Alles in Allem treffen wir zwei Fliegen mit Einem Schlage. Wir erobern eine Aussteuer für Dich und halten gleichzeitig durch die neuerliche Trennung Raphael fest. Die täglichen Besuche, das häufige Beisammensein mit Dir hätten seine Gefühle mehr oder weniger abgekühlt, durch den Dienst bei der Baronin wird er Dich alle vierzehn Tage nur einmal sehen, und das iſt gut. Trennung in der Liebe iſt Oel in's Feuer.

Lori war die Tochter ihrer Mutter, folglich klug genug, die Richtigkeit des Gesagten anzuerkennen.

Nachdem der Schachzug gelungen, das heißt nachdem Lori von der Baronin die Zusage hatte, daß sie aufgenommen sei, wurde Raphael davon in Kenntniß gesetzt.

Madame Lichtfall hatte es übernommen, den jungen Mann zu bearbeiten, und lieferte damit ein Meisterſtück.

Manchem unserer Leser wird die Leichtgläubigkeit oder Kurzsichtigkeit des Komptoiristen unwahrscheinlich vorkommen, wir müssen uns gegen diese Unterstellung verwahren. Er war gutmüthig, unerfahren und verliebt. Damit iſt Alles gesagt, Alles motivirt.

Denkt man sich dazu noch die ausgezeichnete Schauspielkunst der beiden Frauen, die imponirende Erscheinung eines Polizeikommissärs in Uniform, und man wird zugeben, daß diese Mittel im Stande waren, erfahrenere Männer als Raphael zu täuschen.

Wem unsere Behauptung noch widerstrebt, der besuche die Gerichtssäle oder lese blos die dortigen Verhandlungen in den Zeitungen, und er wird zur Erkenntniß gelangen, daß Alles, was wir erzählen, nicht leichtsinnig erfunden, sondern dem Leben, der Wirklichkeit abgelauscht und nachgeschrieben ist.

Als Raphael zu Besuche erschien, fand er die Geliebte traurig, die Mutter ernst, feierlich.

Sein Herz klopfte rascher, er ahnte, daß wieder Unangenehmes im Zuge sein.

Lori, begann Frau Lichtfall nach dem freundlichen Empfange, begib Dich in das Nebenzimmer, ich habe mit unserem Raphael ein ernstes Wort zu sprechen.

Das Fräulein seufzte und entfernte sich.

Der Leser wird darauf aufmerksam gemacht, daß der junge Mann in der Gunst der Mutter abermals einen Schritt vorwärts gemacht hatte.

Früher nannte sie ihn „Herr Raphael," dann „lieber Raphael" und jetzt war er bereits „unser Raphael" geworden.

Beneidenswerthe Vertraulichkeit.

Nachdem Frau Lichtfall mit dem jungen Manne allein war, fragte sie ihn:

Kennen Sie die Baronesse von Weinfelden?

Persönlich kenne ich sie nicht, wohl aber wird jetzt viel von ihr gesprochen.

Was hörten Sie, was spricht man von ihr?

Die Baronesse ist seit der Rückkehr ihres amnestirten Gatten in einen Prozeß gerathen.

Ich möchte wissen, was Sie von dem Charakter der Baronin halten?

Meiner Ansicht nach ist sie eine Frau von Würde und Ehre.

Ich bin derselben Meinung. Glauben Sie, daß ein braves, rechtschaffenes Mädchen in dem Hause dieser Dame weilen kann, ohne daß das Mädchen an seinem guten Rufe etwas einbüße?

Gewiß, ich glaube das.

Hören Sie nun, was sich begeben hat. Die Baronin von Weinfelden, die, wie Sie wissen, sehr philantropischen Ansichten huldiget, ist, ich weiß nicht auf welche Weise, auf meine Lori aufmerksam geworden. Wie das gekommen, ist mir vorläufig noch ein Räthsel, genug, gestern erschien plötzlich der alte Haushofmeister der Baronin und stellte mir im Namen seiner Gebieterin den Antrag, meine Lori in der Eigenschaft einer Gesellschafterin, die nebenbei einige kleine Verrichtungen hat, der Frau Baronin zu überlassen.

Raphael erschrack.

Er ahnte eine neue Trennung und diese gibt jedem Liebenden Grund genug zu erschrecken.

Sie können sich vorstellen, fuhr die Sprecherin fort, daß der Antrag, so schmeichelhaft er ist, mich doch nachdenken machte. Vor Allem dachte ich an Sie, als unseren Freund, als den Einzigen, der ein Recht hat auf unsere Liebe und Dankbarkeit, dann aber erwog ich auch unsere Verhältnisse, unsere Zukunft. Ich setze voraus, Raphael, daß Sie mit meiner Tochter redliche Absichten haben —

Gnädige Frau, ich schwöre Ihnen —

Ich sage, ich setze es voraus, daher bedarf es keiner weiteren Versicherung. Für den Fall nun, daß Sie heute oder morgen mit meiner Tochter an den Altar treten, ist eine Gönnerin, wie die Baronesse, eine Perle. Sie, mein Sohn, müssen sehen sich zu etabliren, und dabei kann Ihnen der Einfluß einer Dame von der Stellung der Baronin sehr zu Statten kommen. Sie sehen also, Raphael, daß ich, indem ich den erhaltenen Antrag in Erwägung zog, Ihre Zukunft im Auge hatte, Lori's Glück und das Ihrige. Wenn eine Dame sich so weit herbeiläßt, einem Mädchen einen solchen Antrag zu stellen, dann leidet es keinen Zweifel, daß sie sich für die Person interessirt, daß sie Antheil an ihrem Schicksale nimmt. Diese Gefühle werden durch den Umgang und das gefällige Benehmen Lori's noch gesteigert werden, und ich bin durchdrungen, daß wir in der Baronin eine Freundin erwerben, welcher wir Alle unser Glück verdanken werden. Trotz dieser in's Auge fallenden Vortheile habe ich mir doch nach einer gewissen Richtung Einwendungen gemacht. Ich sprach zu mir selbst: „Wie, Du sollst Dich von Deinem Kinde trennen? Deine einzige Tochter soll, ohne daß die Noth sie dazu zwingt, sich in eine Abhängigkeit begeben, soll gewissermaßen eine dienstliche Stellung einnehmen?" Darauf erwiederte meine Vernunft: „Die Trennung ist keine erhebliche, denn die Humboldtstraße ist nahe dem Schillerplatze. Was das Dienstverhältniß betrifft, so ist es bei einer Dame, wie die Baronesse, ein ehrenhaftes. Und dann, ist es etwa eine Schande zu dienen? O nein, jeder Mensch ist ein Diener. Der General dient im Heere, der Beamte dient der Regierung, der Minister dient dem Lande, Sie dienen Herrn Konstant und Kompagnie und wir Alle dienen dem lieben Gott." So sprach mein Verstand, und ich bekenne Ihnen, daß ich keinen nur halbwegs haltbaren Grund fand, mich dem Antrage zu widersetzen. Ich anticipire daher Ihre Zustimmung und Lori wird in einigen Tagen zu der Baronin übersiedeln.

Dadurch, daß Frau Lichtfall das Engagement als ein fait accompli hinstellte, schnitt sie jede mögliche Opposition ab.

Sie huldigte damit der jetzt so beliebten Gewalt der Thatsachen.

Damit soll jedoch nicht gesagt sein, als ob Raphael eine ernstliche Opposition beabsichtigt hätte, die Vernunftgründe der Mutter waren zu überzeugend, ihre Logik zu schlagend, als daß er Einwendungen hätte machen sollen. Die bevorstehende Trennung betrübte ihn zwar, allein er anerkannte die Vortheile und fügte sich.

Die Bearbeitung war gelungen.

Der Komptoirist spielte die Rolle eines deutschen Landtages, der nur einberufen wird, um „Ja" zu sagen.

Erhabene Mutter, wackere Tochter, armer Raphael!

Achtzehntes Kapitel.

Wir versetzen uns wieder auf die „Windmühle" in die Wohnung der Familie Ramhauer.

Es ist Sonntag.

Mutter und Tochter haben gerade ihr Mittagsmahl beendet, als ein Klopfen an der Thüre einen Besuch ankündigte.

Ein Herr trat in die Stube, bei dessen Anblick Frau Ramhauer in den Ruf ausbrach:

Ah, Herr von Hammer!

Madeleine machte eine Pantomime, welche besagte: Der kommt mir eben recht!

Der Eingetretene that sehr höflich und dabei doch familiär, er benahm sich wie ein Freund des Hauses.

Ueblicher Weise wendete er vorerst der Mutter seine Aufmerksamkeit zu, eine Großmuth, welche von Allen beobachtet wird, die einer Tochter den Hof machen und daher die Gunst der Mutter nicht verscherzen wollen.

Frau Ramhauer zeigte sich kühl, beinahe frostig, und der galante Herr Hammer wurde stutzig, ohne es indessen zu erkennen zu geben.

Er kehrte sich vielmehr an Madeleine und erkundigte sich nach ihrem Befinden.

Danke, danke, Herr von Hammer, antwortete das Mädchen kurz, ich bin, wie Sie sehen, gesund.

Es freut mich, Sie wohlauf zu finden, Fräulein. Darf ich fragen, wie Sie die verflossene Woche zugebracht haben?

Wie gewöhnlich, wir haben gearbeitet, geliefert, neue Arbeit empfangen und so fort nach dem bekannten Refrain: „Eduard und Kunigunde, Kunigunde und Eduard!"

Was haben Sie heute vor?

Heute? heute werde ich ausgehen.

Ich werde also wieder das Vergnügen haben —

Ich bedauere, mein Herr —

Wie, Sie gehen allein?

Ich habe bereits einen Begleiter.

Fräulein Madeleine, Sie belieben zu scherzen.

Ich werde mich nicht unterfangen es zu thun. Ich weiß recht gut, daß man mit Ihresgleichen nicht scherzen darf.

Sie betonen das Wort „Ihresgleichen" in so auffallender Weise!

Ich thue es nicht ohne Absicht, fiel ihm das Mädchen in die Rede.

Sie kommen mir heute sehr sonderbar vor.

Ich habe die Ehre, zu versichern, daß es mir mit Ihnen nicht anders ergeht.

Was haben Sie denn?

Madeleine zuckte die Achseln und entgegnete:

Ich werde mir nicht anmaßen, an Sie dieselbe Frage zu richten, obgleich ich eher einen Grund dafür hätte. In der That, mein Herr, ich kann mir nicht denken, was Sie bewog, bei uns eine Maske vorzunehmen —

Eine Maske? Ich verstehe Sie nicht.

Oder ein Inkognito, vielleicht werden Sie das verstehen.

Das eine ist mir so dunkel wie das andere.

Erlassen Sie mir Erklärungen, welche überflüssig sind, weil Sie ohnedem wissen, was mir anstößig ist.

Ich gebe Ihnen mein Wort, Fräulein, daß ich Sie nicht verstehe.

Das geht freilich ein Bischen weit. Ich bitte Sie, sich die Verlegenheit zu ersparen —

Und ich ersuche Sie, mir nichts zu ersparen, sondern zu sprechen —

Sie wünschen es, Herr Kommissär —

Was sagen Sie?

Sie mögen aus dieser Titulatur entnehmen, daß ich die Ehre habe Sie zu kennen.

Wie kommen Sie dazu, fragte Herr Hammer, der noch immer nicht begriff —

Sie haben es für gut befunden, in unserer Wohnung unter einem falschen Namen zu erscheinen —

Unter einem falschen Namen?

Was Sie dazu veranlaßte, wissen wir nicht, genug, das Inkognito ist gelüftet. Ihre amtliche Stellung verbietet mir, Ihnen die Thüre zu weisen, aber sie verhindert mich nicht, Ihnen zu sagen, daß ich bereit bin, Ihnen zwar in Ihrer Amtsstube Rede und Antwort zu stehen, daß ich jedoch nicht geneigt bin, unter der Maske des Herrn Theodor Hammer den Herrn Polizeikommissär von Smettena zu empfangen.

Der Herr zuckte zusammen, wie Jemand, der unverhofft auf einer Lüge oder noch mehr ertappt wird, er wurde in hohem Grade verlegen, was Madeleine in ihrer Weise deutete.

Fräulein Madeleine, stammelte er, wie kamen Sie dazu, zu erfahren —

Herr Kommissär, antwortete das Mädchen, ich bedauere die Erklärung, welche Sie in eine peinliche Verlegenheit versetzte, ich war es nicht, die sie herbeiführte. Ich und meine Mutter verdanken Ihrer Empfehlung die kleine Zubuße, die uns durch die frühere Einmiethung des Fräuleins und jetzt durch das in Pflege übernommene Kind zu Theil wird, und wir sind zu jeder Gegengefälligkeit bereit. Was jedoch die persönlichen Beziehungen zwischen mir und Ihnen betrifft, so erkläre ich sie für abgebrochen. Sie haben mir den Hof gemacht, ich gestattete es, weil ich Ihre Absichten kennen lernen wollte. Inzwischen wird mir eine Enthüllung, die mir die Augen öffnet, und die Komödie, die Sie mit mir zu spielen für gut fanden, ist zu Ende.

Herr Hammer befand sich in einer peinlichen Lage, nicht weil er sich erkannt sah, sondern weil er weitere Erklärungen zu scheuen hatte.

Er stotterte einige wenig oder nichtssagende Worte zur Entschuldigung und verließ hierauf die Wohnung.

Sein Benehmen war in Wirklichkeit ein solches, daß Mutter und Tochter in der gewonnenen Ansicht bestärkt wurden.

Es thut mir leid, sagte die letztere, als er fort war, ich hätte ihn doch fragen sollen, bei welcher Polizeidirektion er eigentlich angestellt ist? Wenn mir bei der Affaire Etwas auffällt, so ist es der Umstand, daß Fräulein Lori ihn auch nicht als Kommissär, sondern einfach als Herrn von Hammer kennen wollte.

Das Fräulein, meinte Frau Ramhauer, wird recht gut wissen, wer er ist, allein sie hatte wahrscheinlich von ihm den Auftrag, seinen Stand nicht zu verrathen. Er kennt ihre Geheimnisse, sie die seinigen, eine Hand wäscht die andere.

Ich muß bekennen, daß ich jetzt die ganze Affaire bedauere, wir werden am Ende noch in Fatalitäten verwickelt werden.

Warum nicht gar! Das Fräulein war, so lange es bei uns wohnte, vorschriftmäßig gemeldet, ich habe die Aufnahme des Pflegekindes ebenfalls angezeigt, was kann man uns anhaben? Nichts. Fürchte Gott, thue Recht und scheere Dich um Niemand.

Ich bin vom Herzen froh, daß ich nur einmal mit ihm ausgegangen war, die Leute, welche ihn zufällig kennen, würden sich von mir was Ordentliches gedacht haben, am Ende ist er auch noch verheiratet. Ah, da kommt Herr Meibler!

Mit diesen Worten eilte Madeleine, dem Bildhauer die Thüre zu öffnen.

Fräulein, ich bin Ihr Diener, Frau von Ramhauer, Ihr Ergebenster.

Man begrüßte sich.

Nun, hab' ich mein Wort gehalten?

Ja, es ist auch schön von Ihnen.

Werden auch Sie Ihrem Versprechen nachkommen?

Ganz gewiß, Sie sehen ja, ich habe schon Toilette gemacht.

Und die Frau Mutter?

Ich muß zu Hause bleiben, versetzte die Matrone, das Pflegekind —

Richtig, ich vergaß, daß der kleine Staatsbürger der Wartung bedarf. Wie befindet er sich? Schreit er noch fleißig?

Leider können wir ihm kein gutes Zeugniß geben. Sein Vater muß ein Heuler sein —

Alle lachten.

Wie heißt der Kleine?

Christoph.

Ah, Christopherl! So oft ich diesen Namen höre, fällt mir immer der Christopherl in Nestroy's „Einen Jux will er sich machen" ein, der Herr Papa dieses Christopherl hat sich auch einen Jux gemacht.

Der ihm aber theuer genug zu stehen kam.

Man lachte wieder.

Fräulein Madeleine, überlassen wir jetzt den kurzen Christoph seinen Windeln und seiner „Zuzel" und denken wir an uns.

Thun wir das.

Wohin wünschen Sie, daß wir gehen?

Ich überlaß' es Ihrer Wahl. Sie setzten sich's in den Kopf, mich auszuführen, ich versprach, das Opfer Ihres Eigensinnes zu werden, nun ist es mir einerlei, wohin Sie mich führen.

Ich schlage vor, wir gehen hinüber nach Hietzing zu Dommeyer.

Der Vorschlag ist angenommen.

Frau von Ramhauer, Ihr Diener.

Liebe Mutter, Adieu, laß Dir die Zeit nicht lang werden. Sollte während meiner Abwesenheit der Bauer mit dem Gelde kommen, so übernimm die Million und gib ihm ein „Sechserl" Trinkgeld. Nur nobel, ha, ha, ha!

Und draußen waern sie, Arm in Arm.

— — — — — — — — — — —

In den Kreisen, welcher die Familie Ramhauer angehört, ist Prüderie nicht heimisch.

Manches zimperliche Gemüth wird vielleicht über die Ungenirtheit und Ungebundenheit Madeleinens das Näschen rümpfen, man thut Unrecht.

Wer Gelegenheit hatte, diese Klasse von Mädchen kennen zu lernen, wird bestätigen, daß, je offener und freier ihr Wesen ist, desto weniger sie der Verführung zugänglich sind.

Das Bewußtsein, sich ihr Brot redlich zu erwerben, verleiht ihnen einen gewissen Grad von Unabhängigkeit, es ist nicht die Sucht nach Emanzipation, welche sie beseelt, sondern einfach der Wunsch sich zu zerstreuen, zu amüsiren.

Sie jagen Bekanntschaften mit Männern nicht nach, sie weisen aber keine Gelegenheit, solche zu machen, zurück.

Sie kennen die Gefahren, welche ihnen im Umgange mit dem anderen Geschlechte drohen, und weil sie sie kennen, wissen sie ihnen aus dem Wege zu gehen.

Diese Mädchen sind tugendhaft aus — Interesse.

Heiraten ist das Ziel aller Mädchen, folglich auch das ihrige.

Um zu heirathen, muß man nicht nur einen Anbeter finden, sondern auch ihn zu fesseln wissen.

Es versteht sich von selbst, daß Konvenienz- und Geld-Ehen außerhalb der Sphäre liegen, von der wir sprechen.

Gefunden ist ein Liebhaber bald, schwerer ist es, ihn fest zu halten.

Dazu ist nun Tugend das sicherste Mittel, das lehrt sie ihr Instinkt.

Wir wollen für die Gesammtheit nicht einstehen, denn keine Regel ohne Ausnahme, allein bei der Mehrzahl dieser Mädchen ist unsere Behauptung richtig.

Eines steht fest.

In den Kreisen der erwerbenden Mädchen rekrutirt das Laster seine Jüngerinnen nicht, dabei muß jedoch ausdrücklich bemerkt werden, daß man wohl unterscheiden muß zwischen jenen, die wirklich von ihrem Erwerbe leben und jenen, die bloß einen Erwerb fingiren, um ihn als Deckmantel eines schlechten Lebenswandels zu benützen.

In den Familien Lichtfall und Ramhauer haben wir dem Leser nicht bloß einzelne Persönlichkeiten, sondern Repräsentanten zweier verschiedener Klassen vorgeführt.

Dort wie hier finden wir eine Mutter und Tochter, allein wie verschieden sind die Wege, die sie wandeln, wie verschieden die Mittel, deren sie sich bedienen, um zu leben.

Eine Auseinandersetzung der Kontraste ist überflüssig. Der Leser möge sich die Mühe nicht gereuen lassen, selbst darüber nachzudenken.

Der Weg von der Windmühle bis nach Hietzing bietet ihm Muße dazu, denn die Unterhaltung des jungen Pärchens auf diesem Spaziergange zu belauschen, ist unwesentlich.

Dergleichen Tändeleien und Neckereien haben höchstens für Verliebte ein Interesse, die in jedem zarten Verhältnisse einen Spiegel finden, aus dem ihnen ihr eigenes entgegenschaut.

Wir sprechen von einem zarten Verhältnisse, der Leser sieht uns verwundert an.

Was giebt es da zu staunen?

Der Bildhauer ging aus ein Modell zu suchen und gerieth auf ein schönes, heiteres, lebensfrisches Geschöpf, welches im ersten Momente sein Interesse anregte, im zweiten sein Wohlgefallen erweckte und im dritten durch sympathische Anklänge an sein Ich eine Neigung anfachte.

Dies Alles ist jene alte Geschichte, die immer neu bleibt.

Meibler und Madeleine waren ein Pärchen wie für einander geschaffen.

Beide jung, beide fleißig, beide flott.

Wir bitten, das Wort nicht zu mißdeuten.

In unserem Sinne soll es bloß lustig heißen und nicht leichtsinnig.

Und lustig und munter waren sie, von der Windmühle bis nach Hietzing wurde viel gelacht.

Die Liebe, sagt man, ist ein Rausch.

Sie hat mit dem Rausch auch das gemein, daß sie bei verschiedenen Temperamenten auch verschiedene Wirkungen hervorbringt.

Den Einen macht der Rausch zänkisch, der Andere möcht' die ganze Welt umarmen.

Der Dritte ist im Rausche wortkarg, der Vierte plappert ohne Unterbrechung.

Der Fünfte weint im Rausche, der Sechste hört nicht auf zu lachen.

So wirkt auch die Liebe je nach dem Charakter und dem Temperament der Verliebten.

Madeleine und Meidler gehörten zu denen, welche lachten.

Zwar befinden sie sich noch nicht in dem Stadium eines förmlichen Liebesrausches, allein der „Schwipps" war schon da.

Bei Dommeyer war Soiree, Strauß spielte, der Salon war reich besucht.

Bevor sie eintraten sagte der Bildhauer:

Fräulein Madeleine, es ist sehr wahrscheinlich, daß ich im Kasino einen oder den anderen meiner Bekannten treffen werde, es ist daher nothwendig, daß wir uns früher verständigen —

Worüber, Herr Meidler?

Ueber das Verhältniß, in dem wir vor der Welt erscheinen. Wünschen Sie, daß ich Sie als meine Verwandte oder als meine Freundin vorstelle?

Wozu solche Umstände? Sagen Sie, ich sei Ihre Großmutter, das wird man wohl am ehesten glauben.

Wenn Sie nichts dagegen einwenden, will ich Sie als meine zukünftige Gattin präsentiren.

Ich ersuche Sie, zu bedenken, ob mir das Vortheil bringt, wenn Sie heute oder morgen mir wieder den Rücken kehren? Nennen Sie mich Ihre Freundin und behandeln

Breier. Mit und ohne Maske. 10

Sie mich mit Achtung, so wird meine Ehre darunter nicht leiden.

Man trat ein.

Die Tische in dem Salon waren bereits sämmtlich besetzt.

Es steht zu befürchten, flüsterte der Bildhauer seiner Begleiterin zu, daß wir keinen Platz mehr finden.

Wir haben Entree gezahlt, der Kellner muß sorgen, daß wir uns niederlassen können.

Meidler wendete sich an einen Aufwärter, dieser versetzte:

„Gleich, gleich!" schoß fort und kam nicht wieder zurück.

Wir sind bemüssiget, aufbringlich zu werden, sagte der junge Künstler nnd begab sich zu einem Tische, an dem durch Aneinanderrücken der Anwesenden noch zwei Plätze zu erobern waren.

Man bequemte sich dazu.

Gottlob, wir sitzen, das Uebrige stellen wir den Göttern anheim, die keinen Raben verhungern und keine Deutschen verkümmern lassen! so der Bildhauer.

Das letztere zu beweisen, dürfte Ihnen schwer fallen, bemerkte ein bereits am Tische sitzender Herr.

Meidler schaute ihn genauer an, glaubte ihn zu erkennen und sagte: Ah, Herr von Rabl, wenn ich nicht irre..

Willkommen Herr von Meidler!

Und zu den übrigen Anwesenden sagte Rabl, indem er ihnen den Bildhauer vorstellte: Sie sehen in diesem jungen Manne einen Künstler, der von Sand und Stein lebt.

Die Sucht zu scherzen und zu witzeln, ist dem Wiener angeboren uud er legt dabei nicht immer seine Worte auf die Dezimalwage des feinen Tones.

Selbst die Wiener Frauen sind daran gewöhnt, und Zimperlichkeit und Prüderie sind ihre Fehler nicht.

Meidler lachte wie die Anderen und begnügte sich zu sagen: Der Mensch weiß nicht immer, wovon er fett wird. Ich lebe von Steinen, Herr von Radl vom Verführen.

Man lachte wieder.

Radl war nämlich Spediteur.

Sein Nachbar, ein sehr dicker Herr, mit einem doppelten Kinn, ein auf der Laimgrube berühmter Bierverderber sagte: Es ist schon Recht, daß Sie meinen guten Freund abgetrumpft haben, er reibt sich an jedem.

Mit dem guten Freunde meinte er den Spediteur.

Dieser schaute ihn schmunzelnd nn und erwiederte: Ich werde mich hüten, mich an Dir zu reiben und meinen Rock fett zu machen.

Jeder trägt, was er hat, wir alle sind leider Menschen.

So der Bierverderber, dessen Name beiläufig bemerkt, Schallhuber war.

Kommen Sie aus der Stadt? fragte Radl den jungen Künstler.

Ja.

Was bringen Sie Neues mit?

Das Neueste, was ich Ihnen mittheilen kann, ist das der Stefansthurm wackelt.

Das ist schon was Altes.

Der alte Herr hat auch den Schwindela bekommen.

Meine Herren, wenn ich bitten Jgrf, keine Politik. Wir befinden uns nicht auf der Laimrube, sondern in Hietzing und da ist das Politisiren verbothen.

Das Politisiren nicht, nur das Raisonniren.

Und gerade das ist die Würze des Lebens.

Wir alle sind leider Menschen.

Und deshalb raisonniren wir uns ehrlich und fleißig durch's Leben. Haben Sie das neueste Wiener Bonmot gehört?

Welches meinen Sie? Es gibt deren jetzt zahllose.

Welche ist die beste Regierung?

Nun, welche?

• Diejenige, die die Hände nie in die Tasche steckt.

Bravo, das muß ich mir merken, um meine Stammgäste damit zu regaliren.

Glauben Sie ihm nichts, er hat keine Stammgäste. Sein Bier ist so gut, daß kein Gast ein zweites Mal wieder kommt.

Radl, mach' keine schlechten Späße.

Der Tod hat einmal einen Preis für diejenigen ausgeschrieben, die ihm die meisten Opfer zuführen. Zahlreiche Bewerber fanden sich ein. Es kamen der Krieg, die Cholera, einige Doktoren u. s. w. Der Tod fragte jeden um seine Verdienste, schüttelte aber jedesmal den Kopf, bis er endlich auf eine „Milchpritschlerin" kam. Schon wollte er dieser den Preis ertheilen, als sich noch ein Konkurrent meldete.

Wer bist Du?

Ich bin der Gastwirth Schallhuber von der Laimgrube.

Es thut mir leid, sagte der Tod zu dem Milchweib, wenn der nicht gekommen wäre, hättet Ihr den Preis erhalten, jetzt aber gebührt er ihm.

Der Scherz des Spediteurs erregte Heiterkeit, der Wirth machte freundliche Miene zum bösen Spiel und lachte mit.

Ich begreife aber nicht, sagte er dann, wie man bei den jetzigen schlechten Zeiten noch so gut aufgelegt sein kann?

D e r wagt über schlechte Zeiten zu klagen? Für uns Magere sind die Paar Fetten im Lande ein Unglück. Kaum erheben wir eine Klage, so weist man auf diese hin und spricht: Wo solche Exemplare gedeihen, kann von Noth keine Rede sein!

Wir sind leider alle Menschen! grommelte der Bierverderber ärgerlich.

Wie amüsiren Sie sich? fragte Meidler seine Begleiterin.

Recht gut, antwortete Madeleine, ich fürchte nur, der fette Wirth dürfte müde werden, sich zum Stichblatt herzugeben.

Der Spediteur wird wohl wissen, wie weit er es treiben darf!

Kellner, zahlen!

Du willst schon fort? fragte Rabl seinen Freund.

Ich muß in's Geschäft. Bis ich nach der Stadt komme, ist der Abend angebrochen und da muß ich daheim sein.

Nur keine Empfindlichkeiten, wir fahren, wie wir hieher gekommen sind, in Kompagnie nach Hause. Kellner, bringen Sie für meinen Freund noch ein Glas Märzen, er soll sich einmal recht gütlich thun, wer weiß, wann er wieder dazu kommt, gutes Bier zu trinken?

Die Herren sind zusammen herausgefahren? fragte Meidler.

Wie denn sonst, wir sind sämmtlich Nachbarn, und gute Freunde.

Sie können sich demnach vorstellen, kehrte sich der Wirth zu dem Bildhauer, was ich von meinen Feinden auszustehen habe, wenn meine Freunde mich so traktiren.

Nicht nur die Liebe, auch die Freundschaft will geneckt sein, tröstete der Künstler den Gekränkten.

Ich danke für solche Neckereien, bekam er zur Antwort, mir fällt dabei der Bauer ein, der sein Weib mit der Heugabel gekitzelt hat, bis sie den Geist aufgab.

Ah, Ah, ist das ein prächtiger Hund!

Diese Worte eines der Gäste galten einem herrlichen Windspiele, von rein englischer Race, welches gleichsam als Wegweiser einer Dame und einem Herrn voranging, die sich an einem in Folge früherer Bestellung reservirten Tische niederließen.

Der Tisch war derart in eine Ecke placirt, daß noch dem Hunde ein Raum zur ungenirten Niederlassung gegönnt war.

Wie es scheint, bemerkte Meibler, hat jener Herr drei Plätze bestecken lassen, zwei am Tische und einen daneben für den Hund.

So ist es auch, antwortete der Spediteur, ich kenne den Herrn, er geht niemals ohne den Hund aus.

Wer ist er?

Er ist ein gelernter Schneider, das heißt ein Koupon-Schneider.

Das Handwerk lasse ich mir gefallen —

Er hat's von seinem Vater weder erlernt noch ererbt —
Ist die Dame seine Frau?

Warum nicht gar! Die Dame ist Eine vom Theater. Jener Herr war vor zehn Jahren noch ein blutarmer Teufel. Eine steinreiche und steinalte Wittwe wurde toll und heiratete ihn. Jetzt lebt er von der Rente, die sie ihm verschrieb und hält sich diese Geliebte.

Die arme Alte, welche Kränkung für sie!

Sie rächt sich aber auch dafür.

Wie das?

Von der französischen Garde erzählt man, daß sie starb ohne sich zu ergeben. Die Alte dagegen stirbt nicht und ergibt sich nicht. Sie fährt wie Satanas hinter dem Ungetreuen her, und wo sie ihn erwischt, gibt es eine Szene. Das heißt, sie hat es gethan, jetzt aber hat er ihr den Wind abgelaufen, er nimmt den Hund mit.

Was soll das heißen, er nimmt den Hund mit?

Die Sache verhielt sich so. Das Windspiel erfreut sich eines sehr ausgebildeten Instinktes. Es wittert die Spur seines Herrn und ist im Stande ihn aufzufinden, gleichviel wohin er sich begibt. Früher beging der Herr die Unvorsichtigkeit, den auffallenden Hund daheim zu lassen. Da machte sich die Alte auf und sagte blos: Komm', Flora, wir werden das Herrl suchen! Der Hund voran, die Alte hinten d'rein und das Herrl wurde gefunden. Erfahrung macht klug, jetzt wird der Hund mitgenommen, und da die Alte keine so feine Nase besitzt wie das Windspiel, so bleibt das Herrl unmolestirt.

Der dicke Wirth, den die Erzählung des Spediteurs wieder in seine natürliche Behäbigkeit und Ruhe zurück versetzt hatte, kreuzte die Hände und sagte: So geht es auf der Welt, wir sind leider alle Menschen!

Bei Domeyer amüsirt man sich!

Diese halblaute Bemerkung Madeleinens wurde von Herrn Radl erhascht und er entgegnete: Mein Fräulein, Ihr Urtheil ist parteiisch. Blicken Sie einmal um sich, und sie werden gewahren, wie steif und gespreizt Alles herum sitzt. Amüsiren sich diese Herrschaften? Zuverläßlich nicht. Sie lauschen der Musik, mustern die Leute, lispeln sich gelegentlich einige Worte zu und das ist Alles. Für eine solche Unterhaltung danke ich, das bietet nicht einmal eine Zerstreuung! Wenn Sie also sagen: „Bei Domeyer amüsirt man sich," so ist das unrichtig, wir amüsiren uns, daran ist aber diese Soiree unschuldig. Wir, die wir an diesem Tische sitzen, hätten uns in jedem anderen Lokale gerade so gut oder so mittelmäßig wie hier unterhalten. Darin liegt der bedeutende Unterschied zwischen Alt= und Neu= wien. Ehedem fand man die Unterhaltung überall, wohin man kam, heute muß man sie mitbringen. Wer heute ohne Gesellschaft sich an einen öffentlichen Ort wagt, kann überzeugt sein, daß er sich langweilen wird. Wohin man blickt, überall Mißstimmung, stiller Groll, Achselzucken und Mißtrauen. Die laute Munterkeit der Wiener ist zum Teufel, der Spiritus ist fort und die Unbehaglichkeit, geblieben. Schauen sie sich zum Exempel meinen Freund an, den bürgerlichen Gastwirth Franziskus Serafikus Schallhuber. Er frühstückt täglich sein Gollasch und seine „Morgenpost" wenn Sie ihn aber fragen, wie er sich befinde, wird er

Ihnen antworten: Wir sind leider alle Menschen! Dieses „Leider" hat bei ihm einen tiefen verborgenen Sinn. Dieses Leider ist die konzentrirte Essenz einer Oppositionslauge, womit man sogar die zahmste deutsche Kammer vergiften könnte. Man begeht einen gewaltigen Irrthum, auf die Dicke meines Freundes hinzuweisen, dieses Fett rührt noch aus Alt-Wien her, und mein Freund ist glücklich, daß er etwas zum „Zusetzen" hat. Wo das nicht der Fall ist, reibt man sich auf. An meinem Freunde finden Sie noch das solide Fett der alten Zeit, was heut zu Tage dick wird ist nur aufgebauscht und aufgedunsen. Ein kontrairer Wind und man liegt auf der Tacke. *)

Eine Bewegung im Salon unterbrach die Rede des Spediteurs.

Das Orchester feierte eben eine seiner eben so häufigen als anhaltenden Spielintervalle, als die Gäste aus dem an den Salon angränzenden Billardzimmer fort und auf die Straße hinauseilten.

Die Bewegung pflanzte sich fort.

Was ist das?

Es scheint ein Feuer ausgebrochen zu sein.

Kellner zahlen! rief es hier und dort.

Gehen auch wir! lispelte Madeleine dem Bildhauer zu.

Meidler zahlte rasch und eilte mit seiner Begleiterin auf die Straße.

Die Strömung der Menge ging nach der Straße gegen St. Veit.

Was gab es?

Einige Männer trugen einen Herrn daher, und Alles drängte sich herbei, zu erfahren, was es gäbe.

Auch der Bildhauer und Madeleine nahten sich.

Wohin trägt man den Herrn?

Zum Wundarzte, dessen Officin in der Nähe war.

---

*) Eine von Bast oder Binsen geflochtene Decke.

Die Einen sagen, es habe ihn der Schlag gerührt, die Anderen behaupten gar, er sei betrunken.

Meidler drängte sich heran und entsetzte sich

Er hatte den Leblosen erkannt, es war der Chef seines Freundes — Herr Georg Constant.

Was war dem Wechsler zugestoßen?

War er wirklich todt?

Der Leser soll es sogleich erfahren.

Neunzehntes Kapitel.

Man wird sich erinnern, daß Herr Constant nach der Scene, wo er vergebens durch den Einfluß seiner Gattin die Katastrophe von sich abzuhalten suchte, das Haus verließ.

Er nahm einen Fiaker und fuhr aus der Stadt.

Der Ort, wohin er floh, war ihm gleichgiltig.

Vor der Hand fühlte er nur das Bedürfniß, den ihn umschließenden Mauern zu entkommen.

Der innere Sturm treibt den Menschen, wie der äußern die Staubwolke vor sich herwirbelt oder das Schiff auf dem Meere dahinjagt.

Es ist eigenthümlich, daß die Verzweiflung wie das Verbrechen stets den Drang fühlen, sich unter freiem Himmel zu bewegen.

Es gewährt ihnen eine scheinbare Ruhe, sich ferne von dem Orte zu wissen, wo sie gefrevelt, ferne von den Kreisen, gegen die sie sich vergangen.

Von Menschen, die aus dem Verbrechen ein Gewerbe machen, sprechen wir nicht, unsere Bemerkung gilt blos bei Jenen, die entweder durch eine Leidenschaft in den Abgrund gerissen, oder durch Verhältnisse und Charaktermängel hinein gezogen werden, ohne einen moralischen Widerstand zu leisten.

Wir sprechen von gebildeten, der guten Gesellschaft angehörigen Personen, die nicht blos die Strafe, sondern auch die Entehrung zu scheuen haben.

Der Wechsler entfloh der Stadt und fuhr nach dem anderthalb Stunden von Wien entlegenen Orte Mauer, einem bei den Residenzbewohnern beliebten Sommeraufenthalte.

Unweit von dem Orte ließ er das Gefährte halten, stieg aus, zahlte den Fahrlohn und schritt nun zu Fuß dahin.

Was beginnen? das war die Frage.

Fliehen oder Bleiben?

Die Strafe und die Schande über sich ergehen lassen oder sich ihr durch die Flucht entziehen?

Gedanken durchschwirrten seinen Kopf, wirr und regellos wie eine durch einen Schuß aufgeschreckte Rabenschaar.

Zu einer Flucht über die Grenze fehlten ihm alle Mittel, er hatte sich nicht vorgesehen, nicht vorbereitet.

Um eine solche Flucht zu ermöglichen, hätte er noch einmal seine Wohnung betreten müssen und das mochte er nicht.

Herr Constant grollte seiner Gattin, weil sie ihm die Rettung verweigerte.

Es war offenbar eine Ungerechtigkeit, zu verlangen, daß die Verwandten sich für ihn aufopfern sollten, er aber war gerade der entgegengesetzten Ansicht, und wälzte das Unrecht von sich ab auf die Schultern der Gattin.

Um den folgenden Entschluß des Wechsler natürlich zu finden, ist es nothwendig, einen Blick auf seinen Charakter zu werfen.

Herr Constant war einer von jenen Geschäftsmännern, die durch einen falschen Ehrgeiz gedrängt, über ihre Kräfte hinaus operiren.

Dieser Ehrgeiz war es, der ihn zu den verbrecherischen Schritten bewog und der ihm jetzt den Gedanken an seinen Sturz unerträglich machte.

Der wahre, echte Ehrgeiz verleiht Muth und Stärke, der falsche dagegen ist jederzeit von Schwäche und Kleinlichkeit begleitet. Wie viele Existenzen sind an dieser Klippe schon gescheitert!

Herr Constant besaß nicht die Stärke, den schlimmen Stand seines Geschäftes zu enthüllen, es wiederstrebte ihm die Wunde zu offenbaren, als sie noch klein war, ja er zog es vor, im Geheimen einen Betrug zu begehen, um nur vor der Welt sein Ansehen zu behaupten.

Eine Schwäche, die einen Menschen so weit hinabdrückt, kann ihn auch tiefer sinken machen, sie braucht nur einer Anregung, eines Anstoßes und dieser ergab sich.

Der Unglückliche irrte stundenlang im Gebirge umher, ohne zu einem Entschlusse zu gelangen; obwohl er auf den einzuschlagenden Weg nicht achtete, war er doch immer in der Nähe des genannten Ortes geblieben, so daß er, als die eingetretene Ermüdung ihn an die physischen Bedürfnisse des Körpers mahnte, in kurzer Zeit das Kasino erreichte, wo er sich niederließ und Kaffee verlangte.

Einige Offiziere des in der dortigen Kaserne dislozirten Jägerbataillons, ferner mehrere der ansehnlichen Ortsinsassen waren anwesend und unterhielten sich laut, ohne auf den ihnen unbekannten Herrn Rücksicht zu nehmen.

Man wird sich erinnern, daß vor einigen Jahren zur Zeit dieser Ereignisse in Wien die Selbstmorde in einer so bedenklichen Weise überhand nahmen, daß selten ein Tag verging, wo die Journale nicht einen dieser traurigen Fälle zu erzählen hatten.

Man wird sich auch erinnern, daß sich dagegen Stimmen der Rüge erhoben, und da fast immer der Stoff zu den Tagesgesprächen aus den Zeitungen geholt wird, so traf es sich, daß Herr Constant im Kasino auf der Maner Ohrenzeuge einer Unterhaltung wurde, welche von dem Selbstmord handelte.

Wie überall, wo viele Köpfe beisammen sind, und wo es sich um eine rein geistige Streitfrage handelt, gingen die Meinungen auseinander.

Einer erklärte den Selbstmord für eine Feigheit, ein Anderer behauptete wieder, daß ein hoher Grad von Muth dazu gehöre, an sich selbst Hand anzulegen, wovon er aber jene ausnahm, die durch irgend eine verzweiflungsvolle Situation zum Selbstmorde getrieben werden.

Diejenigen, sagte er, die in der Leidenschaft oder in der Verzweiflung Hand an sich legen, die nicht wissen, was sie thun, sind unzurechnungsfähig, anders verhält sich's mit Jenen, die mit kaltem Blute, mit Ueberlegung ans Werk gehen.

Wer wird sich mit kaltem Blute das Leben nehmen?

Ich selbst kann Ihnen aus dem engen Kreise meiner Bekannten Beispiele anführen, antwortete der frühere Sprecher. Ein junger Doktor der Medizin litt an der Lunge. Er ließ sich untersuchen und das Parere lautete, daß er bei strenger Beobachtung der nöthigen Diät noch fünf Jahre ausdauern könne. „Ich werde den Wechsel eskomptiren," sagte er launig zu dem Professor und schoß sich eine Stunde darauf im Dornbacher Park eine Kugel durch den Kopf.

Das Beispiel eines Menschen in einem kranken Zustande kann ich nicht gelten lassen.

Wenn man von diesem Gesichtspunkte ausgeht, erwiderte der Andere, wird man in den meisten dieser Fälle finden, daß physische und moralische Krankheit zusammenwirken, und darum hat derjenige Recht, der da schrieb, daß wir uns bei allem sittlichen Abscheu vor dem willkührlichen

Selbstmorde doch ein entscheidenes und verdammendes Urtheil über den Selbstmörder nicht anmaßen dürfen.

Es fällt mir nicht ein, den Selbstmord zu billigen, nahm ein Dritter, ein Greis von würdigem Aeußern, das Wort, wohl aber kann ich mir recht gut Fälle denken wo ich ihn begreife, ja sogar entschuldige.

Das ist sündhaft, das ist frevelhaft!

Meine Herren, von dem Momente an, wo wir uns auf den religiösen Standpunkt stellen, hört jede Meinungsverschiedenheit auf, damit wir weiter sprechen können, müssen wir von der Religion absehen und auf rein humanistischem Terrain stehen bleiben. Was ich Ihnen nun sagen werde, ist keine leere Phrase, sondern meine tiefinnerste Ueberzeugung. Wenn ich je das Unglück hätte, irgend eine Handlung zu begehen, die mich auf lebenslang ehrlos machen würde, so möchte ich den Tod einer ehrlosen Existenz vorziehen.

Diese Erklärung rief bei allen Anwesenden eine Bewegung hervor, am meisten aber bei dem Wechsler, der unbeachtet in der Ecke saß.

Die Worte imponirten durch den feierlichen entschiedenen Ton, mit dem sie vorgebracht wurden und durch die Persönlichkeit dessen, der sie sprach.

In dem Seelenzustande des Herrn Konstant richteten sie eine völlige Zerstörung an.

Er schauerte nicht blos vor der Justiz, der Strafe, die ihn erwartete, sondern ihn entsetzte auch das lebenslängliche Brandmal, welches an dem Fälscher und Betrüger haftete.

Von diesem Momente achtete er nicht mehr auf die Diskussion der Gesellschaft, die mit der erwähnten Erklärung keineswegs schloß, sondern noch eifriger fortgesetzt wurde, indem der alte Herr zur Motivirung seiner Erklärung auf den Unterschied zwischen „Selbstmord" und „freiwilligem Tod" zu sprechen kam.

Auch wir folgen der Unterhaltung nicht, wo viel Wahres, manches Irrige gesprochen und behauptet wurde, das Wenige davon, dessen wir gedachten, wurde blos angeführt, um die Wirkung zu erklären, die es bei Herrn Konstant hervorgebracht.

Er zahlte den Kaffee, ohne ihn genossen zu haben, und eilte fort.

———————————

Vierundzwanzig Stunden lang irrte er ziellos umher, er verbrachte die kühle Nacht unter freiem Himmel.

Sein Seelenzustand war ein trostloser.

Man kann nicht sagen, daß er gegen die schwarze That, welche zu begehen er im Begriffe stand, angekämpft habe, denn wo Schwäche der Hauptzug des Charakters ist, kann von Kampf keine Rede sein, was er fühlte und dachte war nichts als ein ohnmächtiges Krümmen unter dem Tritte des siegreichen Verhängnisses.

In diesem Zustande hätte ihm zuverlässig die Kraft, sich selbst zu tödten, gefehlt, das schwache Fleisch wäre dem Gebote des Willens nicht gefolgt, allein auch diesmal lieferte ein äußerer Anlaß den Sporn zur That, der Zufall griff wie so häufig auch hier in die Speichen, aber nicht um das Rad aufzuhalten, sondern um es aus der Grube zu heben und das Gefährte in's Rollen zu bringen.

Es war bereits Nachmittags, als der Wechsler, einen Blick um sich werfend, sich auf der Anhöhe befand, die hinter Hietzing gelegen und zu deren Füßen Lainz sich dahinstreckte.

Ein Fuhrwerk zog seine Aufmerksamkeit auf sich.

Es war ein sogenannter „Steirerwagen" von nur einem Pferde gezogen.

Voran saß der Kutscher.

Den Fond nahmen zwei Gendarmen mit Gewehren und aufgepflanzten Bayonnetten ein.

Sie saßen mit den Gesichtern gegen einander, um einen Verbrecher, der zwischen ihnen saß, bequem zu überwachen.

Dieser Anblick zerriß den letzten schwachen Faden, welcher die Sinne des Unglücklichen noch zusammenhielt, die Verzweiflung übermannte ihn, der Wahnsinn begann sein Gehirn zu umnachten.

Wozu er in seinem natürlichen Zustande den Muth und die Kraft nicht besaß, das verübte er nun unter dem Sporn des zerrütteten Geistes.

Dort ein Baum, seine Halsbinde mit dem Sacktuche verknüpft, er brauchte nicht mehr, um das Leben aus dem Leibe zu würgen.

———

Zwei Männer, die eine halbe Stunde später des Weges daher kamen, gewahrten den leblosen Körper.

Erschreckt eilten sie herbei, befühlten ihn und gewahrten, daß er noch warm war.

Zum Glücke gehörten sie zu jenen Besonnenen, die dem Wahn nicht huldigten, man müsse eine Leiche hängen lassen, bis sie von Seite der Behörde abgeschnitten werde, sie beeilten sich das selbst zu thun und trugen den Leblosen hinab nach Hietzing.

Auf dem Wege dahin fanden sich Mehrere, welche sie in ihrem menschenfreundlichen Unternehmen unterstützten.

Wohin ihn tragen?

Zum Wundarzt.

Auch das war das Klügste, denn in der Offizin des Chirurgen konnte die schleunigste Hilfe werden, vorausgesetzt, daß überhaupt noch Hilfe möglich war.

Die Wiederbelebungsversuche waren von einem günstigen Erfolge begleitet, das Werk des Wahnsinns wurde vernichtet, Herr Konstant sollte dem Leben wieder gegeben werden, er sollte der Strafe und der Schande erhalten bleiben.

Zwanzigstes Kapitel.

Der Gang der Ereignisse führt uns jetzt in das Palais der Baronin Weinfelden.

Seitdem wir Eleonore Lichtfall in diesem Hause aufgenommen wissen, hat eine Unruhe sich unserer bemächtiget.

Wir wissen zwar noch nicht, was man im Schilde führt, es genügt aber, daß Raffinement, Heuchelei, Eigennutz und Schlechtigkeit sich verbunden haben, um Unheil zu stiften.

Zwar ist die Stellung Lori's in der Nähe Klarissens nur eine untergeordnete, allein Wassertropfen, wenn sie beharrlich niederfallen, höhlen mit der Zeit einen Stein aus, und das Vertrauen guter, rechtlicher Menschen läßt sich leichter erschleichen, wie das der Bösen und Egoisten.

Lori, eingedenk der Lehren und Weisungen, die sie von ihrer Mutter überkommen, benahm sich musterhaft.

In den ersten Tagen richtete sie ihr Augenmerk dahin, diejenigen Personen zu erfahren, welche im Hause Vertrauen und Einfluß besaßen.

Zu diesen gehörte vor Allen der alte Müller und die Gärtnerin Barbara, unter deren spezieller Aufsicht der kleine Edmund sich befand.

Lori zeigte sich thätig, bescheiden und aufmerksam gegen Jedermann, ließ aber keine Gelegenheit vorübergehen, ohne sich den zwei erwähnten Individuen gefällig zu zeigen, um deren Wohlwollen zu erobern.

Bei dem alten Müller, einem ernsten, vorsichtigen Manne, ging dies nicht so leicht, bei der arglosen, zuthunlichen Barbara erreichte sie bald ihre Absicht.

Gleichzeitig mit diesem Zwecke verfolgte das neue Stubenmädchen noch einen anderen.

Sie bestrebte sich, die Verhältnisse im Hause und den Charakter der Gebieterin kennen zu lernen.

Wenn man die Lieblingsneigungen und Schwachheiten der Menschen weiß, besitzt man die Handhabe, an welcher man sie fassen kann.

Lori benahm sich zuvorkommend und bescheiden, um nicht den Neid der übrigen Dienstleute zu erregen, und es gelang ihr, Allen eine günstige Meinung von sich beizubringen,

So ferne sie auch anfangs dem Vertrauen der Gebieterin stand, entdeckte sie doch bald zwei bei der Baronin besonders hervortretende Neigungen; die eine galt dem kleinen Edmund, welchen sie mit mütterlicher Zärtlichkeit umfaßte, die andere erstreckte sich in das Gebiet der philantropischen Bestrebungen.

Klarisse hatte sich die Aufgabe gestellt, Nothleidende zu unterstützen, dabei ging sie von dem sehr richtigen Gesichtspunkte aus, daß Diejenigen, die der Hilfe am würdigsten sind, am seltensten den Muth besitzen, sie anzuflehen.

Die größte Noth ist nicht diejenige, die von Thüre zu Thüre bettelt, sondern die in der kalten, feuchten Stube sitzt und fürchtet ihr Elend zu offenbaren.

Die Baronin besaß eine Vorliebe, verschämte Armuth zu entdecken und ihr zu helfen. Man konnte sich ihr nicht gefälliger erweisen, als wenn man dazu beitrug, diese ihre Lieblingsneigung zu befriedigen.

Der Thätigkeit der Frau Lichtfall fiel es nicht schwer, nach dieser Richtung hin ihrer Tochter unter die Arme zu greifen, und Lori wurde in die Lage gesetzt, ihre Gebieterin auf eine Familie aufmerksam zu machen, die in Wahrheit das Mitleid und die Theilnahme in hohem Grade verdiente.

Müller, welcher wie immer auch diesmal ausgesendet wurde, Erkundigungen einzuziehen, kehrte, die Angaben des Stubenmädchens vollkommen bestätigend, zurück, und Lori erntete das Lob ihrer Gebieterin.

Man kann aus dem Angeführten erkennen, mit welcher Vorsicht und weit umgreifenden Umsicht zu Werke gegangen wurde, um die Baronin zu täuschen und deren Zutrauen zu erwerben.

Dazu muß noch besonders erwähnt werden, daß Frau Lichtfall es sorgfältig vermied, das Palais Weinfelden zu betreten, daß sie nur einmal, und zwar auf ausdrückliches Verlangen der Dame, zum Besuche erschien, wobei sie die triftige Entschuldigung vorbrachte, daß Aufbringlichkeit ihr Fehler nicht sei, und daß Eltern, deren Kinder zu dienen bemüßiget sind, sich nur dann in den Häusern der Herrschaften einfinden sollen, wenn sie über die Aufführung ihres Kindes Erkundigung einziehen, was zu thun sie jetzt noch nicht an der Zeit hielt, da Lori erst wenige Wochen im Hause der gnädigen Baronesse anwesend sei.

Klarisse schenkte der Ansicht ihren Beifall und gab dem Stubenmädchen ein günstiges Zeugniß, worüber die brave Mutter natürlich entzückt war und die Bitte hinzufügte, die gnädige Frau möge mit ihrer Tochter ja nur recht strenge verfahren, denn nichts sei geeigneter junge Wesen irre zu leiten, als zu weit gehende Güte und Nachsicht.

Seit dieser Szene ließ sich Frau Lichtfall wieder nicht sehen, blieb aber nichtsdestoweniger in steter geheimer Verbindung mit Lori, sonach ein Mittelglied bildend zwischen den beiden feindlichen Parteien in der Humboldtstraße und in der Jägerzeile.

Eines Tages erschien der Advokat der Baronin.

Klarisse empfing ihn in ihrem Arbeitsgemache, und Lori hatte Gelegenheit wahrzunehmen, daß die Baronin aus einem Fache ihres Sekretärs ein Schriftenpacket holte und dem Doktor einige Piecen davon zum Lesen übergab.

Da die Dame mit ihrem Anwalt leise sprach, so ließ sich der Inhalt ihrer Unterredung nicht erlauschen, wohl aber bekam Lori, als sie von der Gebieterin anbefohlene Erfrischungen in das Gemach trug, eine Aeußerung zu hören, die ihre Aufmerksamkeit auf die Schriften lenkte.

Ich begreife, lieber Doktor, sagte die Baronin eben, daß Sie dieses Dokument haben müssen, um sich darauf zu berufen, bei der Wichtigkeit aber, die es für mich besitzt, werden Sie mich entschuldigen, wenn ich erkläre, es nicht aus den Händen zu geben. Ich will vor meinen Gegnern die Waffen, welche ich besitze, so lange wie möglich maskirt halten; soll daher von dieser Piece eine Abschrift genommen werden, so muß dies von Ihnen persönlich in meiner Gegenwart geschehen und der Akt der Beglaubigung durch verläßliche, verschwiegene Personen vorgenommen werden. Vergessen wir nie, lieber Doktor, daß wir in meinem Herrn Schwager einen Gegner besitzen, der dem Grundsatze huldiget, daß der Zweck die Mittel heilige.

Diese Aeußerung der Gebieterin bekam Lori zu hören, mehr nicht, da sie, ohne daß es auffiel, nicht länger im Gemache verweilen konnte.

Was enthielt nun die erwähnte Schrift, welche der Baronin so wichtig erschien, daß sie dieselbe nicht aus den Händen geben und deren Inhalt ihren Gegnern so lange wie möglich vorenthalten wissen wollte?

Die Schriften befanden sich in einem Fache des Sekretärs, der stets geschlossen war und dessen Schlüssel die Baronin in Verwahrung hatte.

Lori war schlau genug, um in dem gegebenen Falle sich nicht erst bei ihrer Mutter Raths erholen zu müssen.

Klarisse hatte die Gewohnheit, die Schlüssel am Abend unter ihre Kopfkissen zu legen.

Hier fand das Stubenmädchen jeden Vormittag beim Aufräumen des Bettes die Schlüssel und legte sie jedesmal auf das Nachttischchen in der Nähe des Lagers.

Um diese Zeit befand sich die Gebieterin regelmäßig in dem Toilettezimmer nebenan, unter den Händen der Friseurin.

Lori war also allein und konnte, ohne daß sie bemerkt wurde, einen Wachsabdruck von dem Schlüssel nehmen, der sich vor allen anderen durch das regelmäßige Oval seiner Handhabe auszeichnete.

Dieser Wachsabdruck wurde noch an demselben Tage, da Lori im Auftrage der Gebieterin einen Gang nach der Stadt hatte, der Mutter übergeben, und diese besorgte den Schlüssel.

Um den Schlosser nicht stutzig zu machen, ließ sie ihn in ihre Wohnung kommen, beseitigte von ihrem Sekretär das Schloß und ertheilte ihm den Auftrag, ein Schloß anzufertigen, zu welchem ein Schlüssel wie der, dessen Abdruck sie vorwies, passe.

Nachdem sie im Besitze des Schlosses war, ließ sie einen andern Schlosser holen, der zu dem vorhandenen Schlosse einen Schlüssel anfertigen und das erstere an den Sekretär befestigen mußte.

Schloß und Schlüssel an dem Sekretär der Frau Lichtfall waren nun jenen bei der Baronesse Weinfelden vollkommen ähnlich.

Aus dem Vorgange der wackeren Mutter erhellet zur Genüge, mit welcher weitgreifenden Vorsicht sie zu Werke ging.

Angenommen, der Schlosser, welcher den Schlüssel verfertigte, würde zu Angaben gezogen, so konnte er nur erklären, daß er zu einem vorhanden gewesenen Schlosse den verloren gegangenen Schlüssel ersetzt habe.

Der Sekretär in der Wohnung der Lichtfall gehörte Lori, folglich war es natürlich, daß sie den Schlüssel davon bei sich trug.

Daß dieser Schlüssel zufällig auch den Sekretär der Baronin erschloß, davon brauchte das Stubenmädchen keine Ahnung zu besitzen, und die Schuld der gleichen Schlösser fiel auf die Fabriken, die Alles nach einem Muster machen.

Das Alles legte sich Frau von Lichtfall im Vorhinein zurecht, um sich durch keinerlei Eventualität überraschen zu lassen.

Nachdem Lori im Besitze des Schlüssels war, ergab sich das Uebrige von selbst.

Die Baronin besuchte fleißig die Hoftheater.

So oft dies geschah, verweilte Lori in ihrem Kabinet, welches so wie jenes der zweiten Zofe sich neben den Gemächern der Gebieterin befand.

Diese Eintheilung verstieß wohl gegen den vornehmen Ton, allein Klarisse hatte sie absichtlich getroffen, um fortwährend unter den Augen der Dienerinnen zu bleiben und dadurch jede Verdächtigung ihres Leumunds von sich abzuhalten.

Der nächste Abend, an welchem die Baronin in's Theater fuhr, war von Lori ausersehen, den Inhalt der Schriften kennen zu lernen.

Sie hatte die Pflicht, das Schlafgemach der Gebieterin herzurichten, und da im Gemache nebenan sich der Sekretär befand, so öffnete sie ihn, nahm die Papiere heraus und begann zu lesen.

Da Lori durch ihre Mutter in die Wesenheit des Prozesses eingeweiht worden war, erkannte sie leicht, welche der Piecen durchzulesen für sie von Wichtigkeit war.

Nachdem sie die unwichtigeren nur flüchtig überflog, verwendete sie ihre volle Aufmerksamkeit auf ein einziges

Dokument, welches zuverlässig dasjenige sein mußte, dem die Gebieterin eine so hohe Wichtigkeit beimaß.

Dieses Dokument handelte von dem Kinde.

Lori las und staunte.

Die Situation erlaubte ihr nicht zu lange zu verweilen, sie legte daher die Papiere wieder an ihre Stelle, schloß den Sekretär und begab sich auf ihr Kabinet.

Man bedurfte nur ein Bischen gesunden Verstandes, um die Wichtigkeit des bewußten Dokumentes zu erfassen.

Dessen Inhalt enthielt nicht nur die glänzendste Rechtfertigung der Dame, sondern er bot ihr auch eine Angriffswaffe, welcher zu widerstehen nicht möglich war.

Wäre Lori nicht so ganz und gar die Tochter ihrer Mutter gewesen, hätte in ihrer Brust nur ein Funke von Rechtlichkeit und Frauentugend gelebt, sie würde vor der Dame, die sie hinterging, in den Staub gesunken sein und hätte sich in Bewunderung aufgelöst vor einem Frauenherzen, welches solcher Gesinnungen fähig war!

Allein dieses Mädchen war in dem Sumpfe mütterlicher Raffinirtheit und Spekulation herangebildet, es hatte den Werth wahren Edelmuthes so völlig verlernt, daß die Enthüllungen, die ihr geworden, wohl den Eindruck einer wichtigen Entdeckung hervorbrachten, aber sonst keine Regung eines besseren Gefühles.

Aber Lori besaß Verstand genug, nicht nur die Wichtigkeit des Dokumentes zu schätzen, sondern ihr war es auch klar, daß, sobald eine rechtskräftige Kopie dieser Schrift in den Händen des Advokaten sich befand, der Verlust des Originals für die Baronin weniger empfindlich war, der Besitz des Dokuments hatte daher für die Gegner der Baronin nur so lange einen Werth, als keine Abschrift davon existirte.

Der Gedanke, sich des Dokuments augenblicklich zu bemächtigen, erwachte jetzt schon in ihr, allein sie unterdrückte ihn, nicht etwa in Folge eines Abscheues vor dem

Verbrechen, sondern einzig und allein durch den Druck berechnenden Eigennutzes.

Das Dokument war den beiden Brüdern nur gefährlich, so lange es sich in den Händen der Baronin befand; um es ihr zu entziehen mußten sie schwere Opfer bringen, und diese wollte sie ernten.

Lori war entschlossen sich der Schrift zu bemächtigen, allein sie mußte früher genau wissen wofür?

Schon der folgende Tag bot ihr Gelegenheit die Mutter zu besuchen und ihr die gemachte Entdeckung mitzutheilen.

Frau Lichtfall war nicht minder erstaunt wie ihre Tochter.

Ich habe keinen Augenblick gezweifelt, daß die Baronin unschuldig ist, sagte sie zu Lori, denn so einfältig ist keine Frau, sich vor den Augen der Welt eine solche Blöße zu geben, allein daß der Stand der Dinge ein solcher ist, wäre mir selbst im Traume nicht eingefallen. Der Prozeß ist für die Brüder mit Haut und Haaren verloren, und sie werden überdies noch auf eine gräuliche Weise kompromittirt, wenn die Schrift in den Händen der Baronin bleibt. Das Schicksal ist uns günstig, es gab uns eine Zitronenpresse in die Hand, und wir werden sie zu gebrauchen wissen. Der Baron muß schwitzen aus allen Poren seiner frommen Haut.

Wie viel sollen wir für die Auslieferung dieses Schriftstückes verlangen?

Zwanzig vom Hundert —

Das macht den fünften Theil der Summe, folglich zehntausend Gulden. Und können wir hoffen, daß er einwilligen werde?

Die Schwierigkeit, liebes Kind, liegt nicht in der Einwilligung, die wird er bald geben, denn das Messer sitzt ihm an der Kehle, allein was wir reiflich zu erwägen haben, ist die Frage, was geschehen muß, damit der fromme Heuchler die versprochene Summe uns auch ausbezahle? Denn wenn man beide Barone in einen Kessel gibt und aussiedet, so bringt man aus ihnen nicht fünftausend, viel weniger zehntausend Gulden, es kann daher von einer Bezahlung der gewünschten Summe erst nach dem gewonnenen Prozesse die Rede sein —

Du lieber Himmel, der Prozeß kann Jahre lang dauern.

Dessen werden wir uns vorsehen.

Wie das?

Wir bedingen uns die Interessen auf Ein Jahr im Vorhinein. Zehntausend Gulden zu fünf Perzent geben fünfhundert Gulden, die müssen sogleich erlegt werden, ist der Prozeß in Einem Jahre noch nicht erledigt, so verlangen wir abermals fünfhundert Gulden.

Wenn der Baron sie auch nur ausbezahlt.

Die Vorkehrungen so zu treffen, daß er dazu gezwungen sein wird, ist unsere Aufgabe, und sei überzeugt, liebes Kind, daß ich die Frau bin, ein glühendes Eisen anzufassen, ohne mich zu verbrennen. Ich werde mich sogleich zu dem Baron begeben, die Sache muß heute noch geordnet sein. Merke wohl, was ich Dir jetzt sage. Wenn der Baron in meine Bedingungen eingeht, folglich wenn die Sache zwischen mir und ihm abgemacht wird, dann brauchst Du von mir keinerlei Nachricht abzuwarten, sondern bemächtigest Dich des Dokumentes, ehe eine Abschrift davon genommen wird. Sollte der Baron widerstreben, so werde ich Dir noch heute Abends durch unsere Hausmeisterin melden lassen, daß ich erkrankt bin, und diese Nachricht diene Dir zum Signal, das Dokument nicht anzurühren. Hast Du mich verstanden?

Vollkommen. Wenn ich bis morgen Früh keine Post erhalte, dann sind wir mit dem Baron in der Ordnung, und ich weiß, was ich zu thun habe.

Recht so, mein Kind. Jetzt verlaß mich, ich eile nach der Jägerzeile, wir haben keine Zeit zu verlieren.

—————

Herr Christoph von Weinfelden fiel bei den Mittheilungen der Frau Lichtfall wie aus den Wolken.

Lori muß mir das Dokument verschaffen, rief er, sonst ist der Prozeß verloren!

Sie ist jeden Augenblick dazu bereit, antwortete die Dame, allein sie will auch wissen wofür?

Sprechen Sie offen und kurz, wie viel verlangen Sie?

Ich verlange gar nichts, Lori ist es, welche die Forderungen stellt.

Ich bitte Sie, spielen Sie mit mir keine Komödie, wir kennen uns.

Wohlan, da wir uns kennen, so werden Sie es billig finden, wenn wir von Ihnen nur zehntausend Gulden begehren.

Nur?

Ich denke, wenn man fünfzig gewinnt, kann man zehn davon abgeben.

Sollte ich mich zu dieser Summe entschließen, so wäre es mir nur möglich sie auszubezahlen, wenn wir den Prozeß gewinnen.

Ich begehre das Geld auch nicht früher zu erhalten, wohl aber muß ich was Schriftliches darüber in Händen haben.

Einen Schuldschein?

Blos einen Brief.

Welchen Inhalts?

Sie und Ihr Herr Bruder schreiben an meine Tochter beiläufig Folgendes:

„An Fräulein Eleonore Lichtfall!

„Wir erklären, daß wir Ihnen an dem Tage, wo wir die im Prozesse mit unserer Schwägerin gewonnene Summe ausbezahlt erhalten, zehntausend Gulden verabfolgen. Da wir aber den Prozeß nur gewinnen können, wenn wir unserer Gegnerin jenes Dokument, welches von der Adoption des kleinen Edmund handelt, entziehen, so ersuchen wir Sie, uns in den Besitz der Schrift zu setzen, wofür wir Ihnen obbenannte Summe anbieten."

Bei dieser Proposition verlor Herr von Weinfelden seine erheuchelte Ruhe und rief:

Und Sie halten uns für einfältig genug, eine solche Schrift in Ihre Hände zu legen?

Darauf erwiederte die wackere Frau:

Und Sie halten uns für einfältig genug, daß wir Ihnen die Kastanien aus dem Feuer holen, ohne uns vorher feuerfest zu machen? Wir sind keine heurigen Hasen, lieber Baron.

Ich denke, Sie haben Garantie genug, wenn wir Ihnen einen Schuldschein geben?

Jetzt muß ich Sie bitten, Herr Baron, daß Sie mit mir keine Komödie spielen. Wir verlangen den Brief nicht blos wegen der Schuld, sondern auch zur Deckung gegen etwaige Eventualitäten, denen man bei Ihresgleichen ausgesetzt ist. Kurz und gut, wir müssen Sie in den Händen haben, sonst wären wir die Verlorenen. Und damit Sie Alles wissen, die genannte Summe muß alsogleich verinteressirt werden. Wir verlangen bei Einhändigung des Dokumentes den Betrag von 500 Gulden —

Sind Sie toll?

Nichts weniger als das. Wenn man sich in eine solche Gefahr begibt, muß man nicht nur eine entsprechende Entschädigung bekommmen, sondern man will auch nicht mit der ganzen Summe an die Zukunft angewiesen sein.

Verlangen Sie vielleicht auch meinen Rock?

O nein, ich besitze meine Krinoline und die genügt mir. Sie kennen jetzt meine Propositionen, welches ist Ihr Entschluß?

Sie haben Eile.

Ich habe keine Eile, wohl aber Sie, denn wenn der Advokat Ihrer Schwägerin von dem bewußten Dokumente eine Abschrift genommen haben wird, ist's zu spät, und beten Sie ja recht andächtig, damit es ihm nicht einfalle, dies schon heute oder morgen zu thun!

Der Baron war in die Enge getrieben.

Er bat Frau Lichtfall, zu verweilen, und ließ seinen Bruder holen.

Eine heftige Szene der beiden Brüder — in einem Nebengemache unter vier Augen geführt — fand statt.

Du siehst, sagte der Aeltere, daß unser Advokat mit seiner Warnung von neulich kein leeres Stroh drosch. Wir müssen Deiner Frau die Waffe entwinden oder den Kampf aufgeben.

Letzteres um keinen Preis!

Dann mußt Du Dich entschließen, in die Bedingungen der Lichtfall einzugehen.

So gefährlich und schwer sie auch waren, es gab für die Brüder keinen andern Weg, wenn sie überhaupt den Prozeß mit Aussicht auf Erfolg führen wollten.

Die beiden Wölfe entschlossen sich also nach einer langen, fruchtlosen Debatte in den sauren Apfel zu beißen. Der mit dem Schafpelze versuchte zwar durch winkelzügige Amendements die Spitze des Lichtfall'schen Antrages abzustumpfen, allein diese bestand auf die haarscharfe, unzweideutige Fassung des Briefes und wich keine Linie breit von ihren Forderungen ab.

Der von dem älteren Bruder eigenhändig geschriebene Brief wurde von beiden Brüdern unterzeichnet, gesiegelt, mit der Adresse versehen und der vorsichtigsten aller Mütter übergeben.

Halten Sie die fünfhundert Gulden bereit, sagte sie hierauf zu den Herren, denn es ist möglich, daß ich Ihnen schon im Laufe des morgigen Tages das Dokument überbringe.

Je eher, desto besser!

Damit wollte sie sich entfernen, allein Herr Christoph hielt sie zurück, und nachdem er seinem Bruder einen Wink gegeben, sich zu entfernen, sagte er:

Wir sind für heute noch nicht zu Ende, meine liebe Lichtfall.

Herr Baron, Sie finden mich jeden Augenblick bereit, von vorne anzufangen oder ein zweites Geschäft zu verabreden.

Wir werden weder das eine noch das andere thun, sondern bei dem Gegenstande verbleiben, nämlich bei unserer Gegnerin, meiner Schwägerin.

Ich bitte zu sprechen.

Wir haben uns miteinander verbunden, ihr ihre beste Waffe aus den Händen zu winden, damit ist viel erzweckt, doch nicht Alles. Wir müssen auch trachten, Waffen zu schmieden.

Frau Lichtfall spitzte die Ohren wie ein Kavalleriepferd, wenn es den Trompetenruf zum Angriffe hört.

Die Natur des Prozesses, fuhr Herr Christoph fort, zeichnet uns den Weg vor, den wir zu betreten haben, die Baronin muß in's Gerede gebracht, sie muß um jeden Preis kompromittirt werden.

Kompromittirt? Nach welcher Richtung?

In der Richtung der Anklage, die wir gegen sie erheben.

Frau Lichtfall wiegte nachsinnend den Kopf.

Ich halte das Unternehmen für sehr schwierig, sagte sie nach einer Weile.

Warum das?

Weil die Baronin sehr zurückgezogen lebt und vorsichtig ist.

Bah, sie besucht Gesellschaften, sie besucht Theater, das genügt uns. Ja noch mehr, ihre philantropische Marotte läßt sie auch in den Hütten der Armuth einkehren, sie schließt sich demnach keineswegs so weit ab, daß sich nicht eine Intrigue ersinnen ließe, die in unserer Hand zur Waffe wird. Denken Sie sich zum Exempel einen jungen Mann von Stand, der eitel und von sich eingenommen auf die Idee gebracht wird, die Baronin fühle eine zarte Neigung für ihn.

Frau Lichtfall erweiterte die Augen.

Denken Sie sich weiter, dieser junge Mann erhielte anfangs Andeutungen, später sogar Billets geschrieben von der Baronin —

Von der Baronin?

Oder von jemand Anderem, dessen Handschrift zufällig jener der Baronin täuschend ähnlich ist —

Ich fange an zu verstehen.

Ist eine weitere Erörterung der Idee nothwendig?

Nein, ich bitte mir nur vierundzwanzig Stunden Zeit zu gönnen, ich werde diese Frage studiren.

Thun Sie das, liebe Freundin, was das Individuum betrifft, dessen wir uns in dieser Angelegenheit als Werkzeug bedienen wollen —

Ich möchte eher behaupten als Düpe —

Richtig, diese Bezeichnung läßt mich erkennen, daß Sie vollständig in meine Ideen eingehen, was also dieses Individuum betrifft, so ist meine Wahl bereits getroffen.

Wer ist er?

Kennen Sie den Baron von Alpenheim?

Persönlich bin ich mit ihm nicht bekannt, ich hörte aber schon vielseitig von ihm sprechen. Er hat die Manie von sich reden zu machen, dichtet sich jede Woche was Neues an und schreit es am ersten Tage so oft in die Welt hinein, daß er am zweiten selbst daran glaubt —

Gut charakterisirt, der ist der Mann, wie wir ihn brauchen.

Einverstanden.

Sie wissen jetzt was ich will, denken Sie über die Details nach.

Ich werde mein Möglichstes thun.

In Ihrem Munde heißt dies das Unübertreffliche.

Zu schmeichelhaft, Herr Baron. Sind wir zu Ende?

Für heute, ja.

Dann habe ich die Ehre mich zu empfehlen.

Gehen Sie mit Gott!

Und sie ging.

Zwei Tage darauf befanden sich die Brüder Weinfelden im Besitze des Dokumentes aus dem Sekretär ihrer Gegnerin, die wackere Frau von Lichtfall hatte die ersten fünfperzentigen Jahresinteressen des ihr verschriebenen Kapitals in den Händen, und die Intrigue mit dem Baron von Alpenheim nahm ihren Anfang.

Einundzwanzigstes Kapitel.

Der November-Vormittag ist heiter aber kalt.

Die Ringstraße ist belebt.

Unter der Menge, welche geschäftig dahineilt, befindet sich Baron von Alpenheim.

Er ist winterlich elegant gekleidet, trägt den glänzenden Flebus etwas nach der rechten Seite gestülpt und hat den unentbehrlichen Zwicker in's Auge gedrückt.

Plötzlich wird er von einem jungen Herrn aufgehalten.

Guten Morgen, Herr Baron!

Ah, Herr von Thaler, Ihr Diener!

Herr Baron weilen noch in Wien?

Ich hab' refusirt, mein Lieber, entschieden refusirt, schreit der junge Kavalier.

Herr Baron haben damit vielleicht eine Karriere verscherzt —

Karriere? Was nennen Sie Karriere? Die Diplomatie gibt sich von Tag zu Tag so viele Blößen, daß ein wirkliches Talent Anstand nehmen muß, in ihre Reihen zu treten. Ich erwog die Sache reiflich und warf die Idee in den Papierkorb. Meine Absicht war, nicht etwa einen Gehalt zu beziehen, sondern dem Staate nützlich zu sein. Ich werde diesen Zweck in einer anderen Weise anstreben.

Herr Baron gedenken vielleicht sich dem Inneren zu widmen?

Fällt mir nicht ein, ich will dem einen so fern bleiben wie dem anderen.

Und doch wollen Sie dem Staate nützlich sein?

Naturellement, ich unterscheide sehr scharf zwischen Staat und Regierung. Mit der letzteren mag ich nichts zu thun haben, dem Staate aber weihe ich meine Kraft, meine Mittel, ich werde kolonisiren.

Was werden Sie?

Kolonien anlegen! Ich stehe bereits in Unterhandlung wegen zweier weitläufiger Pußten an der Theiß —

Herr Baron gedenken also Ungarn zum Schauplatze Ihrer Thätigkeit zu machen?

So ist es. Ungarn ist das Land, welches durch mich in Flor kommen soll. Dort gibt's noch Sümpfe zum Austrocknen, Steppen urbar zu machen.

Fürchten Herr Baron nicht, Ihre Kapitalien zu opfern?

Soll ich sie vielleicht dem Börsenspiel in den Rachen schleudern? Da, wir stehen gerade vor dem Hause des Herrn Konstant, wissen Sie was die geschlossene Ladenthür bedeutet? Bankrott!

Der Mann hat unglücklich gespielt. Auch unser Haus erleidet durch ihn Verluste.

Bedauere —

Sie wissen doch, daß er falsche Wechsel in Umlauf setzte?

Ja wohl weiß ich es, und zwar, wie ich hörte, im Betrage von mehr als einer Viertelmillion. Er hat alle Portefeuilles mit Falsifikaten gefüttert und wollte sich in's Jenseits spediren.

Woran er zum Glücke verhindert wurde. Er befindet sich bereits auf dem Wege der Besserung.

Ich glaube es, denn er ist in Haft, jetzt hat er Muße in Ueberfluß, Witze zu machen.

Wann gedenken Herr Baron Wien zu verlassen?

Sobald mein Unternehmen so weit vorgeschritten sein wird, daß meine Anwesenheit in Ungarn nothwendig ist, kehre ich der Residenz den Rücken.

Kommen Sie heute in die Oper?

Möglich, es hängt von Umständen ab, ich muß erst die Ordre abwarten.

Die Ordre?

Sie staunen, nicht wahr? Man kommandirt mich in's Theater, man wünscht mich zu sehen, man labt sich an meinem Anblicke.

Wer ist dieses „man?"

Ein weibliches Wesen, mehr zu sagen ist mir nicht gestattet —

Herr Baron, ich fürchte, Sie machen Konkurrenz?

Parole d'honneur, das fällt mir nicht ein. Sie können ruhig bleiben, wir werden uns nicht begegnen. Doch ich plaudere da und vergesse mein Vorhaben. A revoir.

Ihr Diener, Herr Baron.

Der „Sohn des Millionärs" ging seines Weges und Herr von Alpenheim schoß ebenfalls fort.

Glücklicher Baron!

Als wir ihn das erste Mal trafen, hatte er sich exilirt, dann wurde er attachirt und jetzt wird kolonisirt.

Außer diesem Unternehmen beschäftigt noch eine zweite Angelegenheit seinen Geist, ein zartes Geheimniß, welches er leider nicht ausschreien darf, weil ihm die strengste Reserve anbefohlen wurde, nichtsdestoweniger aber folgt er dem Drucke seines Charakters, er schreit, jedoch nur halbe Reden, in die Welt hinein, er verräth nichts, aber er läßt errathen.

Ein Paar anonyme Zeilen von Frauenhand setzen ihn in Kenntniß, daß er die Aufmerksamkeit einer jungen Dame auf sich gezogen. Man frägt ihn, ob sein Herz noch frei und erwartet die Antwort poste restante.

Der Billetwechsel ist eingeleitet.

Alpenheim erfährt in der zweiten Zuschrift, daß er es mit einer Frau zu thun habe, die in einem Scheidungsprozeß mit ihrem Gatten begriffen ist u. s. w.

Er fährt überrascht empor, das ist die Baronesse von Weinfelden!

Er jubelt auf, er möchte die ganze Menschheit zum Mitwisser seiner Eroberung machen, allein man hat ihm zu schweigen anbefohlen, sonst muß er für immer entsagen.

Man bestellt ihn in die Oper:

Ich werde in der Loge sein und mich freuen, Sie im Parterre zu sehen.

Nun überzeugte er sich, daß seine Muthmaßung keine irrige sei, Klarisse befand sich in der Loge, sie also empfand für ihn die süße Leidenschaft, er las das Geständniß aus ihren Augen.

Aber Herr von Alpenheim mußte sich ein wenig auffallend benommen haben, denn am anderen Tage wurde er in einem Briefchen angefleht, sich zu moderiren, denn „Aller Augen, hieß es in der Zuschrift, sind auf mich gerichtet, mein Gatte läßt mich von seinen Spionen überwachen, in seinem Vortheile liegt es, daß ich Blößen gebe u. s. w.

Der Baron versprach sich zu menagiren.

So schwer mir dies auch fallen wird, schrieb er unter Anderem, so will ich den Verhältnissen doch dieses Opfer auf den Altar legen; ach, meine Gnädige, Ihr einfacher Wunsch genügt, mir noch Qualvolleres aufzuerlegen.

Alpenheim besaß bereits fünf duftige Billets von derselben Hand geschrieben, mit dem nämlichen Siegel geschlossen, aber die Billets trugen keine Unterschrift, das Siegel zeigte weder Namen noch Wappen, ein Vergißmeinnicht war darauf ausgeprägt und dieses war von einem C umschlungen.

Der Baron drang in seine Geliebte sich zu nennen, mindestens den Taufnamen zu unterzeichnen.

Ich kenne Sie zwar, gnädige Frau, ich weiß, wer mich mit den süßen Zeilen beglückt, schrieb er, allein namenlose Briefe sind verschleierte Wesen, die sich mißtrauisch dem Anblicke entziehen u. s. w.

Darauf wurde ihm geantwortet:

Verlangen Sie nicht, daß ich mich der Möglichkeit, kompromittirt zu werden, aussetze. Sie wissen wer die Schreiberin ist, wozu bedarf es also eines Namens?

Von der Luft allein kann man nicht leben, ohne Wasser kann man nicht schwimmen.

Jede Liebe verlangt Nahrung, und geschriebene Empfindungen, wären sie auch eitel Zucker, reichen nicht aus.

Baron Alpenheim empfand den Drang mit der Frau, die er bezaubert hat, zu sprechen, und formulirte diesen Wunsch im nächsten Billet.

Man zögerte, man vertröstete ihn.

Die übertriebene Zurückhaltung kränkte ihn.

Wir wollen nicht behaupten, daß eine Ahnung der Mystifikation ihn beschlich, er fühlte blos den Drang, den Schleier zu beseitigen, er wollte Gewißheit seines Glückes.

Der Wunsch nach einem tête-à-tête wurde entschiedener ausgesprochen, er wurde verlangt und von der anderen Seite — gewährt.

Doch wo sollte man sich finden und sprechen?

Ich mache kein Hehl aus meinen Gefühlen, schrieb man dem Baron in dem nächsten Briefe, allein ich werde sie zu bewältigen wissen, wenn es sich darum handeln sollte, meinen Gegnern Waffen in die Hände zu geben, die mich verderben könnten. Die Herrschaft meines Herzens darf jene der Vernunft niemals ausschließen. Sie wollen mit mir sprechen, ich bin dazu bereit, allein es muß geschehen, ohne daß wir nöthig haben eine lebende Seele in's Vertrauen zu ziehen.

Alpenheim billigte diese Vorsicht und überließ der Dame die Modalitäten.

Man machte ihm folgenden Vorschlag.

An einem Abende werde die Dame in einem Fiaker eine Spazierfahrt machen. Der Wagen werde an seinem Hause halten, um auch ihn aufzunehmen. Tag und Stunde sollen ihm nachträglich bekannt gegeben werden.

Alpenheim war entzückt, der Antrag wurde mit Jubel begrüßt.

Wir erachten es für nothwendig, an dieser Stelle einen Moment inne zu halten und den Leser auf die Art der Intrigue aufmerksam zu machen, welche eingefädelt und abgespielt wurde.

Wie man bald erfahren wird, war es nicht blos auf ein Rendezvous, sondern auf einen Konflikt abgesehen, dessen Erfindung der Frau Lichtfall, deren Gehirn er entsprang, alle Ehre machte.

Man kann dieser Frau, die in ihrer Art so vollkommen war, die Bewunderung nicht versagen.

Sie hatte in Allem und Jedem, was sie unternahm, die Justiz vor Augen, das heißt, wo es sich um Dinge von Wichtigkeit handelte.

Und der Fall mit Alpenheim, die ganze Intrigue gegen die Baronin rangirte sich in diese Klasse.

Die Mutter Lori's machte sich gar kein Hehl daraus, daß sie durch ihre Operationen, wenn das Glück ihr übel wollte, in einen Kriminalprozeß verwickelt werden konnte, der sie auf die Dauer mehrere Jahre ihrem Wirken entzogen haben würde, darum ging sie auch mit aller möglichen Vorsicht zu Werke.

Die Billets waren so abgefaßt, daß Jeder, der die Verhältnisse kannte, in der Schreiberin die Baronin von Weinfelden erkennen mußte, die Schriftzüge der Baronin waren künstlich nachgeahmt, allein keines von den abgesandten Billets trug auch nur den Taufnamen der Dame.

Damit erzielte man einen dreifachen Vortheil.

Man zwang Alpenheim die nöthige Reserve zu beobachten, denn anonyme Billets sind nicht geeignet, um als Trophäen von Eroberungen produzirt zu werden, man verlieh ferner den Briefchen einen größeren Grad von Glaubwürdigkeit, weil man annehmen mußte, daß eine Frau in der Lage der Baronin durch Unterzeichnung ihres Namens sich nicht bloßstellen werde und endlich konnten die Billets, obgleich die Schrift der Baronin künstlich nachgeahmt war, vor Gericht nicht die mindeste Bedeutung haben, weil ihnen die Unterschrift mangelte.

Als Frau Lichtfall dem würdigen Herrn Christof beim Entwurfe des Planes diese Vortheile auseinandersetzte, erschrack er über die Tiefe, mit welcher diese Frau ihre Aufgabe durchdrang, und deren Gefährlichkeit trat so lebhaft an ihn heran, daß er in den unwillkürlichen Ruf ausbrach: Madame, Sie haben den Teufel im Leibe!

Bitte, Herr Baron, lautete die bescheidene Entgegnung, ich habe blos ein wenig Gehirn im Kopfe.

Als hierauf die Dame ihren Plan in seiner ganzen Ausdehnung entfaltete, staunte der Baron sie wortlos an und stammelte:

Das hab' ich nicht erwartet!

Ich will hoffen, daß ich hinter Ihren Erwartungen nicht zurückgeblieben bin?

Sie haben sie überflügelt, weit überflügelt. Zum Teufel, woher haben Sie das alles genommen? Wie kommen Sie auf diese Ideen?

Das Bewußtsein, mit Ihnen, Herr Baron, verbündet zu sein, hat mich begeistert.

Herr Christof verdrehte die Augen.

Sie werden mir das Zeugniß geben, fuhr die Mutter Lori's fort, daß ich es verstehe, als Freundin nützlich zu sein, ich läugne aber auch nicht, daß ich im Gegentheil als Feindin eben so schädlich werden kann.

Diese Vorstellung war es gerade, welche den Baron schon vorhin, noch ehe sie gemacht wurde, erschreckte und jetzt noch lebhafter beunruhigte.

Die Lichtfall glaubte ihn besänftigen zu müssen: Deshalb zweifle ich nicht, daß wir ununterbrochen gute Freunde bleiben!

Das werden wir gewiß, zuverlässig!

Frau Lichtfall diktirte ihrem Verbündeten die Billets in die Feder und dieser ließ sie zur Post besorgen, um keine Mittelsperson zu benöthigen, mußte Herr Christof die qoste restante eingehenden Antworten Alpenheims selbst abholen.

Auf diese Weise war die Durchführung des Lichtfall'schen Planes bis zu dem Punkte, wo wir angelangt sind, vorgerückt.

Die Mitwirkung Lori's war dabei in so ferne von Einfluß, daß man durch sie im Voraus avisirt wurde, welches Theater die Baronin besuchen werde u. s. w., daher man Alpenheim dahin dirigiren oder wie er sich ausdrückte, beordern konnte.

Ehe wir zur Darstellung des Rendezvous im Fiaker und der damit verknüpften Ereignisse übergehen, müssen wir der Vorgänge im Palais der Baronin erwähnen, die sich inzwischen zutrugen.

Zweiundzwanzigstes Kapitel.

Klarisse von Weinfelden besaß keine Ahnung von der Intrigue, die außer ihrem Hause in ihrem Namen gespielt wurde.

Eines Vormittags fand sich ihr Anwalt bei ihr ein.

Gnädige Frau, ich komme wegen des bewußten Dokumentes, ich will aus Gefälligkeit für Sie die Abschrift in Ihrem Zimmer persönlich besorgen und dann deren Legalisirung veranlassen.

Klarisse dankte ihm für die Aufopferung und öffnete den Sekretär, um das Dokument aus dem Schriftpacket heraus zunehmen.

Alles lag in der gewohnten Ordnung, bis auf das Dokument.

Die Baronin wurde betroffen, suchte mit immer sich mehrender Hast und Aengstlichkeit, umsonst, das Dokument war nicht zu finden.

Der Advokat schaute die Dame und sie wieder ihn an.

Lieber Doktor, ich kann mir wahrhaftig nicht erklären...

Gnädige Frau, ich bin erschreckt...

Ich entsinne mich, daß Sie, als Sie das letzte Mal bei mir gewesen waren, mehrere Schriftstücke mitnahmen; das Dokument muß sich zuverlässig darunter befinden.

Der Anwalt setzte diese Vermuthung in Abrede, indem er erklärt, jene Schriftstücke bei seiner Nachhausekunft durchgelesen zu haben.

Das kann nicht sein, Sie haben es übersehen, das Dokument muß sich bei Ihnen befinden.

Der Advokat protestirte dagegen.

Dann haben Sie es vielleicht im Wagen liegen lassen oder sonst wo verloren.

Ich bitt' um Vergebung, gnädige Frau, ich protestire ein für allemal, daß ich das Dokument überhaupt mitgenommen habe.

Wohin ist es also gekommen?

Man hat es Ihnen entwendet.

Dagegen protestire ich, Herr Doktor. Der Schlüssel zu diesem Sekretär kam nicht aus meinen Händen, ferner gebe ich Ihnen wohl zu bedenken, daß in ganz Wien außer Ihnen und mir kein Mensch von der Existenz dieses Dokumentes etwas weiß. Da ich nun Alles in der Ordnung fand, bis auf dieses einzige Schriftstück, so mußte es blos darauf abgesehen gewesen sein, wie kann man aber das annehmen, da die Existenz desselben ein Geheimniß ist.

Schweidler konnte die Logik der Baronin nicht bestreiten, blieb aber nichtsdestoweniger bei seiner Annahme, da er sich das Abhandenkommen des Schriftstückes nicht anders zu erklären vermochte.

In dieser peinlichen Situation erwachte eine Idee in Klarissen.

Sie waren neulich beim Doktor Ruff?

Es geschah in Ihrem Auftrage, gnädige Frau.

Haben Sie ihm Etwas verrathen?

Keine Sylbe.

Ich entsinne mich, daß Sie ihn Ihren persönlichen Freund nannten.

Gnädige Frau, rief der Anwalt betroffen, Sie werden doch mich nicht mit einem unwürdigen Verdachte belasten?

Die Baronin antwortete nicht, denn in ihrem Innern wollte sich in der That ein Mißtrauen ähnlicher Art zu regen beginnen.

Ihr Stillschweigen verletzte den Advokaten, doch besaß er Geist genug, in einer so heiklichen Situation seine Empfindlichkeit nicht hervortreten zu lassen, was unfehlbar nur zu seinem Nachtheile gedeutet worden wäre.

Er sagte daher mit aller Würde, die ihm zu Gebote stand:

Gnädige Frau, ich verpfände Ihnen meine Ehre und damit meine ganze Stellung, daß von meiner Seite nichts gesprochen und nichts gethan wurde, was Ihre Interessen nur im Entferntesten benachtheiligen könnte. Gleichviel, ob Sie mir Ihr Vertrauen entziehen oder nicht, ich betrachte es für einen Ehrenpunkt, der That, die hier begangen wurde, auf die Spur zu kommen.

Wie wollen Sie das beginnen? Wenn das Schriftstück, wie Sie behaupten, entwendet wurde, dann hat man sich auch zuverlässig beeilt, es zu vernichten.

Mir genügt, zu konstatiren, daß es gestohlen wurde —

Aber mir, lieber Doktor, genügt das nicht, ich benöthige das Dokument. Lassen wir jede Empfindlichkeit bei Seite, ich erkläre, daß ich Ihnen mein Vertrauen nicht entziehe, und berathen wir, was in der Lage, worin wir uns befinden, zu thun ist?

Das wollen wir, gnädige Frau, und zwar so leise wie möglich.

Nun begann zwischen dem Anwalt und seiner Klientin eine lange Verhandlung, deren Resultat war, daß die Baronin über diese Angelegenheit das tiefste Schweigen zu beobachten versprach, daß sie weiter zusagte, auf die Dienerschaft im Hause, ohne daß es auffiel, ein aufmerksames Auge zu richten.

Klarisse begleitete den Doktor bis zu dem Haupteingange im großen Salon, affektirte eine unbefangene, freundliche Miene, um den Schein, daß sie die Entwendung bereits entdeckt, zu beseitigen, was ihr auch vollkommen gelang.

Mehrere Tage vergingen, im Palais ging Alles seinen gewöhnlichen Lauf, es fiel nicht das Mindeste vor, was einen Verdacht gegen Lori hätte wecken können.

Eines Nachmittags trat das Stubenmädchen zu der Gebieterin in's Gemach.

Gnädige Frau, ich bin von der Modistin zurückgekehrt.

Haben Sie Alles besorgt?

Zu dienen gnädige Frau.

Sie sind etwas lange ausgeblieben.

Ich bekenne mich schuldig, gnädige Frau, und bitte um Vergebung. Ich war in der Kirche und habe einem traurigen Taufakte beigewohnt.

Wie kommen Sie dazu?

Ich befand mich bereits auf dem Heimwege und wollte eben an der Kirche vorüber, als eine Frau zu Fuße daher kam, welche, wie ich gleich erkannte, einen Säugling zur Taufe trug.

Der Anblick hatte etwas Ergreifendes, denn die Frau weinte, und die Hüllen, welche den Säugling bedeckten, sahen sehr armselig aus.

Wem gehört das Kind? frug ich die Frau.

Einer blutarmen Schusterin, lautete die Antwort; sie ist so arm, daß wir nicht einmal eine Taufpathin auftreiben konnten, es blieb mir daher nichts übrig, als selbst die Christenpflicht zu üben, ich bin nämlich die Hebamme. Von dem Elende, welches in dieser Familie herrscht, kann man nur einen Begriff bekommen, wenn man es mit eigenen Augen sieht!

So die Hebamme. Ich begehrte die Adresse der armen Familie, konnte mich aber nicht enthalten, dem Taufakte beizuwohnen.

Warum haben Sie nicht in meinem Namen Pathenstelle vertreten?

Ich dachte wohl daran, gnädige Frau, doch ich wagte nicht eigenmächtig und ohne Auftrag zu handeln.

Wir wollen den Nothleidenden ein wenig unter die Arme greifen. Holen Sie Müller herbei.

Sehr wohl, gnädige Frau, hier ist die Adresse der armen Familie, wie sie mir von der Hebamme angegeben wurde; ich war der Meinung, gnädige Frau würden vielleicht selbst —

Sie haben Recht, ich will selbst hinfahren, Müller ist ängstlich und überschreitet nicht die Vollmachten, was wahrscheinlich in diesem Falle angezeigt sein dürfte.

Um welche Stunde wünschen Sie, gnädige Frau, sich dahin zu begeben?

Um sechs Uhr. Besorgen Sie einen Fiaker, ich will nicht erkannt sein. Die Adresse geben Sie dem Kutscher, damit er weiß, wohin er zu fahren habe.

Die Baronin ließ sich bei dergleichen Gelegenheiten niemals begleiten, daher fuhr sie auch heute allein aus.

Lori besorgte einen Fiaker, welcher um die sechste Stunde unweit vom Palais warten mußte.

Klarisse verließ unbegleitet das Haus, bestieg die Kutsche und fort ging es der Adresse nach.

In einem Hause, wo Ordnung und Pünktlichkeit herrschten, wo die Gewohnheiten stabil sind, fällt nichts auf, so lange Alles im üblichen Geleise sich bewegt, und wer damit vertraut ist, kann, sei es zu guten oder zu schlimmen Zwecken, Pläne darauf bauen.

Nach ungefähr einer Stunde kehrte Klarisse zurück.

Sie war echauffirt und ärgerlich.

Lori mußte schleunigst herbei und wurde mit harter Anrede empfangen.

Die Entrüstung der Gebieterin war eine sehr gerechtfertigte.

Sie hatte nach Angabe der Adresse das Haus, wo die arme Schusterfamilie wohnen sollte, gesucht und nicht gefunden.

Sie durchschritt die ganze Straße, die betreffende Hausnummer war nicht zu erblicken.

Die Baronin, in der Gewißheit, daß hier entweder ein Irrthum oder eine Böswilligkeit obwalte, kehrte also nach Hause zurück und stellte Lori zur Rede.

Das Stubenmädchen zeigte sich verwundert, gekränkt, betheuerte, sich keiner Unwahrheit schuldig gemacht zu haben, und hielt dabei die wieder von der Gebieterin überkommene Adresse in den zitternden Händen.

Plötzlich stieß sie einen Schrei aus, sank der Dame zu Füßen, schluchzte, weinte und bekannte sich schuldig.

Sie hatte sich geirrt, jetzt entsann sie sich, daß sie unbegreiflicher Weise die Straßen verwechselte, die Hebamme hatte nicht die Adlergasse angegeben, sondern die Nadlergasse.

Die Baronin ließ sogleich den alten Müller herbeirufen und befahl ihm, die Familie nach der neu angegebenen Adresse aufzusuchen und über sie Erkundigungen einzuziehen.

Das Ergebniß war ein vollkommen befriedigendes, in soweit es sich um die Bestätigung der Angaben handelte, welche Lori gemacht hatte.

Zur Aufklärung des Lesers sei bemerkt, daß Alles, wie das Stubenmädchen erzählte, sich wirklich ergab; ihr Verdienst bestand blos darin, daß sie die Gelegenheit in einer Weise zu lenken und auszubeuten verstand, daß sie zu einem Bestandtheile des Planes wurde, welchen ihre Mutter entworfen hatte und in den Lori eingeweiht worden war.

Klarisse erblickte in der Verwechslung der Straßen einen Irrthum, dem am Ende jedes Menschenkind ausgesetzt ist, und dachte in der Güte ihres Herzens nicht daran, der Dienerin zu zürnen, um so weniger, da sich Alles ihren Angaben gemäß erwiesen hatte.

Der Abend endigte ruhiger als er begonnen.

Die Baronin machte ihre Toilette zum Schlafengehen, Lori war ihr wie immer dabei behilflich.

Die Dame hatte sich zur Inkognito-Fahrt eines einfachen schwarzen Kleides bedient, welches sie jedesmal bei solchen Gelegenheiten anzog.

Das Stubenmädchen trug wie immer das abgelegte Kleid in das angrenzende Kabinet, wo sich die Garderobekästen befanden; als sie zurückkam, meldete sie, daß sie beim Aufhängen des Kleides an der rechten Seite unter der Taille einen weiten Riß entdeckt habe.

Das muß beim Ein- oder Aussteigen am Wagen geschehen sein, gab die Baronin zur Antwort, es wundert mich nur, daß ich im Momente, als es geschah, es nicht fühlte, der Stoff ist doch dicht!

Die Sache erschien jedoch der Baronin zu unbedeutend, um auch nur Ein Wort darob zu verlieren oder weiter darüber nachzudenken.

Wer hätte auch denken sollen, daß die dem Anscheine nach so unbedeutenden Ereignisse im Zusammenhange mit anderen nicht minder schlau angelegten Begebenheiten ein Gewicht erhalten würden, welches zum Nachtheile der Baronin schwer in die Wagschale fiel.

Man höre, was sich an jenem Abende ferner zutrug.

―――――――――
―――――――――

Lori hatte, wie man sich erinnern wird, den Auftrag erhalten, einen Fiaker zu besorgen.

Sie begab sich zu dem nächsten Standorte dieser Miethwagen und sagte:

Ich bin das Stubenmädchen der Baronesse von Weinfelden, nach sechs Uhr wünscht die Gnädige auszufahren.

Der Fiaker versprach natürlich um die bestimmte Zeit vor dem Palais zu warten.

Damit begnügte sich jedoch das vorsichtige Mädchen nicht. Sie eilte nach einem zweiten Aufstellungsplatze und besorgte einen zweiten Wagen, der vor sechs Uhr unweit vom Hotel Weinfelden halten sollte.

Dieser letztere war für die Baronin bestimmt, welche pünktlich vom Hause abfuhr.

Ungefähr eine Viertelstunde später kam der zuerst bestellte Fiaker, fand am Thore des Hotel Weinfelden eine schwarz gekleidete, tief verschleierte Dame, die dem Fiaker flüchtig eine Straße und Hausnummer bezeichnete, den Wagenschlag sich selbst öffnete und einstieg.

Der Wagen fuhr fort.

Da, wie man sich erinnern wird, die Thorhalle des Palais inwendig durch eine Querwand, halb Holz, halb Glas, geschlossen war, und der Thürsteher, weil die Gebieterin eben abwesend war, in seinem Zimmer weilte, so wurde von dieser ganzen Szene im Palais nichts wahrgenommen, und der letztere Fiaker glaubte in der am Thore harrenden Dame die Baronin aufzunehmen.

Man vergesse nicht, daß zu dieser Jahreszeit um diese Stunde die Gasflammen bereits ihre Schuldigkeit thun, und daß es, wo es Licht gibt, auch Schatten geben muß, und daß gewisse Leute sich oft absichtlich in Schatten stellen, um dann um so glänzender strahlen zu können.

Der Fiaker mit der tief verschleierten Dame fuhr nach der ihm genannten Straße und hielt vor dem angegebenen Hause.

Hier harrte unter dem Thore ein Herr und dieser Herr war Baron Alpenheim.

Ein Paar Zeilen, durch eine unbekannte Person ihm eingehändiget, forderten ihn auf, die Ankunft der Baronin zwischen sechs und sieben Uhr an seinem Hausthore abzuwarten, dem Kutscher die Weisung zu geben gegen Weinhaus zu fahren und dann einzusteigen.

Der Baron, in einer fieberhaften Spannung, wartete, der Fiaker langte an, Alpenheim befolgte die erhaltene Weisung und befand sich an der Seite der Dame.

Der Wagen setzte sich in Bewegung.

Alpenheim ergriff die Hand der Dame, führte sie an seine Lippen und sagte:

Ach, gnädige Frau, woher soll ich Worte nehmen, das Glück, welches Sie mir heute bereiten, auszudrücken?

Der Baron fühlte seine Hand leise gedrückt und hörte die Worte lispeln:

Ruhig, Baron, wir sprechen bis wir vor der Stadt sind.

Still wurde er nun wohl, aber ruhig nicht.

Wer hätte auch die Kraft besessen in einer solchen Situation den Schlägen seines Herzens zu gebieten, den Sturm seiner Gefühle zu moderiren?

In dieser an paradiesischen Hoffnungen reichen Viertelstunde vergaß Alpenheim das Kolonisiren, Attachiren und Exiliren.

Ja noch mehr, sogar der Zwicker erfreute sich einer nie gewohnten Sabbathruhe an dem elastischen Schnürchen.

Der Baron versuchte durch's Fenster zu spähen, ob man die Stadt bald hinter dem Rücken haben würde, allein die Glasscheiben waren getrübt.

Der warme Odem der im Wagen Sitzenden überhauchte die Wagenfenster, und Alpenheim hatte seine guten Gründe, den feuchten Schleier nicht zu beseitigen.

Auf einmal hält der Wagen.

Warum? Was ist geschehen?

Ein zweiter Fiaker ist diesem von dem Hause, wo der Baron einstieg, nachgefolgt, war ihm jetzt vorgefahren und verlegte ihm absichtlich die Straße.

Beide Wagen mußten also halten.

Aus dem zweiten Gefährte war ein Herr gesprungen, stürzte herbei, riß den Wagenschlag, wo Alpenheim und die verschleierte Dame saßen, auf, und rief:

Heraus, Madame, jetzt sind Sie überwiesen!

Alpenheim erzitterte, er erkannte die Stimme des Barons Franz von Weinfelden!

Die Dame kreischte: Heiliger Gott, wir sind verrathen! und ließ sich aus dem Wagen reißen.

Auch Sie, mein Herr, werden mir Rechenschaft geben, rief Weinfelden zu dem Kolonisirer, suchen Sie nicht sich im Dunkel des Wagens zu verbergen, ich kenne Sie, denn ich verfolge Sie von Ihrer Wohnung aus, wo Sie zu meiner Frau in den Wagen stiegen.

Merkwürdig, der Baron, welcher immer schrie, wenn er blos reden sollte, war jetzt ganz kleinlaut, wo er hätte schreien sollen.

Die beiden Fiaker waren Zeugen dieser interessanten Szene, deren Entwicklung sie, ohne die Sitze zu verlassen, mit großem Interesse verfolgten.

Während Weinfelden mit Alpenheim zu thun hatte, entschlüpfte die verschleierte Dame und entfloh im Dunkel der Nacht.

Die Fiaker sahen es wohl, sie schwiegen aber, sei es, daß sie dem Wiener Lieblingssatze: „Ich mag mich nicht scheeren!" huldigten, oder daß sie aus Theilnahme, welche gewöhnlich schwache Frauen einflößen, die Flucht ignorirten.

Die ganze Szene dauerte nur eine halbe Minute.

Nachdem Alpenheim den Wagen verlassen hatte, rief Weinfelden:

Wo ist meine Frau?

Sie war fort.

Er gab sich keine Mühe sie zu verfolgen.

Sie ist überwiesen, ich werde sie schon zu finden wissen, jetzt zur Polizei!

Alpenheim erhob Einsprache.

Weinfelden versetzte:

Mir genügt einstweilen die Zeugenschaft der beiden Fiaker; was Sie betrifft, so wird man auch Sie zu finden wissen!

Weinfelden warf sich in den Wagen, dessen sich die Dame bedient hatte, und fuhr, von dem andern Gefährte gefolgt, zur Polizei.

Alpenheim genoß das Vergnügen allein und zu Fuße nach der Stadt zurückzukehren.

———

Baron Franz von Weinfelden ließ in der That ein behördliches Protokoll aufnehmen.

Wir rekapituliren der Wichtigkeit halber blos die Aussage des einen Fiakers.

Nachmittags kam das Stubenmädchen der Baronin Weinfelden und bestellte ihn zu einer Fahrt für die Gnädige. Nach sechs Uhr hielt er vor dem Palais der Dame. Sie wartete bereits, stieg ein und er fuhr nach einer von ihr angegebenen Straße, wo ein Herr zu ihr in den Wagen stieg. Nun sollte es gegen Weinhaus gehen.

Außerhalb der Linie ereignete sich die Szene.

Die Dame war verschleiert.

Die Kleidung, welche sie trug, wurde angegeben.

Noch mehr, Baron Weinfelden gab zu Protokoll, er habe seiner Frau, als er sie aus dem Wagen zerrte, das Kleid zerrissen, und zwar, da sie rechts im Wagen saß und er sie an dieser Seite faßte, mußte der Riß rechts unterhalb der Taille sich befinden.

Am andern Tage ließen die Brüder Weinfelden ihren Advokaten holen und setzten ihn von dem Ereigniß des vorhergehenden Abends in Kenntniß; diese Thatsache, verbunden mit dem unter verdächtigem Dunkel angenommenen Kinde, reichte hin, um die Dame des Ehebruches anzuklagen.

Doktor Ruff hörte seinen Klienten mit Ruhe an und sagte am Ende:

Ich werde mir in die Aussage der beiden Fiaker Einsicht verschaffen. Unsere Klage wird veranlassen, daß auch mit dem Baron Alpenheim und der Frau Gemalin ein Protokoll aufgenommen werden wird, in jedem Falle haben wir durch den Vorfall eine gute Grundlage gewonnen.

Klarisse, als sie von dem Gerichte eine Vorladung erhielt, konnte nichts anderes denken, als daß es in Angelegenheit ihres Prozesses geschehe, da sie aber den Gerichten ihren Anwalt bereits namhaft gemacht hatte, so wunderte es sie, daß man sie mit der Vorladung behelligte.

Sie leistete indessen Folge.

Zu ihrer großen Verwunderung wurde sie aber nicht über die Art und Weise vernommen, wie der kleine Edmund in ihr Haus kam, sondern über die Ereignisse jenes Abends — das Datum war angegeben — wo sie, wie sie sich entsann, die arme Schustersfrau in der Adlergasse statt in der Nablergasse gesucht hatte.

Klarisse, aufgefordert genau und detaillirt zu erzählen, wie sie jenen Abend zugebracht, that dies getreu und wahrheitsgemäß.

Es versteht sich von selbst, daß diese Angaben mit jenen der Brüder Weinfelden und den Aussagen der beiden Fiaker gar keine Aehnlichkeit hatten.

Gnädige Frau, ich muß Sie ersuchen die Wahrheit anzugeben, denn es liegen durch Zeugenaussagen bekräftigte Protokolle vor, welche ganz anders lauten.

Die Baronin erwiederte:

Ich kann, was ich behaupte, durch einen Eid bekräftigen.

Sie sind die Angeklagte, und diesen werden keine Eide abgenommen.

Dann werde ich Zeugen stellen!

Das wird sehr nothwendig sein, denn Sie erscheinen durch die Ereignisse jenes Abends in hohem Grade kompromittirt.

Womit, wenn ich bitten darf?

Kennen Sie den Baron Alpenheim?

Blos vom Sehen aus. Ich traf ihn in Gesellschaften, sah ihn in den Theatern u. s. w.

Haben Sie mit ihm nie in näherer Beziehung gestanden?

Niemals.

Sie bauen vielleicht darauf, daß Sie an jenem Abende verschleiert gewesen und Ihr Gemal es verabsäumte, den Schleier zu beseitigen —

Von welchem Abende sprechen Sie, mein Herr?

Von jenem Abende, wo Ihr Gemal Sie mit dem Baron Alpenheim im Fiaker antraf.

Mein Herr —

Hier ist nicht der Ort empfindlich zu sein, Sie werden doch nicht in Abrede stellen, daß Sie durch Ihr Stubenmädchen an jenem Nachmittage einen Fiaker bestellen ließen?

Das gebe ich zu.

Daß der Fiaker vor Ihrem Hausthore Sie aufnahm?

Auch das ist wahr.

Daß Sie ganz schwarz gekleidet und verschleiert in den Wagen stiegen?

Das Alles ist richtig.

Ferner, daß Sie zur Wohnung des Baron Alpenheim fuhren und ihn, der bereits am Thore wartete, zu sich in den Wagen steigen ließen —

Halt, mein Herr, das ist nicht wahr. Ich fuhr in jenem Fiaker ganz allein nach der Adlergasse —

Gegenüber dieser Entschiedenheit der Baronin mußte man ihr die Protokolle der Fiaker und ihres Gatten vorlesen.

Klarissens Augen erweiterten sich von Sekunde zu Sekunde.

Mein Gott, rief sie, den Beamten unterbrechend, das ist ja eine förmliche Verschwörung gegen mich!

Es ist Ihre Aufgabe, gnädige Frau, zu beweisen, daß es eben eine Verschwörung ist, dann wird man wissen, was man zu thun hat.

Klarisse berief sich auf ihre Dienerschaft; diese wurde zur Zeugenaussage vorgeladen.

Zum größten Leidwesen der Baronin war ihr Advokat abwesend, er war, und zwar in ihrer Angelegenheit, verreist; zu welchem Zwecke, wird der Leser später hören; sie blieb daher momentan auf sich selbst beschränkt.

Lori, der alte Müller, der Portier u. s. w. wurden vernommen.

Jedes sprach die Wahrheit, bis auf Lori.

Sie verschwieg, daß sie zwei Fiaker gemiethet hatte, sie verschwieg, daß der letztere für ihre Mutter bestimmt war, welche gegenüber Alpenheim die Rolle der Baronin spielte.

Daß die Brüder Weinfelden, in die Komödie eingeweiht, mitwirkten, braucht nicht erst erwähnt zu werden.

Nach der eigenen Aussage der Baronin war sie eine Stunde lang vom Hause abwesend geblieben.

Wo befand sie sich während dieser Zeit?

Sie hatte, wie sie sagte, in der Adlergasse eine Hausnummer gesucht, die sie nicht fand.

Sie frug mehrere Leute auf der Straße, wer waren diese Leute? Das wußte sie nicht.

Der alte Müller erklärte zwar, daß er nach der Nachhausekunft der Gebieterin mit der rectificirten Adresse zur armen Schustersfrau gesendet worden sei und sie wirklich gefunden habe, ein Umstand, welcher der Baronin sehr zu Gute kam, allein wie leicht wog dieser gegenüber der Aussage Lori's, den Riß im Kleide betreffend, welche Angabe auch von Klarisse bestätiget wurde.

Als man die Baronin darauf aufmerksam machte, daß auch ihr Gatte unmittelbar nach dem Ereignisse diesen Umstand zu Protokoll gegeben hatte, begann es ihr vor dem Räthsel zu schwindeln, sie stand verblüfft vor einem Mysterium, welches zu durchdringen ihr unmöglich dünkte.

Noch gab sie die Hoffnung, das Dunkel zu lichten, nicht auf.

Sie verlangte, mit dem Fiaker, welcher die Ereignisse jenes Abends zu Protokoll gegeben hatte, konfrontirt zu werden.

Der Mann erschien und wiederholte seine Aussage.

Die Baronin entgegnete:

Wenn die Aussage dieses Mannes wahr ist, dann bin ich mit einem Anderen gefahren.

Welche Nummer trug sein Wagen?

Ich dachte nicht daran, mir die Wagen-Nummer nur anzusehen, viel weniger sie mir zu merken.

Wie sah der Kutscher aus?

Es fiel mir nicht ein, ihn genau anzusehen. Es war Nacht, er war in einen Mantel gehüllt.

Im Winter tragen alle Fiaker Mäntel.

Uebrigens da Lori den Wagen, und zwar am Tage bestellt hat, so wird sie wissen, ob dieser es war, mit dem sie sprach.

Lori und der Fiaker wurden im Beisein der Baronin konfrontirt.

Beide erkannten sich, Beider Aussagen lauteten dahin, daß er die Baronin geführt habe.

Nun kam noch eine Hauptperson zu vernehmen — Baron Alpenheim.

Als der Baron von Seite des Gerichtes die Vorladung erhielt, erachtete er es für nöthig, sich bei einem Advokaten Rathes zu erholen.

Der in's Vertrauen gezogene Rechtsfreund schüttelte den Kopf und sagte:

Herr Baron, Sie befinden sich in jedem Falle in einer unangenehmen Situation. Wenn wir das, was der beleidigte Gatte noch ferner zu thun im Stande sein wird, ganz bei Seite lassen und uns nur an der Rechtsfrage halten, so wird der Umstand, daß die erste Veranlassung zu dem Verhältnisse von Seite der Baronin ausging, Ihnen sehr zu Gute kommen, peinlich bleibt aber die Situation immer, da Sie eine Dame, für welche Sie sich interessiren, kompromittiren müssen.

Bester Herr Doktor, schrie Alpenheim, das eben ist's ja, was ich vermeiden möchte, und darum erbitte ich mir Ihren Rath.

Der Advokat dachte ein wenig nach, dann sagte er:

Ich will Ihnen den meines Erachtens besten Rath geben, der sich in dieser Angelegenheit im Moment ertheilen läßt. Gehen Sie zur Baronin. Jetzt, da das Geheimniß des Verhältnisses enthüllt ist, wird sie keinen Anstand nehmen, Sie zu empfangen. Sprechen Sie mit ihr und fragen Sie, in wie weit sie geschont zu werden wünsche. Frauen wissen aus dergleichen Fällen oft in erstaunlicher Weise sich los zu machen, vielleicht hat die Baronin eine Wendung in petto, setzen Sie sich mit ihr in's Einverständniß.

Alpenheim fand den Rath zweckmäßig, dankte, drückte seinen Zwicker in's Auge und rannte fort.

Dreiundzwanzigstes Kapitel.

Im Palais Weinfelden herrschte eine düstere Schweigsamkeit.

Mißtrauen der gesammten Dienerschaft gegen einander, der Gebieterin gegen ihre Umgebung griff Platz.

Klarisse verkehrte nur noch mit Barbara und dem alten Müller; der letztere war es, welchen sie in die Angelegenheit einweihte und mit dem sie oft und lange über die Sache sprach.

Die ganze Affaire, von dem verschwundenen Dokumente angefangen bis zum jetzigen Momente in's Auge gefaßt, ließ keinen Zweifel mehr übrig, daß von Seite der Gegner eine förmliche Intrigue erfunden und mit Hilfe einer Person, die sich in der Umgebung der Baronin befinden mußte, durchgeführt worden war.

Welche aber war diese Person?

Der alte Müller zögerte keinen Augenblick, seinen Verdacht auf Lori zu werfen.

Seit dieses Mädchen in's Haus kam, ist das Alles vorgegangen! das war das einzige Motiv, womit er seinen Verdacht unterstützte.

Das Benehmen Lori's war so schlau berechnet, daß man in der That nichts anderes gegen sie vorbringen konnte.

Sie ging nur aus im Auftrage der Gebieterin, sie empfing keine Besuche, sie war immer fleißig, immer munter und war nie auf einer Unwahrheit ertappt worden.

Der Irrthum mit der Adler- und Nadlergasse mußte sich als solcher herausstellen, da Müller sich überzeugt hatte, daß alle Angaben bezüglich der armen Schustersgattin richtig waren und nur die, wenn auch in ihren Folgen unselige, doch immerhin leicht mögliche Verwechslung der beiden fast gleichlautenden Straßen an dem ganzen Ungemach Schuld trug.

Der Verdacht, obgleich nicht durch Gründe bestärkt, richtete sich vornehmlich gegen das neue Stubenmädchen; man hütete sich jedoch, ihn erkennen zu lassen und es war ein kluger Entschluß von Seite Klarissens, daß sie unter ihrer Umgebung nicht nur keinerlei Veränderung vornahm, sondern sogar sämmtliche Hausgenossen versammelte und ihnen erklärte, daß sie nach dem, was vorgefallen, Niemanden in so lange des Dienstes entlassen könne, bis nicht das Räthsel jenes Abendes gelöst sein werde.

Die Dienerschaft, deren Vertrauenswürdigkeit bei der Sache ins Mitleid gezogen war, erklärte sich natürlich damit einverstanden.

So standen die Dinge, als Baron Alpenheim im Hotel erschien und vorgelassen zu werden bat.

Die Art, wie der Baron in der Affaire betheiligt war, machte es der Dame wünschenswerth, auch seine Angaben zu erfahren.

Sie nahm daher den Besuch an, jedoch im Beisein des alten Müller.

Alpenheim, nach vorausgegangener Begrüßung erbat sich eine Unterredung unter vier Augen.

Die Baronin schlug dies rundweg ab und ersuchte den Herrn die Gegenwart ihres Vertrauten, der in alle ihre Geheimnisse eingeweiht sei, nicht zu scheuen.

Alpenheim zukte die Achseln und erwiederte:

Da gnädige Frau es wünschen, so bedarf es meinerseits keiner weiteren Bedenklichkeiten, und ich kann offen sprechen.

Thun Sie das, Herr Baron.

Ich habe eine Vorladung zu Gericht erhalten.

Ich finde das in der Ordnung.

Ich befinde mich in einer peinlichen Verlegenheit...

Warum das, Herr Baron?

Weil es mir nach dem Vorausgegangenen schwer fällt...

Sie erlauben, Herr Baron, daß ich Sie unterbreche. Was ist denn eigentlich vorausgegangen?

Sie stellen diese Frage mit einem Tone, als ob Sie es in Wahrheit nicht wüßten.

Ich ersuche Sie, Herr Baron, anzunehmen, daß ich persönlich es wohl weiß, daß ich aber wünsche, Herr Müller, welcher sich gegenwärtig befindet, möge es aus Ihrem Munde erfahren.

Ah, nun verstehe ich. Gnädige Frau fragen mich, was jenem Abende vorausging? Darauf antworte ich: Ein Briefwechsel.

Ein Briefwechsel? Zwischen wem?

Zwischen mir und Ihnen!

Unerhört!

Gnädige Frau werden doch nicht in Abrede stellen, daß Sie mir Briefe schrieben?

Nie! Nicht eine Zeile schrieb ich an Sie!

Sie haben auch von mir keine Briefe empfangen?

Nicht einen einzigen.

Sonderbar. Sie werden am Ende auch in Abrede stellen, daß Sie, nachdem Sie mir es im Voraus brieflich angezeigt haben, mehrere Male mir zu Liebe im Theater erschienen.

Klarisse stand an der Schwelle eines neuen Räthsels.

Herr Baron... Sie sprechen Hieroglyphen... ich begreife es nicht...

Gnädige Frau, muß ich Sie auch daran erinnern, daß Sie mich zu dem Tete-a-Tete im Wagen brieflich einluden?

Unverschämt! Und die Briefe, wo sind sie? Sie werden, wahrscheinlich vorgeben, Sie hätten sie verbrannt?

Im Gegentheile, gnädige Frau, ich besitze sie alle noch, ich trage sie an meinem Herzen.

Lassen Sie Ihr Herz aus dem Spiele, wo sind die Briefe. Ich bekenne Ihnen, Herr Baron, ich hielt Sie bis jetzt für ein Werkzeug meines Gatten, wenn Sie aber die Briefe wirklich besitzen, dann scheinen Sie kein Betrüger zu sein, blos ein Betrogener.

Ich, betrogen? Gnädige Frau, soll das der Lohn für meine glühenden Gefühle sein?

Herr Baron suchen Sie den Lohn für Ihre glühenden Gefühle, wo es Ihnen beliebt, nur bei mir nicht. Lassen Sie mich die Briefe sehen.

Gnädige Frau, die Art und Weise, wie Sie mit mir jetzt zu verfahren belieben, flößt mir Vertrauen ein. Die Briefe sind meine Rechtfertigung, ich bedauere daher, sie hier nicht produziren zu können. Vor Gericht werde ich es thun, jedoch nur mit Ihrer ausdrücklichen Einwilligung.

Ich bitte Sie, es ja nicht zu unterlassen, ich werde sogar darauf bestehen, vielleicht gewinne ich durch sie einiges Licht in dieser verzweifelten Angelegenheit.

Der Eifer und die Zuversicht Klarissens erschienen dem Baron doch ein wenig auffallend, der Gedanke, daß man sich mit ihm eine Mystifikation erlaubt habe, tauchte jetzt zum ersten Male in ihm auf.

Er bedachte sich eine Weile und sagte dann: Gnädige Frau, wollen Sie die Gewogenheit haben, mir Ihre Handschrift zu zeigen, ich will dafür Sie die Briefe sehen lassen.

Klarisse war dazu bereit.

Der Vergleich bot der Baronin und Müller eine neue Ueberraschung.

Alpenheim triumphirte im Stillen.

Die Schrift war hier und dort die nämliche, die Nachahmung war eine täuschende.

Wenn noch ein Zweifel gewaltet hätte, daß die ganze Affaire eine der schändlichsten Intriguen sei, diese Briefe würden ihn vollends beseitiget haben.

Der Umstand, daß bei keinem der Briefe ein Name unterschrieben sei, fiel der Baronin sogleich auf.

Wie geriethen Sie auf die Vermuthung. fragte sie Alpenheim, daß die Briefe von mir herrühren.

Weil in einem der ersten, die ich empfing, von dem Prozeß mit Ihrem Gatten die Rede ist. Die Briefe sind so abgefaßt, daß Sie nur von Ihnen herrühren können.

Und ich sage Ihnen, mein Herr, man hat Sie mystifizirt, es wäre benn, daß auch Sie mit im Komplotte sind.

Ich bin nicht mit im Komplotte, gnädige Frau, ich stehe mit Ihren Gegnern in keinerlei Beziehung. Ich beschäftige mich mit großartigen Kolonisationsplänen in Ungarn und wäre bereits dahin abgereist, hätte mich nicht die Liebe zurückgehalten.

Ich bedauere Herr Baron, daß dem so ist, ich bin unschuldig daran.

Gnädige Frau erlauben mir also, von den Briefen Gebrauch zu machen?

Ich habe Ihnen meine Ansicht darüber bereits gesagt. Sie haben vollkommen freie Hand.

Alpenheim empfahl sich.

Die Unterredung mit der Baronin hatte ihm einigermaßen die Augen geöffnet.

Er gestand sich, aber nur sich und keinem Anderen, daß er höchst wahrscheinlich mystifizirt worden sei.

In Folge dieser gewonnenen Einsicht, kam bei ihm ein anderer Factor in's Spiel, die Eitelkeit.

Wenn es sich herausstellte, daß er wirklich getäuscht worden war, dann hatte er in der ganzen Affaire die einzige lächerliche Rolle gespielt und dazu sich zu bekennen, war er viel zu schwach.

Nach seinen Begriffen und seiner Anschauung war es weniger beschämend, vor den Augen der Welt, eines Verhältnisses mit einer vermählten Frau angeklagt zu werden, als in Folge einer Misfisikation lächerlich zu erscheinen.

Er beschloß daher, auf dem ersteren Standpunkte stehen zu bleiben und die Rolle eines ertappten Liebhabers der Baronin Weinfelden weiter beizubehalten.

Die Aussage Alpenheims vor Gericht war daher nicht geeignet die Sache der Baronin zu fördern.

So standen die Dinge, als Doktor Schweibler, der Anwalt Klarissens, von der Reise zurückkehrte.

Vierundzwanzigstes Kapitel.

Es wurde bereits erwähnt, daß der Advokat der Baronin eine Reise in Angelegenheiten seiner Klientin unternommen.

Wenn wir nicht irren, so haben wir auch bereits gesagt, daß diese Angelegenheit mit dem aus dem Sekretär der Baronin verschwundenen Dokumente in Beziehung stand.

Was enthielt jenes Dokument und welchen Zweck verfolgte die Reise des Anwalts?

Um diese Frage zu beantworten, ist eine Rückschau nothwendig; der Leser muß ein Ereigniß der Vergangenheit erfahren, welches zu erzählen nun an der Zeit ist.

— — —

Die Verbindung Klarissens mit Franz von Weinfelden war keine Heirat aus Neigung.

Die Vermögensverhältnisse des unbegüterten Freiherrn von Weinfelden waren sehr bescheiden, die Mitgift Klarissens dagegen eine sehr bedeutende.

Der junge Baron hielt um ihre Hand an, und in Folge des Zuredens und Drängens von Seite ihres damals noch lebenden Vaters fügte sich die reiche bürgerliche Erbin und wurde Baronin Weinfelden.

Klarisse betrat das Haus des Barons mit dem festen Vorsatze, ihren Pflichten als Gattin redlich nachzukommen, und sie wich von diesem Entschlusse keinen Momunt ab.

Die Ehe war keine unglückliche.

Die Heftigkeit des Barons, seine Leidenschaften wurden theils durch Rücksichten, theils durch Einwirkung seiner Gattin im Zaum gehalten.

Das Jahr 1848 ließ den Baron an der Bewegung Theil nehmen.

Er that es mit der ganzen Heftigkeit, die seinem Naturell eigen war, und er wurde von der Strömung mit= gerissen.

Klarisse ließ ihren Gatten gewähren, sie mißbilligte die Richtung nicht, welcher er sich anschloß, denn so wie die Mehrzahl, ahnte auch sie damals noch nicht, wie weit sie führen könne und werde.

Franz kompromittirte sich so stark, daß er Wien und das Vaterland verlassen mußte.

Seine Gattin, eingedenk der übernommenen Verpflich= tung, mit dem angetrauten Gatten Leid und Freud zu theilen, wollte ihn begleiten.

Da trat aber ihr Vater dazwischen und wußte es zu verhindern.

Er hob sein hohes Alter hervor, den Umstand, daß Klarisse sein einziges Kind sei, dazu die bewegte Zeit, kurz seine Gründe waren entscheidend, die junge Baronin blieb in Wien im Hause ihres Vaters.

Einige Versuche, die Amnestie des Gatten zu erwirken, blieben ohne Erfolg, man mußte sich daher begnügen, mit dem in London lebenden Flüchtling im brieflichen Verkehre zu bleiben und auf die Zukunft zu hoffen.

So vergingen mehrere Jahre, Klarisse lebte vermöge ihrer Stellung in der großen Welt, ohne daß ein Verdacht ihren Wandel befleckte, ohne daß eine üble Nachrede sich an ihre Reinheit wagte.

Die Sommermonate verbrachte sie in den Bädern.

Im Sommer 185*, zwei Jahre vor der Rückkehr ihres Gatten, befand sich die Baronin in Karlsbad.

Sie wohnte auf der sogenannten alten Wiese, in einem der hübschen Häuser, welche am linken Ufer des Teplflusses stehen.

Die Saison war sehr lebhaft, Kurgäste aus allen Weltgegenden bevölkerten das Städtchen.

Die Baronin fand manche Bekannte unter den alljährlich wiederkehrenden Kurgästen, welche in Badeorten regelmäßig wie die Schwalben fortziehen, wie die Schwalben kommen und wenn möglich wie die Schwalben wieder ihr altes Nest in Beschlag nehmen.

Als Gesellschafterin und gewissermaßen als Intendantin, Ehrendame u. s. w. nahm Klarisse jedes Jahr eine alte, würdige Frau von Wien mit, welche durch die Splendidität der Baronin die Wohlthat der Bäder und Brunnen genoß und ihr dafür ihre wortreiche Begleitung widmete.

Frau von Ruhberg war zur Reisegesellschafterin geboren, sie wußte viel und angehm zu plaudern, verstand es trotz ihres Alters sich umzuthun und alle Vorkommenheiten zu schlichten und zu bewältigen.

Eine Zofe wurde von Wien nicht mitgenommen, sondern jedesmal eine im Badeorte auf die Dauer der Saison requirirt.

So auch in dem genannten Jahre.

Frau von Ruhberg besaß die nicht zu schätzende Eigenschaft, keinen eigenen Willen zu haben, sondern sich stets der Baronin anzuschmiegen.

Es muß jedoch ausdrücklich bemerkt werden, daß sie mit ihrem Willen keineswegs auch auf ihre Ansichten verzichtete, diese machte sie geltend, aber auf eine so eigenthümliche Weise, daß sie nie den Ton einer Entgegnung, sondern immer den einer Uebereinstimmung trugen.

Wenn es zum Beispiel regnete und Klarisse sagte: Wie wär's, liebe Ruhberg, wenn wir das Wetter nicht scheuten und einen Spaziergang nach dem Kreuzberg machten? so erwiederte die Alte in ihrer gutmüthigen, freundlichen Weise: Thun wir das, Frau Baronin, wir werden zwar den Schnupfen bekommen, aber der ist bald geheilt. Man legt sich nieder, trinkt heiße Limonade mit Lindenblüthen und in drei Tagen verläßt man wieder das Krankenbett!

Der Spaziergang unterblieb.

Ein anderes Mal sprach Klarisse wieder: Gehen wir heute hinüber in's Theater, liebe Ruhberg?

Mit größtem Vergnügen, antwortet die allezeit Bereitwillige, der Abend ist zwar wunderhübsch und im Theater spielen sie ein langweiliges Stück, aber wir gehen doch hin, denn es wird leer, folglich hübsch kühl sein!

Es war natürlich, daß man nicht in's Theater ging.

Eines Tages spazierten beide Frauen in der gedeckten Kolonnade zwischen dem Mühl- und Neubrunnen.

Einige Herren und Damen, Bekannte Klarissens, verabredeten für den Nachmittag eine Partie nach dem Hirschensprung und luden auch diese zur Theilnahme ein.

Die Baronin sagte zu.

Ach, bemerkte Mittags die Ruhberg, ich freue mich außerordentlich auf den heutigen Ausflug, es wird zwar die sächsische Justizräthin mit der bösen Zunge von der Gesellschaft sein, und die wird nicht ermangeln, uns alles Erdenkliche nachzureden, wir werden uns aber nicht daran kehren.

Liebe Ruhberg, wir müssen gehen, ich habe zugesagt —

Ganz natürlich, ich freue mich wie ein Kind auf die Unterhaltung, der preußische Rittmeister wird auch dabei sein, der jede schöne Frau für eine Festung ansieht und wie eine solche behandelt, und der russische Fürst wird ebenfalls nicht fehlen; ach Gott, wenn ich nur nicht so alt wäre.

Klarisse ließ sie schwatzen.

Die Stunde kam, die Damen traten den Spazierweg an.

Die Gesellschaft, nachdem sie vollzählig geworden, schritt munter und laut konversirend vorwärts.

Die Heiterkeit erlitt eine Störung durch einen einfachen, aber ergreifenden Anblick, der vielleicht gerade durch den Kontrast, in dem er zu der Stimmung der heranrauschenden Gesellschaft stand, um so ätzender wirkte.

Unweit vom Wegrande, am Fuße eines Baumstammes, saß ein junges, augenscheinlich krankes Mädchen.

Bleich und abgezehrt, die weiße, hagere Hand an die linke Schläfe gedrückt, schaute sie mit einem schmerzlichen Blicke die Menschen an, welche sich des kostbarsten irdischen Gutes, der Gesundheit, erfreuten und die nicht wie sie mit Entbehrung zu ringen hatten.

Man brauchte dieses Mädchen, wie es jetzt da saß, nur anzusehen und eine ganze Jammergeschichte mußte selbst der trägsten Phantasie entspringen.

Die Gesellschaft gewahrte die Kranke in dem schlichten Kleide und verstummte.

Dergleichen Anblicke haben etwas von jenen Geister=
stimmen an sich, die oft, ohne daß wir wissen woher, mah=
nend an unser Ohr bringen.

Das arme Geschöpf!

Sie ist offenbar krank.

So jung und schon so herabgekommen.

Sie muß hübsch gewesen sein!

Ah, sie hat neben sich auf dem Rasen Etwas liegen.

Es ist ein Kind — ein schlummernder Säugling.

Wenn etwas im Stande war, den Eindruck der Szene noch tiefer zu machen, so war es dieser Umstand.

Klarisse faßte augenblicklich einen Entschluß.

Sie wendete sich an die Gesellschaft, appellirte an deren Wohlthätigkeit und veranstaltete auf der Stelle eine Samm= lung, die wie sich erwarten ließ, anständig ausfiel.

Frau Ruhberg erhielt den Betrag, um ihn der Armen einzuhändigen.

Dem Mädchen konnte das, was im Kreise der Vor= nehmen geschah, nicht entgehen.

Es seufzte, lächelte dankbar und nahm die Spende an.

Wer ist die schöne junge Dame, die sich meiner so mildthätig annahm? frug sie die alte Frau.

Es ist die Baronin Klarisse von Weinfelden aus Wien.

Bei dieser Antwort wurde das Mädchen von einer eigenthümlichen Bewegung erfaßt, sie sprang auf, ergriff das Kind, eilte auf die Gesellschaft zu, drang in den Kreis bis zur Baronin, stürzte vor ihr auf die Knie und küßte die Hand der Dame.

Alles stand verwundert da.

Die Aufregung des Mädchens war so groß, daß man leicht erkannte, es sei nicht blos die Dankbarkeit, welche sie hervorgebracht.

Das stumme Erstaunen der Anwesenden endete noch nicht und schon war das Mädchen mit dem Kinde wieder fort und eilte gegen die Stadt!

Dieses Benehmen war zu ungewöhnlich, um nicht aufzufallen, um so mehr, als Frau Ruhberg erzählte, der Name der Baronesse sei es gewesen, welcher das Mädchen in eine solche Extase versetzt habe.

Sie scheint mich zu kennen, sagte Klarisse darauf, und ich entsinne mich nicht, sie je gesehen zu haben. Ich werde mich bemühen, das Räthsel zu lösen.

Ein Herr in der Gesellschaft entsann sich, das Mädchen bereits in Begleitung seiner Waschfrau gesehen zu haben, und da er die Wohnung der Letzteren angab, so hoffte man durch sie über die Arme Auskunft zu erhalten.

Die Partie erlitt nach dem erzählten Intermezzo keine weitere Störung.

Schon am andern Morgen machte sich Klarisse auf den Weg nach der Wohnung der Wäscherin.

Diese befand sich in einer Hütte unweit der Eger.

Wenige Worte der Baronin genügten, die Frau zu orientiren.

Ach, die gnädige Dame wollen mit der Mamsell Louise sprechen, sagte sie, ich bitte nur in dieses Kämmerchen zu treten, die Arme ist seit gestern noch mehr erkrankt, sie kann das Bett nicht mehr verlassen.

Klarisse trat in das Kämmerchen.

Das Mädchen mit vom heftigsten Fieber gerötheten Wangen lag entkräftet da, das Kind neben ihr.

Beim Anblicke der Dame, welche sie sogleich erkannte, verbarg sie das Gesicht in das Kissen und begann zu schluchzen.

Die Baronin ließ sich am Bette nieder, faßte die Hand der Kranken mit Theilnahme und sagte:

Mamsell Louise, Sie scheinen mich zu kennen, weil mein Name und mein Anblick Sie in eine so heftige Aufregung versetzt.

Ich habe Sie nie gesehen, gnädige Frau, antwortete schluchzend die Kranke.

Warum also diese Bewegung? Woher der Eindruck, den meine Gegenwart hervorbringt? Sprechen Sie, fassen Sie Vertrauen zu mir. Es ist nicht bloße Neugierde, die mich Sie aufsuchen ließ.

Louise ergriff die Hand der Dame und führte sie so wie gestern mit Heftigkeit an ihre Lippen.

So viel Herablassung, murmelte sie, so viel Güte, Sie zermalmen Sie.

Sie sind krank, Sie befinden sich, wie ich wahrnehme, in drückenden Verhältnissen; ich bin entschlossen, mich Ihrer anzunehmen. Was ich gestern that, soll blos die Einleitung sein, von nun an will ich allein Ihnen beistehen, ohne erst die Güte Anderer in Anspruch zu nehmen. Aber ich verlange Erklärungen, aufrichtige Erklärungen —

Gnädige Baronesse, ich bin eine Unwürdige, ich verdiene die Theilnahme nicht und vollends die Ihrige nicht.

Sie haben sich eines Fehltrittes schuldig gemacht, es ist dies tadelnswerth und traurig. Wenn aber sonst nichts Ihr Gewissen drückt, sind Sie der Theilnahme nicht unwürdig. Sie waren schwach, wie Hunderte unseres Geschlechtes, allein gerade deshalb, weil Sie das Los Vieler theilen, verdienen Sie Mitleid, Verzeihung.

Ach, gnädige Frau, wenn Sie wüßten, wie schwer ich mich an Ihnen vergangen, Sie würden sich mit Abscheu von mir wenden.

Sie haben sich an mir vergangen? Wer sind Sie? Ich kenne Sie nicht. Erklären Sie mir das Räthsel.

Louise schluchzte.

Ihre Aussprache verräth mir, daß Sie keine Oesterreicherin sind.

Ich bin eine Sächsin, mein Vater sandte mich nach Hamburg zu einem Konditor, mit dem er befreundet ist. Dort lernte ich einen Mann kennen, der mein Herz gewann und mich überredete ihm über's Meer zu folgen. Ich wußte nicht, daß er — o mein Gott!

Sie hielt inne.

Klarisse bat sie fortzufahren,

Louise erhob sich, faßte die Hand der Dame und sagte ernst und feierlich:

Gnädige Frau, ich leide an einem unheilbaren Uebel. Ich fühle es, daß ich trotz meiner Jugend am Rande des Grabes stehe, ich schwöre Ihnen bei der Gnade Gottes, deren ich so sehr bedarf, und bei dem Leben dieses Kindes, welches unter meinem Herzen gelegen, daß ich betrogen wurde, doppelt betrogen, weil der Mann, dem ich meine Liebe zuwendete, mir die Ehe versprach, mir aber verheimlichte, daß er bereits vermält sei. Als ich letzteres erfuhr, floh ich trotz des Zustandes, in den er mich versetzt, ihn und das Land, wohin ich ihm gefolgt war.

Und jener Mann? fragte Klarisse mit einem Tone, welcher die Erwartung einer unheilvollen Enthüllung bekundete.

War der Baron Franz von Weinfelden.

Klarisse erblaßte.

Sie starrte die Unglückliche sprachlos an.

Mehrere Minuten verflossen, die Stille in dem Stübchen wurde nur durch das Weinen der Kranken gestört.

Jetzt ermannte sich die Baronin, sie bewältigte den Schmerz, welchen die Entdeckung des Mädchens ihr bereitet.

Nur Schmerz war es, was sie fühlte.

Wenn sie auch den Gatten nicht liebte, so war sie doch trotz der giltigsten Ansprüche an das Leben ihren Pflichten getreu geblieben, während er diese nicht nur verletzte, sondern sogar die Bande, die er trug, verheimlichte und ein argloses Geschöpf betrog.

Doch wie gesagt, sie bewältigte den Schmerz und wenige Minuten reichten hin, sie einen Entschluß fassen zu zu lassen, welcher eine Herzensgüte und Seelengröße beurkundete, die in Wahrheit Bewunderung verdienten..

Ich darf Ihnen wohl nicht erst auseinandersetzen, nahm sie das Wort, welchen Eindruck Ihre Mittheilung auf mich gemacht hat. Wenn das, was sie behaupten, wahr ist, dann werden Sie auch keinen Anstand nehmen, Ihre Aussage in Gegenwart einer Gerichtsperson und der nöthigen Zeugen zu wiederholen und zu beeiden.

Ich bin dazu jeden Augenblick bereit.

Ich werde Anstalten treffen, daß dies sogleich geschehe, und Ihnen dann meine ferneren Entschlüsse kundgeben.

Die Baronin verließ die Hütte.

Unter den Kurgästen befand sich ein Doktor Juris, bei dem sie sich Rathes erholte.

Dieser erbot sich, die Angelegenheit in die Hand zu nehmen, machte die nöthigen Schritte bei der Behörde, die Aussagen Louisens wurden aufgenommen und in Gegenwart zweier im Orte angesessenen Bürger beeidet.

Sämmtliche Anwesende, einschließlich Louise, unterzeichneten das Dokument, dessen Inhalt dahin lautete, daß der laut Taufschein am 10. April 185* außerehelich geborne Knabe Edmund Rudolphi der Sohn der Louise Rudolphi und des Freiherrn Franz von Weinfelden sei.

Im Besitze dieses von Seite des Gerichtes legitimirten Dokumentes, erklärte die Baronin, daß sie von nun an der Mutter wie dem Kinde ihre kräftigste Unterstützung werde angedeihen lassen.

Die Erstere bedurfte deren nicht lange.

Sie erlag ihrer Krankheit noch während der Saison und erhielt auf dem Todtenbette die feierliche Zusage Klarissens, daß sie dem kleinen Edmund eine zweite Mutter sein werde, und daß er nicht mehr von ihrer Seite kommen solle.

Louise Rudolphi fand ihre Ruhestätte in Karlsbad, und der kleine Edmund, von einer gesunden Amme genährt, wurde nach Wien mitgenommen.

Im Herbste desselben Jahres starb Klarissens Vater, der Tochter seinen ganzen Reichthum hinterlassend.

Das Haus in der Humboldtstraße wurde aufgeführt und bezogen.

Seit jenem Ereignisse in Karlsbad stellte die Baronin den Briefwechsel mit ihrem Gatten ein, er war ihrer unwürdig geworden,

Sie wendete ihre ganze Sorgfalt und Liebe dem kleinen Edmund zu, nicht weil er das Kind ihres Gatten, sondern weil er eine arme Waise war.

Die Abkunft des Kindes wurde von Seite Klarissens geheim gehalten, eine Rücksicht, die sie dem Namen, den sie trug, schuldig zu sein glaubte.

Daß der Schwager der Baronin gerade auf die Anwesenheit dieses Kindes eine Intrigue basirte und seinem Eigennutze dienstbar machen wollte, war eine jener ironischen Fügungen des Geschickes, welche im Leben so häufig vorkommen.

Die Schuld lag auf dem, der die Anklage erhob, der abgeschossene Pfeil sollte im Fluge sich umdrehen und gegen die eigene Brust sich kehren.

Klarisse von Weinfelden hatte demnach auch das moralische Recht, ihrem zurückgekehrten Gatten das Haus zu verschließen und ihm zu schreiben:

Wir Zwei können uns nur noch vor dem Richter sprechen. Die Regierung hat Sie amnestirt, ich amnestire Sie nicht.

—————

Mit dem Inhalte des Dokumentes vertraut, wird der Leser dessen Wichtigkeit für die Baronin begreifen.

Diese Schrift befreite sie nicht nur von der gegen sie wegen des kleinen Edmund erhobenen Anschuldigung, son=

dern sie wälzte gleichzeitig die ganze Last der Anklage auf ihren Gatten.

Als die beiden Wölfe in den Besitz des Dokumentes gelangten, erstaunten sie vor dem tückischen Zufalle, welcher die Rudolphi und Klarisse in Karlsbad zusammengeführt.

Der Aeltere war ärgerlich über die Streiche des Jüngeren und ermangelte auch nicht, ihm darob Vorwürfe zu machen.

Denke Dir nur die Schande für uns, sagte er, wenn Deine Frau mit diesem Dokumente vor Gericht erschienen wäre; warum verheimlichtest Du mir jene Liaison?

Wie konnte ich auch wissen, daß mir der Zufall einen so schlimmen Streich spielen werde?

Seien wir froh, daß wir der Gegnerin die gefährliche Waffe entwunden haben, nun zweifle ich nicht mehr, daß wir reussiren.

Zu dem bereits errungenen Vortheile gesellte sich bald darauf die glücklich durchgeführte Intrigue mit Alpenheim.

Die beiden Brüder schwammen in Entzücken, nunmehr waren sie ihrer Sache gewiß, sie betrachteten den Erfolg nur noch als eine Frage der Zeit.

Beide vergaßen, daß der Zufall, der einzige, an dessen Wunderthaten vernünftige Menschen noch glauben, daß der Zufall, sagen wir, überraschende Wendungen herbeiführen kann, und daß er sich dabei oft der eigenthümlichsten Mittel und der unerwartetsten Werkzeuge.

Die Person, welche er in der Affaire „Weinfelden" als Werkzeug benützte, war — Raphael Hort, früher im Komptoir von Konstant und Kompagnie, derweilen — weil das Haus fallirt hatte — ohne Stelle, dafür aber mit der glorreichen Anwartschaft auf die Hand und den Besitz Eleonorens, der Tochter der würdigen Frau Marianne Lichtfall, beglückt.

Glücklicher Raphael!

Fünfundzwanzigstes Kapitel.

Aus dem im letzten Kapitel Erzählten, wird man den Zweck der Reise des Doktors Schweidler leicht errathen.

Der Anwalt der Baronin sollte die Entwendung des Dokumentes unschädlich machen und seiner Klientin eine neue Legitimation bezüglich der Annahme und Abstammung des kleinen Edmund besorgen.

Klarisse entsann sich des Rechtsfreundes Doktor Schmitt, welcher bei dem Ereignisse in Karlsbad ihre Angelegenheit besorgt hatte und erinnerte sich der böhmischen Stadt, wo er domicilirte.

Doktor Schweidler reiste also dahin ab und suchte den Kollegen auf.

Beide Advokaten reisten nach Karlsbad und ein günstiger Zufall fügte es, daß die Zeugen, welche den Akt unterzeichnet hatten — wie erwähnt wurde, waren es ansäßige Karlsbader — noch am Leben waren.

Da seit jenem Ereignisse erst zwei Jahre verflossen waren, so erinnerten sich dessen die betheiligt Gewesenen noch genau und es wurde ein neues Schriftstück verfaßt, welches, ebenfalls unter Intervention einer Gerichtsperson, aufgenommen, volle Rechtskraft besaß.

Schweidler kehrte also mit der neuen Waffe ausgerüstet nach Wien zurück und war nicht wenig betroffen, als er bei der Baronin erscheinend, von den Ereignissen während seiner Abwesenheit in Kenntniß gesetzt wurde.

Schweidler ließ sich Alles, was vorfiel, genau erzählen und sagte dann: Ich werde Einsicht von den Akten nehmen. Was ich jedoch aus Ihrer Mittheilung jetzt schon erkenne, ist, daß wir es mit dem förmlichen Komplotte einer verschwornen Bande zu thun haben. Wenn es uns gelingt, die Intrigue zu enthüllen, so wird es uns doppelten Vortheil bringen, erstens, daß wir überhaupt reussiren und zweitens, was eben so wichtig ist, daß wir den Gegner, der sich bis zu einem Betruge engagirt hat, in einer für ihn gefährlichen Position besiegen, mithin ihm eine totale Niederlage beibringen. Was mich speciell betrifft, so steht meine anfängliche Behauptung, daß das Dokument entwendet wurde, nunmehr außer Zweifel. Da Sie an dem Schlosse des Sekretärs keine Beschädigung wahrgenommen haben, so muß die betreffende Person einen zweiten Schlüssel besitzen, ferner muß es eine solche sein, die in Ihren Gemächern ungehinderten Zutritt besitzt. Wen trifft Ihr Verdacht?

Lieber Doktor, Sie werden zugeben, daß man mit dergleichen Anschuldigungen sehr vorsichtig sein muß.

Gnädige Frau, hier sind weder Rücksichten noch Schonung am Platze....

Mein Verdacht, das erkläre ich jedoch nur Ihnen, ruht auf meinem neuen Stubenmädchen Eleonore Lichtfall. Er wurde geweckt durch den Umstand, daß sämmtliche mir nachtheiligen Ereignisse seit ihrer noch kurzen Anwesenheit in meinem Hause sich zutrugen.

Wie kam das Mädchen zu Ihnen?

Es wurde mir von meiner gewöhnlichen Zubringerin der Portierin Pipelmeyer empfohlen. Uebrigens ist Lori aus einer anständigen Familie, ihre Mutter ist die Wittwe eines fürstlich Heinwall'schen Stallmeisters und bezieht als solche eine Pension.

Ist es Ihnen bekannt, daß diese Leute unsere Gegner kennen?

Davon weiß ich nichts, wir können übrigens Lori durch eine dritte Person auskundschaften lassen. —

Thun wir das nicht, gnädige Frau, es wäre nicht nur nutzlos, sondern auch schädlich. Leute, die solche Pläne erfinden und durchführen, sind schlau und da heißt es mit besonderer Vorsicht zu Werke gehen. Diese Lori war offenbar das Werkzeug, welches im Solde unserer Gegner arbeitete, es frägt sich nur, ob sie unmittelbar mit Einem der Brüder verbunden ist, oder ob auch die Mutter die Hände im Spiele hat. Ich meines Theils vermuthe das Letztere, denn diese Gattungen Witwen, die in der Regel nichts besitzen und mit einer Pension von kaum 200 Gulden einen sechsmal größeren Haushalt bestreiten, sind diejenigen, die für Geld Alles thun. Unternehmen Sie nach dieser Richtung hin gar nichts, überlassen Sie die Sache mir, ich werde trachten die Spuren des Komplottes aufzufinden.

Schweibler empfahl sich.

Als er zwei Tage später wieder bei der Baronin erschien, hatte er von den Protokollen Einsicht genommen.

Gnädige Frau, äußerte er, es ist ein wahres Höllengewebe, in welches man Sie verwickelt hat. Das Fatale der Sache besteht darin, daß Sie nicht im Stande sind, in jener Stunde zwischen sechs und sieben Uhr den „Alibi-Beweis" zu führen. Da dies herbeizuführen in der Absicht der Komplottirer lag, so folgt daraus, daß die Verwechslung zwischen der Adler- und Nadlergasse nicht irrthümlich, sondern absichtlich geschah. Manches vermag ich trotz der spitzfindigsten Substitutionen nicht zu enträthseln, wie zum Beispiel, den Umstand mit der armen Schustersfrau, es wäre denn, daß man annehme, diese Leute seien ebenfalls im Complott. Baron Alpenheim gab unter Anderem zu Protokoll, er glaubte in dem Wenigen, was die Dame im Fiaker zu ihm sagte, Ihre Stimme erkannt zu haben. —

Der Schändliche!

Wenn man nicht annehmen will, daß beide Fiaker, nämlich derjenige, in welchem Ihr Gatte und derjenige, worin Alpenheim und die Dame fuhren, ebenfalls im Komplotte seien, so kann es nicht anders sein, als daß Sie in einem dritten Wagen fuhren, der für Sie eigens bestellt war. Wenn man diesen wüßte, so würde die Aussage des Kutschers den Alibibeweis zwar nicht herstellen, denn ein Zeuge genügt nicht, allein man würde von ihm erfahren, von wem er gedungen worden sei?

Das alles, lieber Doktor, ist recht zweckmäßig deduzirt, allein ich wiederhole Ihnen, mir fiel es nicht ein, die Nummer des Fiakers anzusehen, eben so wenig weiß ich anzugeben, ob der Kutscher alt oder jung war, ich schaute ihn gar nicht an.

Das ist fatal, man hat offenbar bei der Anlage des Planes Ihre Gewohnheiten mit in Anschlag gebracht. Indessen wollen wir nicht verzweifeln.

Daran denke ich nicht, lieber Doktor. Meine Lage ist eine derartige, daß ich ursprünglich den Prozeß gar nicht unternommen haben würde, wenn nicht auch meine Frauen-Ehre im Spiele gewesen wäre. Jetzt ist sie noch mehr angefochten und ich werde den Kampf fortführen um jeden Preis, darüber zu verzweifeln, hieße mein gutes Recht und mein reines Bewußtsein bemakeln.

Hoffen wir das Beste und vertrauen wir auf unsere Einsicht und Thätigkeit. Nun aber gnädige Frau erlauben Sie mir, daß ich einen außerhalb des Prozesses liegenden Gestand berühre.

Sprechen Sie, lieber Doktor.

Ich bitte Sie um Ihre Verwendung.

Um meine Verwendung? In welcher Angelegenheit und für wen?

Doktor Schmitt hat sich bei meinem Geschäfte in Karlsbad sehr uneigennützig und gefällig benommen. Bevor ich von ihm schied, ersuchte er mich, einen jungen Menschen, den Sohn seiner Schwester, der hier bei Constant u. Compagnie im Comptoir angestellt war und durch das Fallissement des Hauses die Stelle verlor, durch meine Verwendung unterzubringen. Der Kreis meiner Klienten liegt außerhalb dieser Sphäre, ich kann daher mit dem besten Willen nichts für den jungen Menschen thun, ich dachte also an Sie, gnädige Frau, um so mehr —

Klarisse ließ den Anwalt nicht weiter sprechen.

Doktor Schmitt, sagte sie, steht bei mir in freundschaftlichem Andenken und hat ein Recht auf meine Dankbarkeit. Ich werde mit meiner Freundin, der Frau von Mannstein, sprechen, und seien Sie überzeugt, der junge Mann ist so gut wie placirt. Wie heißt er?

Raphael Hort. Ich hatte seit meiner Rückkehr noch keine Zeit ihn aufzusuchen, doch heute will ich es thun.

Gut, sagen Sie ihm, er soll sich übermorgen bei Herrn von Mannstein vorstellen und diese meine Karte abgeben. Das Uebrige ist meine Sache. Sind Sie damit zufrieden?

Gnädige Frau, Sie sind in Wahrheit ein Engel —

Welcher dem Baron Alpenheim Rendezvous im Fiaker gibt.

Wer Sie kennt, wie ich, gnädige Frau, ist jeden Augenblick bereit, das Gegentheil zu beschwören.

Schweidler entfernte sich.

Klarisse ließ Barbara mit dem kleinen Edmund kommen.

Das Kind streckte der jungen Dame die Händchen entgegen; diese nahm es an sich und liebkoste es mit der Zärtlichkeit einer Mutter.

Möge der Himmel mir beistehen, dachte sie, daß Du nicht werdest wie Dein Vater!

Sechsundzwanzigstes Kapitel.

Konstant und Kompagnie hatten fallirt, Raphael Hori stand auf dem Punkte zu falliren; was ihn bedrohte, war ein totaler Bankerott an seiner Ruhe, Heiterkeit und Lebenslust.

Die Passiva des Herrn Konstant betrugen mehr als eine Viertelmillion, jene Raphael's überstiegen bereits das halbe Tausend, ein Betrag, für seine Stellung eben so erheblich, wie jener für die des Banquiers.

Der Wechsler hatte betrogen, sein Komptoirist war betrogen worden, Beide wurden „gesetzt" in des Wortes figürlicher Bedeutung, jener „fest" und dieser „an."

So liefen die Geschicke des Chefs und des Dieners fast parallel miteinander, und es lastete auf Beiden ein fast gleichartiger Druck.

Wenn Raphael des Armenvaters Wurm und der ihm schuldigen fünfhundert Gulden gedachte, so zitterte er vor der immer mehr nahenden Verfallzeit, vor den Tagen, wo dieser Wurm an seinem Herzen nagen würde, wie es jetzt schon die Trennung von der Geliebten that.

Der junge Mann ging zwar mit keinem Selbstmordgedanken, dafür aber mit allerlei anderen Ideen schwanger, denen nichts mangelte, als die Mittel, sie auszuführen.

Kein Geld, keine Anstellung, eine Geliebte, von der das Geschick ihn wieder trennte, das war die Situation Rapael's.

Traurig, trauriger, am traurigsten!

Seitdem Raphael die Anstellung verlor, hatte er die kostspielige Wohnung in der Stadt aufgegeben und war zu seinem Freunde Meidler auf die Laimgrube am Glacis gezogen.

Der Bildhauer gab sich viele Mühe, dem Freunde hinter seine Liebesverhältnisse zu kommen, denn daß ein solches bestand, hatte er vom ersten Momente an erkannt, allein Raphael verstand es zu schweigen, und Bernhard war nicht zudringlich genug, ihn, wenn auch nur mit Worten, zu belästigen.

Ich will es bald heraus haben, dachte der Künstler, Vertrauen verleitet wieder zu Vertrauen, ich will ihn in meine Karte schauen lassen, vielleicht bewegt ihn das, mir auch die seinige zu zeigen.

Bruder Raphael, sagte er eines Nachmittags zu ihm, begleitete mich.

Wohin?

Vor die Linie.

Gehst Du vielleicht wieder ein Modell suchen?

Nein, heute muß ich Gyps kaufen. Frag' nicht lange und komm'.

Die jungen Leute gingen nach der Mariahilfer Hauptstraße, wo sie einen Hütteldorfer Stellwagen bestiegen.

Wo wohnt der Gypshändler? fragte der gewesene Komptoirist.

Auf der Windmühle zwischen Penzing und Breitensee.

Der Frager ließ die Antwort gelten, warum sollte auf der Windmühle kein Gypshändler wohnen?

Als der Wagen vor dem Hause anlangte, stiegen die Freunde aus, der Bildhauer ging voran, Raphael folgte ihm.

Man trat in die Stube.

Ihr Diener, meine Damen! Liebe Madeleine, ich grüße Sie! sagte Meidler.

Das Mädchen eilte dem Künstler entgegen, dieser küßte sie flüchtig auf die Stirne und stellte sie dann seinem Freunde vor.

Die Matrone saß am Tische, der kleine Christoph ruhte wie ein anderthalb Schuh langes „Strizel" *) auf ihrem Schooße und delektirte sich an dem milchgefüllten Saugfläschchen, dessen künstlich geformter Stöpsel den Dienst der Mutterbrust versah.

Raphael schaute auf die Szene mit großen Augen, blickte dann seinen Freund nach der Seite an, dieser konnte sich des Lachens kaum erwehren.

Chevalier Christopherl, sagte der Künstler, ist eben beim Diner, wie der Augenschein lehrt, ist der große Mann bei Appetit. Ah, er hat einen tüchtigen Zug, ich möchte wissen, ob er darin seinem Papa oder der Mama nach= geräth?

Madeleine hatte sich wieder an die Arbeit gesetzt und illuminirte wacker darauf los.

Die jungen Herren wurden eingeladen, Platz zu nehmen.

Apropos, meine Damen, begann Meidler, wissen Sie, was meinen Freund bewog, mich zu begleiten?

Wie können wir das wissen?

Er wünscht bei Ihnen Gypsmehl zu kaufen! versetzte Meidler lachend.

Madeleine schaute ihn verwundert an und erwiederte: Sind wir Gypshändler?

Machen Sie ihm was **weiß**, thun Sie mir den Gefallen!

Nun lachten Alle, nur Raphael nicht.

---

*) Ein langgeflochtenes, weißes Gebäck.

Der Bildhauer klärte den Scherz auf und setzte dann, zu dem Freunde gewendet, hinzu:

Bruder Raphael, Du siehst in diesem Fräulein meine künftige Gattin und in dieser würdigen Frau meine Schwiegermutter. An jenem Abende, als ich in Deiner Begleitung ausging, ein Modell zu suchen, fand ich eine Geliebte. Was diesen jungen Staatsbürger betrifft, der sich eben an warmer Kuhmilch delektirt, so ist er ein uns vollkommen fremder Sprosse, der sich trotz des ungesetzlichen Zustandes, in dem er sich befindet, dennoch seines Lebens freut, an dem wir Alle unschuldig sind. Mit einem Worte, Monsieur Christopherl ist ein Kostkind.

Meine Herren, nahm Frau Ramhauer das Wort, da wir eben von dem Kinde sprechen, muß ich eine Bitte an Sie richten.

Sie haben hier zu befehlen und nicht zu bitten.

Das erstere behalte ich mir vor, bis ich Ihre Schwiegermutter sein werde.

Bravo, Mama, rief der Bildhauer lachend, Sie sind aufrichtig und das entzückt mich. Man redet den Schwiegermüttern so viel Schlimmes nach, daß auch ich auf das Aergste gefaßt bin. Ich werde mich dessen versehen.

Wie das?

Ich werde Ihnen den Mund versiegeln und die Hände binden, ersteres mit Küssen, letzteres mit Rosenketten.

Herr Meidler, Sie sind galant und galante Schwiegersöhne haben nichts zu besorgen. Doch, um wieder auf meine Bitte zu kommen.

Sprechen Sie, Madame.

Wir erwarten heute die Großmutter des Kindes zu Besuche.

Wen erwarten Sie?

Die Großmutter des kleinen Christoph.

Was geht uns die Grand-Mama an?

Hören Sie nur weiter. Bei Ereignissen, welche man gerne in einen Schleier hüllt, liebt man es, auf einem Zusammenhange mit ihnen nicht ertappt zu werden. Den Angehörigen des Kindes würde es daher höchst unangenehm sein, Besuch bei uns zu finden und hier gesehen zu werden. Man hat uns die strengste Diskretion aufgetragen und wir haben sie nicht verletzt.

Der langen Rede kurzer Sinn läuft also darauf hinaus, daß wir, wenn die Frau kommt, uns trollen sollen.

Sich ganz fortzubegeben ist nicht nöthig, lieber Herr Meibler, denn warum sollten wir an dem Vergnügen Ihres Besuches verkürzt werden. Sie werden die Güte haben auf die Dauer der Anwesenheit bei unserer Nachbarin im Hinterstübchen einzutreten —

Ist die Nachbarin hübsch?

Auf diese Frage des Bildhauers antwortete Madeleine:

Sie können sie zum Modell einer Juno verwenden.

Juno auf der Windmühle, Bravo. Eine Thalia fand ich hier bereits, nun auch eine Juno, die Windmüh'e ist reich an mythologischen Gestalten, es ist ein wahres Götternest!

Madeleine, sagte die Mutter, geh' hinüber und setz' die Nachbarin vorläufig in Kenntniß.

Seien Sie so gütig, Fräulein, indessen Quartier zu machen. Zwei Mann Einquartierung, bürgerliche Infanterie, ohne Ober- und Untergewehr. Bitte ausdrücklich zu avisiren, daß wir einen Rasttag halten werden.

Madeleine ging lachend hinaus.

Nun, mein lieber Raphael, wie gefällt es Dir hier?

Ich bin böse auf Dich.

Warum das?

Weil Du Dein Glück mir so lange verschwiegst.

Hältst Du mich für glücklich?

Ich glaube mich nicht zu täuschen, wenn ich sage vollkommen.

Bei Gott, Du täuschest Dich nicht. Sieh' um Dich, mein Freund; was Du hier erblickst ist Alles sehr einfach, sehr schlicht, aber es ist wohl und schwer erworben. Um jenen Schrank anzuschaffen, mußten hundert Stunden durchgearbeitet werden, er ist nur von weichem Holz und braun angestrichen, aber die Mühe, welche er verursachte, macht ihn eben so kostbar als wäre er von Mahagony und Palisanderholz. Sieh', lieber Raphael, wir Männer sind zum Erwerben geschaffen, wenn aber Frauen erwerben, redlich erwerben, dann sind sie doppelt achtungswürdig. Meine Madeleine ist unter Arbeit großgewachsen, ist dabei heiter und froh geblieben, und hat nichts eingebüßt weder an Anmuth noch an Jugendfrische. Das ist eine Frau, wie ich sie mir wünsche. Ungezwungen, offen, frei und dabei doch ehrsam. Sie schlägt nicht die Augen zu Boden, wenn Jemandem ein freies Wort entschlüpft, sie hat es einfach nicht gehört und huscht darüber hinweg. Was Madame Ramhauer betrifft, so enthalte ich mich, weil sie gegenwärtig ist, jedes Tadels — Pardon, ich wollte sagen jedes Lobes —

Da haben Sie ihn, fiel ihm die Matrone ein, er kann nicht zehn ernsthafte Worte sprechen, ohne daß der Schalk beim eilften sich in's Spiel mischt —

Wie ich höre, Madame, haben Sie meinen Freund Bernhard bereits kennen gelernt.

Und das wie! Ich kenne ihn wie meinen eigenen Sohn!

Sie thut, als ob ihr an mir was gelegen wäre, glaub' ihr's nicht, Raphael, ich sage Dir, sie haßt mich, sie wäre froh, wenn ich ihre Wohnung miede.

Oh, oh, Herr Meidler!

Aber ich thu' es just nicht. Ich komme, so oft ich will, und komme ihr zum Trotz.

Madeleine trat ein.

Nun, holde Schöne, was haben Sie effektuirt?

Das Quartier ist gemacht.

Meine Herren, ein Stellwagen hält am Hause, der erwartete Besuch kommt.

Eine Frau schält sich heraus, richtig sie ist es, Komm', Bruder Raphael, komm'!

Und ohne eine Antwort abzuwarten, nahm Meibler den Freund am Arme und zog ihn aus der Stube hinüber zur Nachbarin.

Die Neugierde plagt mich, die Großmutter des kleinen Christoph kennen zu lernen, flüsterte Bernhard, halten wir uns hinter der Thüre, die wir nicht ganz schließen, sie muß an uns vorüber — still — sie kommt!

Raphael, hinter dem Freunde stehend, denn er war größer, wie dieser, lugte ebenfalls hinaus.

Der junge Mann stutzte, wurde betroffen, die Frau, welche eben ankam, war Madame Lichtfall!

―――

Madame Lichtfall, diese brave, wackere Frau, diese aufopferungsfähigste aller Mütter, dieses Muster von Fürsorge, Ehrbarkeit und Häuslichkeit, sie sollte die Großmutter des Kindes sein — nein, nein — das ist nicht möglich — hier obwaltet ein Irrthum, ein Mißverständniß!

Das flog im ersten Moment durch den Kopf Raphael's, allein ungeachtet dieser Selbsttröstung erfaßte ihn der Wirbelwind der Ueberraschung mit solcher Gewalt, daß er ihn auf den nächsten Stuhl niederriß.

Meibler schloß nun die Thüre und sagte, sich umwendend:

Wo ist die Juno? Ah, Sapperment, das nenn' ich ein Modell.

Ein langes, hageres Weib saß am Tische und nähte.

Frau Nachbarin, Ihr Diener!

Keine Antwort.

Sie erlauben gefälligst, daß wir da ein wenig verweilen.

Noch immer keine Antwort.

Wie es scheint, finden wir keine sehr freundliche Aufnahme, dachte der Bildhauer, trat näher zum Tisch und sagte wieder:

Frau Nachbarin, Ihr Diener!

Nehmen Sie Platz, sagte die Nätherin, doch geben Sie sich keine Mühe, mit mir zu sprechen, ich höre Sie nicht, ich bin stocktaub.

Arme Frau, murmelte Meidler, und eine ernste Stimmung erfaßte ihn, eine ersprießliche Einleitung zu dem, was er hier erfahren sollte.

Er ließ sich an Raphael's Seite nieder, blickte ihn jetzt erst aufmerksamer an und sagte:

Um Gott, Raphael, was fehlt Dir, Du bist ja todtenbleich? Bist Du unwohl?

Der Andere schüttelte den Kopf und murmelte:

Lieber Bernhard, mir ist schrecklich zu Muthe, ich stehe am Rande eines Abgrundes, mir schwindelt.

Soll ich einen Arzt holen?

Nein, nein, gönne mir nur Zeit, daß ich mich fasse.

Dein Zustand ist mir räthselhaft, was aber auch immer Dich erfaßt haben mag, überwinde es und sei ein Mann. Wenn ich mich nicht täusche, so hat jene Frau, welche eben in's Haus kam, auf Dich den schrecklichen Eindruck hervorgebracht?

So ist es.

Kennst Du sie?

Ich kenne sie nicht nur, sondern ich liebe ihre einzige Tochter.

Und diese Frau ist die Großmutter jenes Kindes?

Nein, nein, es ist nicht möglich, ein solcher Betrug wäre zu abscheulich.

Meidler begann den Schleier des Geheimnisses zu durchschauen, aber er begnügte sich damit nicht, er drängte den Freund zum Bekenntnisse und erlangte es.

Was der Bildhauer da zu hören bekam, wissen wir, es ist daher nicht nöthig, daß wir uns zu Zeugen der umständlichen Mittheilung machen, wir überlassen die beiden jungen Männer sich selbst, bis Raphael mit seinem Geständnisse zu Ende kam.

Armer Freund, sagte Meidler, als der andere inne hielt, wenn die Identität der Personen sich wirklich herausstellt, so haben sie Dich arg mitgenommen. Einstweilen fasse Dich und danke Gott, daß die Enthüllung Dir rechtzeitig wurde.

Madame Lichtfall hatte drüben ihren Besuch beendiget, Madeleine kam, die jungen Herrn davon zu verständigen.

Man begab sich wieder nach der Wohnung der Ramhauer.

Nun, fragte der Bildhauer, hat Madame Lichtfall sich an ihrem Enkel recht delektirt?

Wie, Sie wissen?

Daß die Großmutter Marianne Lichtfall uud die Mutter des Kindes Eleonore heißt —

Wer hat Ihnen das entdeckt?

Mein gesunder Blick.

Sie kannten also die Familie schon früher?

Ein wenig.

Hat Ihnen Fräulein Lori vielleicht gar schon zum Modell gesessen?

Bisher noch nicht, wenn mir aber einmal die Aufgabe wird eine Leda oder eine Prinzessin Europa zu liefern, so werde ich sie aufsuchen.

Herr Meidler, da Sie nun ohne unser Verschulden die Familie kennen, so müssen wir Sie und Ihren Freund um strenge Diskretion ersuchen —

Wir versprechen sie jederzeit, jedoch nur gegen eine Bedingung.

Möchten Sie vielleicht die Adresse des Fräuleins erfahren?

Die Götter bewahren mich davor. Ich bitte Sie blos, mir den Namen des Herrn Papa zu nennen.

Herr Meibler!

Liebe künftige Schwiegermutter, ich gebe Ihnen mein Ehrenwort, daß ich nicht aus bloßer Neugierde forsche oder gar in einer unlöblichen Absicht. Es handelt sich um Menschenglück,

Auf diese ernsten Worte versetzte die Matrone:

Da Sie schon so viel wissen, so verschlägt es nichts, wenn Sie Alles erfahren: der Vater des Kleinen ist ein Baron aus der Jägerzeile.

Sein Name?

Christoph von Weinfelden.

Siebenundzwanzigstes Kapitel.

An dem Vormittage, welcher dem Besuche auf der Windmühle zunächst folgte, finden wir die beiden Freunde beisammen.

Der Bildhauer hat über die am vorigen Tage erfahrene Angelegenheit nachgedacht — Raphael hat sich gefaßt.

Daß er noch litt, wird jeder begreifen, der einmal das Unglück hatte, in seinem Vertrauen, in seiner Liebe so fürchterlich getäuscht zu werden; sein Schmerz war also noch heftig genug, er wüthete jedoch nicht mehr so orkanmäßig wie gestern, das Rasen hatte sich gelegt.

Bruder Raphael, sagte Meibler, ich habe über Dein Abentheuer — Du erlaubst mir schon die ganze Affaire so zu bezeichnen — nachgedacht, und bin zu dem Resultate gekommen, erstens, das Du ein herzensguter, einfältiger Mensch bist, dem man ohne Gefahr ein X für ein U vormachen kann, und zweitens, daß Du den Dir gespielten Streich keineswegs ruhig hinnehmen darfst, sondern klagbar auftreten mußt.

Was fällt Dir ein?

Du befindest Dich keineswegs in Umständen, die es erlauben, daß Du 500 Gulden zum Fenster hinauswirfst.

Ich gebe das zu, allein ich besitze keine Schrift über jene Summe.

Daran liegt nichts, hier ist ein Betrug im Spiele, denn ich kann nicht annehmen, daß ein Polizeikommissär die Schwindeleien einer solchen Person unterstützen könne, folglich ist jener Smettana oder Herr Hammer, wie er anderweitig genannt wird, ein Lump, der eine Rolle spielte, um Dich um so sicherer zu täuschen. Wenn das kein Betrug ist, so gibt es keinen mehr auf dieser Welt. Ehe nun die Sippschaft es zu einer Klage kommen läßt, wird sie alle Hebel in Bewegung setzen, Dich zu befriedigen.

Ach, ich soll jene klagen, die ich ...

Raphael, sprich nicht weiter, damit ich fortfahren kann, Dich als Mann zu behandeln. Einer solchen Raffinirtheit gegenüber, muß sich eine Lammsnatur empören, wenn ich also auch annehme, das Du ein Schaf bist — doch ich will nicht scherzen, der Gegenstand ist zu ernst —

Ich werde mich zwingen, diese Menschen zu verachten, aber ...

Und sie werden sich über Deine stille Verachtung den Rücken volllachen und Du wirst zu dem Schaden auch noch den Spott in Kauf kriegen. Nein, nein, nein und hundertmal nein, ich geb' es nicht zu, das Weibsvolk muß vor's Gericht und wenn ich selbst den falschen Kommissär Smettana anzeigen müßte; das wird genügen, daß man Euch alle citirt, und dann will ich sehen ob Du den Muth haben wirst, meiner Aussage zu widersprechen?

Raphael weigerte sich zwar noch unter allerlei Vorwänden, der Ansicht des Freundes beizustimmen, man sah es ihm jedoch an, daß er mit derselben vertrauter zu werden beginne.

Die Zeit ist nun wohl eine acceptable Salbe, um Liebeswunden zu heilen, allein Meidler konnte davon in der Affaire seines Freundes keinen Gebrauch machen, weil sie auch Rechtsforderungen verjähren macht und auch Schelmen aus der Klemme hilft.

Eisen und Prozesse müssen geschmiedet werden, so lange sie glühen.

Das Alles drängte sich dem Bildhauer schon in dieser Stunde auf und er wollte eben davon zu sprechen beginnen, wie die Sache am zweckmäßigsten anzufassen sei, als ein Klopfen an der Thür einen Besuch anzeigte.

Ein Herr trat ein.

Es war der Advokat Schweidler, welcher mit Herrn Raphael Hort zu sprechen wünschte.

Ich bin es, antwortete dieser, was steht zu Diensten?

Der Doktor nannte seinen Namen und meldete dann dem jungen Manne einen Gruß von seinem Onkel, dem Doktor Schmitt.

Raphael dankte und bot dem Fremden einen Stuhl.

Man setzte sich.

Der Bildhauer ging in das Nebengemach, da er jedoch irgend eine neue Falle für den unerfahrenen Freund fürchtete, so blieb er aufmerksam, um kein Wort der Unterhaltung zu verlieren.

Der Doktor theilte dem jungen Manne das von dessen Onkel gestellte Ansuchen mit und fügte dann den Entschluß der Baronin Weinfelden hinzu.

Die Baronesse, schloß er seine Rede, ist Ihrem Herrn Onkel zu Dank verpflichtet und er hat sich gegen mich so zuvorkommend und uneigennützig benommen, daß wir es als einen Akt der Dankbarkeit ansehen, auch ihm gefällig zu sein. Ich händige Ihnen hiermit die Karte der Baronesse ein, übergeben Sie selbe morgen Herrn von Mannstein und man wird Sie empfangen, denn die Baronesse wird mittlerweile Ihretwegen schon gesprochen haben.

Während dieses Gespräches wurde es im Kopfe des nebenan horchenden Künstlers lebendig, eine Idee tauchte auf, und er war nicht der Mann, fruchtbare Ideen von sich zu weisen. Er kehrte also rasch in das Zimmer zurück.

Herr Doktor, begann er, ich bin so frei, mich Ihnen als Landsmann und Jugendfreund Raphaels vorzustellen. Ich bin Bildhauer meiner Kunst, und nenne mich Meibler. Sie sind Doktor der Rechte und als solchen stelle ich an Sie die höflichste Bitte, diesen jungen Herrn auf den rechten Pfad zu führen, denn er befindet sich auf einem Holzwege. Eine Mutter und eine Tochter, welche beide verdienen in effigie in einer Kunstausstellung aufgehangen zu werden, haben meinen Freund gepreßt, die Tochter um sein Herz, die Mutter um 500 Gulden. Sie nannten so eben den Namen Weinfelden. In der Affaire Raphaels spielt auch ein Baron Weinfelden eine zwar nur passive aber jedenfalls dankbarere Rolle.

Es gibt zwei Brüder Weinfelden, bemerkte der Advokat, Franz und Christof.

Ha, der Christof ist's, den Sie genannt, der Christof ist's, der sich verbrannt, er ist's, den die Lichtfall's suchen, er den alle „Vater" fluchen —

Der Advokat lächelte, wendete, aufmerksam geworden, den Kopf und sagte:

Die Geschichte verdient umständlich gehört zu werden, sprechen Sie jedoch ohne Jaromir'sche Anklänge, wenn ich bitten darf.

Meibler begann zu erzählen, der Advokat horchte, sein Gehör spitzte sich immer schärfer zu, seine Augen erweiterten sich zusehends.

Regungs- und athemlos saß er da und verlor keine Sylbe aus dem Munde des Sprechers.

Die Affaire Raphael's stand zwar mit der Angelegenheit der Baronin Weinfelden in keinem Zusammenhang, allein sie enthüllte dem Anwalt zwei Thatsachen von höchster Wichtigkeit, sie konstatirte erstens die Verbindung zwischen Christoph von Weinfelden und der Familie Lichtfall, und zweitens einen offenbaren Betrug der letzteren, woraus der Schluß sich von selbst ergab, daß sie auch zu noch schlimmeren Dingen fähig seien.

Nachdem der Bildhauer geendet hatte, ergriff der Doktor die Hand des gewesenen Komptoiristen, schüttelte sie und sagte:

Herr Raphael, Ihr Onkel hat sich um die Baronin verdient gemacht, Sie thaten es in noch höherem Grade.

Ich, wodurch?

Indem Sie so gütig waren dieser Familie in's Garn zu gehen. Wenn ich sage, daß Ihre 500 Gulden die Handhabe liefern, um einen Prozeß zu gewinnen, wo 50,000 Gulden und die Ehre einer Frau auf dem Spiele stehen, so werden Sie die Wichtigkeit des Gegenstandes begreifen, um den es sich handelt. Nun aber, meine Herren, reinen Mund gehalten und keinen Schritt gethan, ohne daß ich davon Kenntniß habe. Geben Sie mir Ihr Ehrenwort darauf?

Ja, ja!

Nun antworten Sie mir, Herr Raphael, Sie haben der Frau Lichtfall 500 Gulden gegeben, unter welcher Form?

Herr Doktor, ich dachte an keine Form, ich gab Sie ihr und sie nahm sie an als Darlehen, wie sie sagte.

Wozu gaben Sie ihr das Geld?

Um ihr die Reise nach Bukarest zu ermöglichen und Lori zu befreien.

Und Sie glaubten an das Märchen?

Wie sollt' ich nicht, da sie es im Beisein eines unirten Polizeikommissärs erzählte.

Sie hat Ihnen also unter falschen Vorspiegelungen Geld herausgelockt und wenn sich herausstellt, daß jener Mensch kein Polizeikommissär war, wovon ich jetzt schon überzeugt bin, so ist die Affaire ein reiner Kriminalfall. Das wichtigste Moment darin bleibt dieser Smettana oder Hammer wie er sich nennt. Es ist daher vor Allem nothwendig, daß wir über diese Person Gewißheit erlangen. Ich ersuche Sie, sich anzukleiden und mit mir nach der Stadt zu fahren —

Nach der Stadt?

Zur Polizeidirektion.

Her Doktor...

Keine Einwendungen...

Herr Doktor, ich bitte Sie zu bedenken, daß Lori...

Sie werden doch keiner falschen Sentimentalität nachgeben? Ich glaube nur Ihnen zu dienen, wenn ich erkläre, daß diese Lori aus dem Prozesse der Baronin als Diebin hervorgehen wird. Jetzt kommen Sie!

Raphael entsetzte sich — Meidler rieb sich vergnügt die Hände.

Herr Doktor, sagte er, wenn Sie je das Verlangen überkömmt, ihre Büste zu besitzen, so bitte ich mich damit zu beehren, ich werde entzückt sein, Sie in Marmor zu verewigen.

Der Advokat und Raphael fuhren zur Polizeidirektion.

Das Ergebniß dieser Fahrt war eine detaillirte Anzeige von Seite Raphaels.

Im ganzen Polizeirayon Wiens gab es keinen Kommissär Namens Smettana, dagegen fand sich unter dem Namen Theodor Hammer ein Winkelschreiber in der Alservorstadt wohnhaft.

Wenn sich die Identität der Person herausstellte, konnte unverzüglich zu dessen Verhaftung geschritten werden.

Ein Gleiches wurde auch über Madame Lichtfall beschlossen.

Was Lori betraf, so war sie an dem Betruge indirekt betheiliget, allein da der Advokat den Prozeß der Baronin nicht aus den Augen ließ, so war ihre Verhaftung noch nicht angezeigt, einstweilen genügte, sie unter Aufsicht zu stellen, was im Hause der Baronin ohnehin schon der Fall war.

Da es sich gegenwärtig um den an Raphael begangenen Betrug handelte, so blieb, wie sich's von selbst versteht, die Affaire Weinfelden ganz aus dem Spiele.

Raphael war der Kläger und Frau Lichtfall durfte nicht erfahren, daß Doktor Schweidler, den sie als Anwalt der Baronin wußte, die Hände im Spiele habe.

Der Advokat machte sich kein Hehl daraus, daß er gegenüber so verschmitzten Personen noch keine eigentliche Waffe in Händen habe; die Affaire Raphael diente ihm blos, die Leute kennen zu lernen, um den Prozeß der Baronin zu lösen, mußte er direkte Beweise erlangen.

Raphael mußte sogleich mit einem Agenten nach der Alservorstadt, Herr Hammer war zu Hause.

Der Agent und Raphael begaben sich zum Hausmeister, dieser mußte den Winkelschreiber unter einem schicklichen Vorwande zu sich bescheiden.

Bei seinem Eintritte winkte Raphael, wie verabredet worden war, dem Agenten zu und dieser ersuchte Herrn Hammer ihm zu folgen.

Der Winkelschreiber erblaßte, die Anwesenheit des Comptoiristen, den er sogleich erkannte, verleidete ihm jede Verstellung.

Die Verhaftung ging ohne Störung und Aufsehen vor sich.

Frau Lichtfall ahnte den Sturm nicht, der mittlerweile hinaufgezogen kam und sich über sie entladen sollte.

Wer Wind säet, muß Sturm ernten, es ist aber eigenthümlich, daß die meisten Windsäer Sonnenschein zu ernten hoffen.

Die wackere Frau war vollkommen ruhig, schlief wie gewiegt und erfreute sich der ungestörtesten Verdauung, als ob sie niemals ein Wässerchen getrübt hätte.

Eines Nachts, sie träumte eben von einem Baume voll zeitiger Aepfel, was beiläufig gesagt, dem Traumbuche zu Folge von schlimmer Vorbereitung ist, wurde sie durch die draußen ertönende Klingel aus dem Schlafe geweckt.

Sie stand auf, zündete Licht an, warf einen Schlafrock um und ging hinaus.

Wer ist es?

Ich bin es, gnädige Frau, der Hausmeister.

Was wollen Sie?

Machen sie schnell auf!

Das geschah.

Der Hausmeister mit der Laterne in der Hand trat ein.

Ihm folgte ein Polizeikommissär und hinter diesem standen zwei Polizeisoldaten.

Frau Lichtfall erblich, faßte sich jedoch rasch und fragte, was zu Diensten stehe?

Sie werden mit uns gehen, Madame.

Mit Ihnen gehen, ich gehorche, ich bin eine schwache Frau und muß der Gewalt mich fügen.

Ohne Komödie, wenn ich bitten darf.

Ich bin im Schlafrock und das ist für eine Frau kein Costume, um darin Komödie zu spielen. Ich werde so frei sein, Toilette zu machen.

Ich ersuche, sich blos anzukleiden und zwar je schneller, desto lieber.

Frau Lichtfall beeilte sich nicht zu sehr, woran aber wenig lag, einige Minuten früher oder später abgeführt, thun keinen Eintrag, die Hauptsache blieb immer, daß die Nemesis sie ergriffen hatte.

Herr Kommissär, begann sie nach einer Weile wieder, sind Sie auch sicher daß hier kein Mißverständniß obwalte?

Da Sie Frau Marianne Lichtfall sind, woran ich nicht zweifle, so ist an ein Mißverständniß nicht zu denken.

Namen kehren immer wieder, es gibt ohne Zweifel viele, die Lichtfall heißen und da es auch nicht unerhört sein soll, daß Leute schon aus Mißverständniß arretirt wurden ...

Beruhigen Sie sich, der Herr Kommissär Smettana wird Ihnen schon die nöthigen Aufklärungen geben.

Ah! machte die schnell begreifende Frau mit einem Tone, welcher die stumme Aeußerung enthielt: „Weht der Wind von dieser Seite?" und rasch beeilte sie sich leicht hinzuwerfen: Ich kann nicht glauben, daß der Scherz üble Folgen nach sich ziehen wird!

Der Kommissär gab ihr keine Antwort mehr.

Endlich war ihre Toilette gemacht, sie verschloß die Wohnung und ersuchte den Hausmeister, „ein wenig Acht zu haben" und ging äußerlich wohl von bannen.

Doktor Schweibler begab sich zur Baronin Weinfelden um sie von den Ereignissen der letzten vierundzwanzig Stunden in Kenntniß zu setzen.

Klarisse war erfreut über den ersten Lichtstrahl, welcher das Dunkel der Intriguen zu erhellen begann.

Die gordischen Knoten aller wenn auch noch so schlau verschlungenen Betrügereien haben das Eigenthümliche, daß sie sich entwirren lassen, wenn man nur den Scharfsinn oder die Witterung besitzt, das rechte Ende zu fassen.

Der Knoten wickelt sich in diesem Falle ab, ohne daß man in die Nothwendigkeit versetzt ist, ihn zu zerhauen.

Der Anwalt setzte seiner Klientin die Vortheile aus einander, welche sie erlangt hatte.

Durch die Arretirung der Mutter stand die Tochter isolirt da.

Obgleich nun diese in der Kunst, sich zu verstellen, eine ziemliche Gewandtheit an den Tag legte, so war doch aus Raphaels Mittheilungen ersichtlich, daß die Seele der Intrigue die Mutter sei und Lori blos die nach Instruktionen handelnde Gehülfin.

Darauf gestützt, durfte man annehmen, daß das Mädchen, sobald es isolirt worden, eher Blößen geben, eher sich verrathen werde.

Wir müssen darauf gefaßt sein, fuhr Schweidler fort, wenn wir so unvorsichtig wären, ohne vorher den Wall in die Breche zu legen, anzustürmen, daß wir den größten Widerstand finden würden. Sie werden Alles läugnen.

Lieber Doktor, unterbrach Klarisse ihren Anwalt, ich bitte Sie, was Sie auch immer beschließen und unternehmen, die Hauptpersonen nicht aus dem Auge zu verlieren und diese bleiben immer mein Mann und sein Bruder. Die beiden Lichtfall können doch offenbar nur die Werkzeuge sein...

Ich vergaß darauf keinen Moment, gnädige Frau, ich weiß recht wohl, daß wir uns nicht nur zu vertheidigen haben, sondern angreifen müssen. Die Verbindung der Lichtfall mit den Brüdern muß erwiesen, die Theilnahme der Letzteren eruirt werden. Allein so weit sind wir noch nicht, vorerst muß die Schuld der Lichtfall klar sein, darauf gestützt, können wir dann weiter arbeiten. Vor der Hand bitte ich dahin zu wirken, daß dem Mädchen die Verhaftung der Mutter ein Geheimniß bleibe. Sie darf nicht nur das Haus nicht verlassen, sondern muß auch verhindert werden, Botschaften zu empfangen, gleichviel ob schriftliche oder mündliche. Unsere Aufgabe ist zunächst, den

Fiaker zu eruiren, der Sie an jenem Abends nach der Nadlergasse gefahren hat.

Wie wollen Sie das ergründen?

Auf dem einfachsten Wege, gnädige Frau, ich werde mich an das Lohnwagenamt wenden. Wenn der damalige Kutscher nicht ebenfalls mit im Komplotte ist, so wird er sich melden. Die Baronin schenkte dem Vorhaben ihren Beifall und der Advokat begab sich nach dem betreffenden Amte.

Der Leser wird der Phrase: „Es wurden Erhebungen gepflogen!" in den Zeitungen oft genug begegnet sein.

Die vier Worte sprechen sich leicht und rasch aus und die Wenigsten denken dabei an die Mühen und Umständlichkeiten, welche damit verbunden sind.

Wie viele Personen müssen oft in Bewegung gesetzt, wie viele Worte verausgabt, wie viele Gänge gemacht werden, und die Summe alles dessen gibt erst die Phrase: „Die Erhebungen wurden gepflogen!

In dem in Rede stehenden Falle muß an sämmtliche konzessionirte Fiaker durch ihren Vorstand die Anfrage gestellt werden, welcher von ihnen oder ihren Leuten eine verschleierte Dame an einem Abende — das Datum war angegeben — zwischen sechs und sieben Uhr von der Humboldtstraße nach der Nadlergasse gefahren habe?

Da seit jenem Abende erst ein Paar Wochen verflossen waren und die Fiaker in der Regel nicht nur ein gutes Gedächtniß besitzen, sondern auch eben aus allgemeinen Sicherheitsrücksichten auf ihre Fahrten und Passagiere wachsame Blicke richten, so war der Erfolg der gepflogenen Erhebungen ein günstiger.

Doktor Schweidler erhielt die Adresse des betreffenden Kutschers und fuhr sogleich ab, um mit ihm zu sprechen.

Mathias Scheckel, so hieß dieser, stand bei einer Fiakerswitwe seit Jahren in Diensten und leitete das ganze Geschäft.

Schweidler fand ihn zufällig „am Platze," so heißt jene Stelle, wo jedem Fiaker sein Aufstellungs- und Halteort von Amtswegen angewiesen ist.

Ihr nennt Euch Mathias Scheckel?

Ja, Euer Gnaden.

Ihr erinnert Euch genau, an einem Abende dieses Monats eine verschleierte Dame von der Humboldtstraße nach der Nadlergasse gefahren zu haben?

Ich erinnere mich dessen vollkommen. Die Frau ist in der Nadlergasse abgestiegen, hat dort eine Hausnummer gesucht, nicht gefunden und ist dann wieder nach Hause gefahren.

Richtig, so ist es. Wann wurdet Ihr zu dieser Fahrt gemiethet?

Nachmittags zwischen vier und fünf Uhr, durch ein junges hübsches Mädchen.

Nannte sie vielleicht die Dame, welche mit Euch fahren würde?

Nein, sie zahlte mich im Voraus und wies mich an, in der Humboldtstraße unweit vom Palais Weinfelden nach sechs Uhr zu warten.

Erinnert Ihr Euch noch des Mädchens?

Ja.

Würdet Ihr sie wieder erkennen, wenn man sie Euch gegenüberstellte?

Ja.

Wohlgemerkt, man wird Euch mehrere Mädchen vorführen, getraut Ihr Euch sie heraus zu finden?

Zuverlässig.

Gut, Ihr seid heute von sechs bis zehn Uhr Abends bestellt, man wird Euch bezahlen wie für eine Fahrt. Findet Euch um die siebente Stunde, aber zu Fuß und ohne Wagen, im Palais Weinfelden ein und meldet Euch dort bei dem Portier.

Scheckel versprach der Weisung nachzukommen.

Doktor Schweibler bestieg seinen Wagen und fuhr nach dem Schillerplatze.

Er setzte einen zweiten Coup in die Szene, welchen wir sogleich erzählen werden.

Achtundzwanzigstes Kapitel.

Trotz aller Wachsamkeit und Aufmerksamkeit Lori's nahm sie dennoch nichts wahr, was ihr irgendwie die Aufsicht verrathen hätte, unter welche sie gestellt war.

Eines fiel ihr auf, der Umstand nämlich, daß sie von der Gebieterin nicht mehr zu Geschäftsgängen nach der Stadt befohlen wurde.

Da aber die Baronin es überhaupt vermied, Jemanden außer Haus zu schicken, und in den letzten Tagen nur mit dem Advokaten verkehrte, so schob Lori obigen Umstand auf die Mißstimmung der Dame, welche wie natürlich aus dem ungünstigen Stande ihres Prozesses sich erklärte.

Daß auch die Mutter Lichtfall seit mehreren Tagen von sich nichts hören ließ, konnte der Tochter nicht auffallen, da die beabsichtigte Intrigue vollständig durchgeführt war und es jetzt nichts mehr zu thun gab, als den Einfluß abzuwarten, den das Vollbrachte auf den Gang des Prozesses üben werde.

Die Wachsame fand also keinen Grund zu Mißtrauen oder zur Unruhe, sondern wartete geduldig den Zeitpunkt ab, wo man ihr gestatten würde, das Haus, vielleicht sogar den Dienst zu verlassen.

Eines Nachmittags erschien eine Frau im Hotel und begehrte mit Fräulein Lori, dem Stubenmädchen, zu sprechen.

Der Portier hatte für diesen Ausnahmsfall bereits geheime Weisung erhalten und besorgte, daß die Gewünschte herbeigerufen wurde.

Lori kam, erkannte in der Frau die Hausmeisterin jenes Hauses am Schillerplatze, wo die Mutter wohnte, und begrüßte sie sehr freundlich.

Ein Wink der Hausmeisterin verrieth dem Stubenmädchen, daß sie mit einer geheimen Botschaft beauftragt sei. Beide spazierten, als geschähe es absichtslos, nach dem Korridor, wo sie vom Portier nicht gesehen werden konnten.

Die Botin schaute geheimnißvoll um sich, und als sie die Luft rein fand, flüsterte sie:

Fräulein Lori, die gnädige Frau Mutter läßt Ihnen sagen, Sie möchten ihr sogleich den Schlüssel schicken.

Welchen Schlüssel?

Sie wissen schon, welchen sie meint.

Die Mutter, dachte Lori, kann offenbar nur jenen Schlüssel meinen, den sie anfertigen ließ; es muß einen wichtigen Grund geben, der sie veranlaßt, mir den Schlüssel abzufordern, wahrscheinlich erheischt es die Vorsicht!

Die Arglose übergab der Hausmeisterin den Schlüssel und diese machte sich damit auf den Weg.

Gegen den Abend erschien Doktor Schweidler bei der Baronin, übergab ihr einen Schlüssel und bat sie, zu versuchen, ob er ihren Sekretär öffne?

Klarisse erstaunte, denn der Schlüssel that seine Schuldigkeit.

Doktor, wie gelangten Sie zu dem Schlüssel?

Der Anwalt theilte der Dame die List mit, deren er sich bedient hatte.

Wie aber kamen Sie auf die Idee, eine solche List anzuwenden?

16*

Das Dokument konnte, wie Sie behaupteten, nur durch Jemanden entwendet worden sein, der zu dem Sekretär einen genau passenden Schlüssel besaß, da Sie den Ihrigen nie aus den Händen gaben. Wenn nun Lori einen solchen Schlüssel hat, so muß ihre Mutter jedenfalls davon in Kenntniß sein, ja höchst wahrscheinlich ihn herbeigeschafft haben. Auf diese Gemeinsamkeit gründete ich meinen Plan.

Das Mädchen mußte also meinen Schlüssel doch zum Muster gehabt haben?

Das ist nicht nothwendig, ein Wachsabdruck thut die nämlichen Dienste, und um einen solchen abzunehmen, genügt eine halbe Minute.

Eine solche Niederträchtigkeit hätte ich hinter diesem Geschöpfe nicht gesucht. Sie sieht so gutmüthig aus.

Sie trägt eben eine Maske wie tausend Andere. Die Schlechtigkeit hinter der Maske ist natürlich gefährlicher wie die ohne Maske, übrigens muß man mit dieser Art von Verbrecherinnen nicht zu strenge in's Gericht gehen, sie werden, was sie eben sind, durch ihre Mütter.

Was haben Sie bezüglich des Fiakers eruirt, lieber Herr Doktor?

Er ist gefunden und wird um sieben Uhr im Hotel erscheinen, denn er behauptet, das Mädchen, welches ihn bestellte, noch erkennen zu wollen.

Ach, Doktor, wenn das der Fall ist, dann bleibt uns ja wenig mehr zu wünschen übrig.

Doch, doch, gnädige Frau, und zwar die Hauptsache, nämlich die Theilnahme der beiden Brüder an diesen Vorgängen. Daß sie vorhanden ist, ersehen wir aus dem ganzen Gewebe, erwiesen ist sie aber noch durch keine einzige der vorliegenden Thatsachen. Diese Frage bildet den Angelpunkt und gleichzeitig die Hauptschwierigkeit. Doch um wieder auf den Mathias Scheckel, so heißt nämlich der Fiaker, welcher Sie gefahren hat, zu kommen.

Ganz recht. Welche Vorkehrungen trafen Sie?

Ich habe mich mit Herrn Müller in's Einverständniß gesetzt. Scheckel, Müller und ein Agent der Polizei werden im dunklen Nebengemache aufgestellt sein. Gnädige Frau rufen hierauf die weiblichen Dienstleute unter einem Vorwande herbei, und zwar eine nach der andern.

Und Sie, lieber Doktor, wo werden Sie weilen?

Ich werde so frei sein, Ihnen Gesellschaft zu leisten, gnädige Baronesse. Das heißt, wenn Sie mir das Vergnügen gönnen, in Ihrer Nähe zu weilen.

Ach, Doktor, bietet denn meine Gesellschaft noch ein Vergnügen? Ich bin von Protokollen und Prozessen förmlich infizirt.

Wenn es einem Doktor Juris anstände, poetische Vergleiche anzustellen, dann würde ich Sie, gnädige Frau, eine Rose nennen, um welche eine häßliche Spinne ihr graues Gewebe geschlungen hat, wir werden das Gewebe zerstören und die Rose wird wieder dastehen rein und frisch wie früher!

Klarisse lächelte.

Ich nehme die Schmeichelei gnädigst an, sagte sie, denn ich muß Sie bei guter Laune erhalten.

Ein Geräusch im dunklen Nebengemache verkündete, daß die drei Männer sich dort eingefunden hatten.

Schweidler setzte sich an den Sekretär und gab sich den Anschein, als sei er im Schreiben begriffen, die Baronin ließ sich in einen Fauteuil nieder, und zwar derart, daß der Anwalt die Person, welche vor ihr stand, unbemerkt beobachten konnte.

Klarisse zog dreimal an der Glockenschnur, welches Zeichen der Gärtnerin galt, der Wärterin des kleinen Edmund.

Barbara erschien, die Gebieterin ertheilte ihr einen Auftrag, richtete ein paar gleichgiltige Fragen an sie und befahl ihr dann, Agnes herzusenden.

Agnes hieß die Köchin.

Mit dieser wurde in derselben Weise vorgegangen und solcher Art eine nach der andern herbeibefohlen.

Der Fiaker im finsteren Gemache nebenan hatte die Weisung, bei derjenigen Person, welche er als die fragliche erkennen würde, leise heraus zu treten und hinter ihr ruhig stehen zu bleiben.

Lori, sie war die fünfte in der Reihe der Herbeigerufenen, hatte sich der Gebieterin kaum genähert, als Mathias Scheckel auch schon hinter ihr stand.

Das Mädchen, da es blos den schreibenden Advokaten im Gemache vorfand, war darauf gefaßt, wieder einige Auskünfte bezüglich der Ereignisse jenes Abends ertheilen zu sollen.

Klarisse nahm das Wort.

Ich habe Sie rufen lassen, um Sie zu fragen, ob Sie sich nicht entsinnen, daß Sie vielleicht an jenem Abende nicht doch einen anderen Fiaker für mich bestellt haben, als jenen, dessen Nummer Sie zu Protokoll gaben.

Gnädige Frau, ich betheuere, daß ich meine Angabe nicht berichtigen kann.

Sie bleiben also dabei?

Ich bleibe bei der Wahrheit.

Kennen Sie den Mann, welcher hinter Ihnen steht?

Lori wendete sich um.

In der ersten Sekunde stutzte — in der zweiten erblich sie zu Tode.

Fünf Personen waren Zeugen dieser Szene.

Klarisse, Schweidler und Scheckel die sichtbaren, Müller und der Vertraute die unsichtbaren.

Ich frage Sie, ob Sie sich dieses Mannes, welcher vor Ihnen steht, erinnern? fuhr die Gebieterin dringender fort.

Gnä—di—ge Frau — nein!

Warum stottern Sie? Sie sind ja bleich wie die Wand. Ihr Benehmen zeugt gerade das Gegentheil von Ihrer Angabe. Was sagen Sie dazu, Herr Scheckel?

Die Mamsell lügt. Ihr Aussehen beweist, daß sie mich wirklich erkannt hat, so wie ich sie. Erinnern Sie sich nur, Mamsell, Sie bestellten mich nach der Humboldtstraße mit der ausdrücklichen Weisung, daß ich erst nach sechs Uhr kommen und nahe am Palais Weinfelden halten solle. Sie gaben mir das Fahrgeld im Vorhinein. Eben so wird die Frau, deren Geschäft ich führe, beschwören, daß ich an jenem Abende bei meiner Nachhausekunft ihr von der verschleierten Dame, die ich gefahren, erzählt habe, und die in der Nadlergasse eine Hausnummer gesucht und nicht gefunden.

Sie hören also, nahm die Baronin wieder das Wort, daß zwei Zeugen, der eine direkt, der andere indirekt gegen Sie aussagen. Fahren Sie fort zu leugnen, es wird Ihnen nichts nützen.

Gnädige Frau — ich betheuere —

Betheuern Sie nichts, sondern sprechen Sie die Wahrheit und es wird Ihnen mehr frommen. Wer war die Frau, die heute Nachmittags mit Ihnen sprach?

Sie ist Hausmeisterin in dem Hause, wo meine Mutter wohnt.

Was wollte sie von Ihnen?

Sie war von meiner Mutter gesendet.

Zu welchem Zwecke?

Meine Mutter verlangte den Schlüssel zu meinem Sekretär.

Das ist nicht wahr. Die Hausmeisterin sagte Ihnen blos, Sie sollen der Mutter den Schlüssel schicken, Sie wüßten schon welchen. Darauf haben Sie der Hausmeisterin diesen Schlüssel eingehändigt.

So ist es.

Wie kommt es nun, daß dieser Schlüssel meinen Sekretär öffnet, als ob er eigens dazu gemacht worden wäre?

Gnädige Frau, das ist nicht möglich, der Schlüssel gehört zu meinem Sekretär.

Ueberzeugen Sie sich selbst!

Lori schwankte zum Sekretär und öffnete ihn ohne Anstand.

Nun, was sagen Sie dazu?

Gnädige Frau, ich kann darauf nichts erwiedern, als daß das ein Zufall ist. Der Schlüssel gehört zu meinem Sekretär. Ich bitte sich davon zu überzeugen.

Ich gebe Ihnen zu bedenken, daß, so wie wir diesen Fiaker aufzufinden wußten, den Sie heimlich bestellten, daß wir auch den Schlosser eruiren werden, der diesen Schlüssel erzeugt hat.

Lori gab keine Antwort.

Jetzt erhob sich Doktor Schweidler, trat auf sie zu und sagte:

Wie kommt es denn, daß Sie auf das Verlangen Ihrer Mutter „den bewußten Schlüssel" zu schicken, ihr gerade diesen gesendet haben?

Ich — ich — dachte mir, — daß sie diesen verlange.

So? Nun hören Sie mich an, Mamsell. Ich will Ihnen Enthüllungen machen, damit Sie über Ihre Lage in's Klare kommen. Ihre Mutter ist seit drei Tagen verhaftet.

Ver—haf—tet!

Sie wird man noch heute von hier aus in's Gefängniß führen.

Lori war nahe daran ihre Besinnung zu verlieren.

Schweidler reichte ihr einen Stuhl und hieß sie sich setzen.

Die Baronin gab ihm ein Fläschchen, womit er sie stärkte, der Fiaker erhielt die Weisung sich zu entfernen, da man für heute seiner nicht mehr bedurfte.

Das Mädchen befand sich also mit dem Advokaten und der Gebieterin allein, die ungesehenen Zeugen nebenan blieben fortwährend auf ihrem Platze.

Nachdem sich Lori wieder erholt hatte, nahm der Anwalt abermals das Wort.

Ich versprach Ihnen, Enthüllungen zu machen, was Sie bereits wissen, ist erst der Anfang. Der Name Raphael Hort ist Ihnen doch bekannt?

Ja!

Er ist gegen Sie und ihre Mutter klagend aufgetreten. Raphael?

Er hat in Erfahrung gebracht, daß Sie nicht von einem wallachischen Bojaren geraubt wurden, sondern jene Zeit bei der Witwe Ramhauer auf der Windmühle verlebten. Zu welchem Zwecke wissen Sie eben so gut wie wir. Da nun Ihre Mutter dem jungen Manne unter falschen Vorspiegelungen Geld herausgelockt hat, wobei ein gewisser Hammer, unter der Maske eines Kommissärs Smettana mithalf, so hat man natürlich auch diesen eingezogen. Es sind also zwei Verbrechen auf einmal, über welche Sie sich zu verantworten haben. Durch Ihr Verhältniß mit dem Baron Christof von Weinfelden liegt es am Tage, daß Sie und Ihre Mutter mit ihm einverstanden, in seinem Intresse gehandelt haben. Es ist erwiesen, daß Sie absichtlich zwei Fiaker mietheten, ferner daß Sie einen Schlüssel besitzen, welcher den Sekretär der Baronin öffnet. Es steht also außer Zweifel, daß Sie ein wichtiges Dokument, welches der Frau Baronin abgeht, entwendet haben. Nun merken Sie wohl auf meine Worte, denn sie sind wichtig für Ihre Zukunft. Die ganze Intrigue gegen die Frau Baronin wurde in Scene gesetzt, um sie den Prozeß verlieren zu machen. In diesem Momente aber ist der Prozeß für uns schon gerettet, denn eine Reise, die ich jüngst eigens nach Böhmen unternahm, hatte zum Zwecke, ein Duplikat des gestohlenen Dokumentes zu requiriren nnd dieses Duplikat ist hier. Betrachten Sie es genau, damit Sie sich überzeugen, daß Sie den Diebstahl vergebens verübt haben. Nachdem wir also das rechtskräftige Duplikat besitzen, nachdem durch die Aussage des Mathias Scheckel und seiner Brodfrau der Alibibeweis für Ihre Gebieterin hergestellt und Sie und Ihre Mutter so schwer kompromittirt erscheinen, so werden Sie begreifen, daß der Prozeß für Jene, in deren Intresse Sie gehandelt haben, nicht zu gewinnen ist. Wenn aber die beiden Barone den Prozeß verlieren, so bleiben sie, was sie jetzt sind, unbemittelte Leute. Sie und Ihre Mutter haben demnach von ihnen nichts zu hoffen, nichts zu erwarten. Die Frau Baronin dagegen ist und bleibt eine reiche vornehme Dame, eine Dame deren Mildthätigkeit stadtbekannt ist. Ich gebe Ihnen daher zu bedenken, ob Sie klüger handeln, durch Leugnen die Sache der Brüder zu unterstützen oder durch ein offenes, unumwundenes Bekenntniß dem Rechte zum schnelleren Siege zu verhelfen und Ihre eigene Untersuchungshaft abzukürzen?

Man sah es dem Mädchen an, daß es bereits unschlüssig zu schwanken begann.

Doktor Schweidler, den Eindruck seiner Worte wahrnehmend, fuhr eindringlich fort: Vergessen Sie nicht, daß Sie nicht mehr einzig und allein auf Ihre Mutter Rücksicht zu nehmen haben, sondern auch für Ihr Kind. Was wird aus dem armen Wesen werden, wenn Sie und Ihre Mutter im Gefängnisse sitzen ....

Lori sank der Baronin zu Füßen und stammelte: Gnade .... Erbarmen ....

Wollen Sie bekennen?

Ja .... ich will!

Der Anwalt hob sie auf und hieß sie sich wieder niedersetzen.

Bevor Sie irgend ein Geständniß ablegen, nahm er wieder das Wort, muß ich Ihnen ausdrücklich bemerken, daß weder ich noch die Frau Baronin die Macht besitzen, den Gang der über Sie verhängten Untersuchung aufzuhalten oder deren Lauf zu Ihren Gunsten zu lenken. Sie sind schuldig und müssen die Strafe dafür über sich ergehen lassen, diese Strafe wird jedoch eine viel mildere sein, wenn es sich herausstellt, daß Sie nur die Weisungen Ihrer Mutter befolgt haben und wenn Sie ein reumüthiges Bekenntniß ablegen. Nach jener Richtung hin haben Sie von der Frau Baronin nichts zu erwarten, dagegen aber soll Ihr Kind jetzt schon und Sie in späterer Zeit in ihr eine milde Wohlthäterin finden und ich denke, daß gerade Ihre Lage eine derartige ist, daß Sie mehr auf die Zukunft als auf die Gegenwart zu reflektiren haben.

Doktor Schweidler erreichte bei Lori seine Absicht vollständig.

Nachdem er sie durch seine Enthüllungen überrascht und unsicher gemacht hatte, faßte er sie von der Seite des Eigennutzes und warf den letzten Widerstand zu Boden, indem er sie an ihr Kind erinnerte.

Lori gestand ihre Schuld, alle ihre Angaben bezogen sich jedoch lediglich auf sie und ihre Mutter, Lori hatte in dieser ganzen Affaire blos mit ihrer Mutter zu thun gehabt, was sie von der Theilnahme des Barons wußte, erfuhr sie blos durch ihre Mutter.

So umfassend daher auch ihr Geständniß war, so bot es doch keinen Beweis, um auch gegen den Schwager Klarissens einzuschreiten.

Um ihm an den Leib zu können, bedurfte es des Geständnisses von Seite der Lichtfall, denn diese war es allein, die mit ihm verhandelt hatte.

Es gab auch in der That einzelne Partien in dieser Affaire, von welchen Lori keine Kenntniß besaß, so zum Beispiel den geheimen Briefwechsel mit dem Baron Alpenheim,

Lori wirkte mit ohne zu wissen, wie dies oder jenes in Szene gesetzt wurde.

Die Lichtfall befliß sich der Vorsicht, jede Person, deren sie bedurfte, nur in so weit einzuweihen, als deren Mitwirkung es eben erheischte.

Man wird sich erinnern, daß sie bei mancher Gelegenheit zu ihrer Tochter sagte: Das laß nur mich machen, ich weiß schon, was ich zu thun habe.

So zum Beispiel wußte Lori, daß zwischen ihrer Mutter und dem Baron ein schriftliches Uebereinkommen bestand, welches sie wegen der versprochenen zehntausend Gulden abgeschlossen hatte, allein das Mädchen kannte weder den ganzen Inhalt des erwähnten Vertrages, noch hatte sie ihn zu Gesichte bekommen.

Alles in Allem, das Geständniß des Stubenmädchens war genügend, sie und ihre Mutter zu verurtheilen, es reichte jedoch nicht aus, gegen den Urheber einzuschreiten, so lange Lori's Mutter nicht ebenfalls ein wahres Bekenntniß ablegte. Wessen man sich aber von dieser zu versehen hatte, zeigte der Verfolg.

Lori wurde noch an demselben Abende verhaftet und der Anwalt der Baronin trat als Kläger auf.

Lori, zu Protokoll genommen, widerholte ihre bereits gemachten Geständnisse.

Madame Lichtfall wurde nicht wenig überrascht, als sie zum Verhör gerufen, aus den vorgelegten Fragen allmälig wahrnahm, daß es sich nicht allein um die Affaire Raphaels, sondern auch um jene der Baronesse von Weinfelden handle.

Wie sie angab, hatte sie von Raphael 500 Gulden entlehnt, die sie ihm jedoch zurückzahlen werde, das Märchen von dem Bojaren hatte sie ersonnen, weil sie es für überflüßig erachtete, daß der Comptoirist die Wahrheit erfahre; die Geschichte mit dem Polizeikommisär Smettana war ein Scherz.

War die wackere Frau schon unangenehm berührt, als sie Raphael als Kläger nennen hörte, so wurde sie förmlich verblüfft, als die Geständnisse Lori's nach und nach vor ihr entrollt wurden..

Das ist nicht möglich, das kann meine Tochter nicht gesagt haben! rief sie ein um das andere Mal aus.

Man wird sie Ihnen gegenüberstellen, damit Sie selbst sie hören.

Sie lügt, sie lügt!

Dann lügt auch der Fiaker Scheckel, dessen Brotfrau, die Hausmeisterin, kurz dann lügen Alle, nur Sie allein reden die Wahrheit.

So ist es auch!

Und sie blieb dabei.

Um die Hartnäckigkeit der Lichtfall zu begreifen, ist es nothwendig, zu erwähnen, daß bei ihr bereits Bosheit und Erbitterung im Spiele waren.

Boshaft und erbittert, gegen wen?

Die Lichtfall war eine überaus schlaue Person; diese haben in ähnlichen Lagen die Eigenthümlichkeit, daß sie weiter sehen wollen als ihr Blick reicht, daher sie sich leicht verirren.

Frau Lichtfall kannte Raphael genau und wußte, daß er nie klagbar geworden wäre, wenn man ihn dazu nicht aufgestachelt hätte, sie kannte auch ihre Tochter und wußte, daß nur ungewöhnliche Einflüsse sie zu einem so umfassenden schleunigen Geständniß bewogen haben konnten.

Im Innern der Lichtfall bildete sich daher die Ansicht und wurde allmälig zur Ueberzeugung, daß Raphael durch die Baronin zur Klage veranlaßt und Lori durch Raphael zum Geständniß bewogen worden sei.

Sie haben sich Alle gegen mich verschworen, dachte sie, Raphael, Lori und die Baronin, mein Kind ist an mir zur Verrätherin geworden, jetzt folg' auch ich meinem Kopfe und leugne Alles. Ohne mein Geständniß kann die Baronin den Prozeß nicht gewinnen, ich werde leugnen, und wenn die Untersuchung Jahre lang dauern sollte!

Die wackere Frau täuschte sich in ihrer Spitzfindigkeit.

Sie wollte zu weit sehen und blieb im Dunkeln über die nächsten Vorgänge.

Die Leidenschaft machte sie für eine Weile blind, wenn aber etwas geeignet ist, Leidenschaften abzukühlen, so ist es die Muße des Gefängnisses.

Doktor Schweidler zweifelte nicht, daß das Leugnen der Lichtfall zwecklos sei, allein ihn berunruhigten andere Dinge, er wollte erstens den Prozeß beschleunigen und die Lichtfall konnte ihn faktisch verzögern, dann aber, und das war die Hauptsache, wünschte er, daß die Theilnahme der beiden Brüder an der Intrigue gegen die Baronin hervortrete, was aber durch das Leugnen der Lichtfall unmöglich war.

Die Taktik, die sie dabei befolgte, war eine ganz einfache.

Im Verlaufe der Verhöre bequemte sie sich, Thatsachen, die sie nicht in Abrede stellen konnte, zuzugeben, allein sie unterschob ihnen ganz falsche Motive.

Um nur Ein Beispiel von vielen anzuführen, erwähnen wir Folgendes.

Anfangs leugnete sie, wie Alles, auch die Veranlassung zu der Entwendung des Dokumentes gewesen zu sein.

Später mußte sie dieses zugeben.

Wohin haben Sie das Dokument gethan, welches Ihre Tochter Ihnen einhändigte?

Ich hab' es verbrannt.

Auf wessen Veranlassung?

Auf Niemandens Veranlassung.

Welchen Grund hatten Sie, diesen feindlichen Akt gegen die Baronin zu begehen?

Ich hatte gegen diese Frau von jeher eine Antipathie.

Ihre Angabe scheint nicht richtig. Denn wie Ihre Tochter aussagt, haben Sie mit dem Baron Christoph von Weinfelden eine Art schriftlichen Vertrages geschlossen.

Das ist nicht wahr.

Sie werden doch nicht in Abrede stellen, daß Sie mit Ihrer Tochter darüber gesprochen haben?

Ich gebe zu, daß ich es zu ihr gesagt habe, daraus folgt aber nicht, daß es auch wahr ist.

Welchen Grund hätten Sie gehabt, Ihrer Tochter eine derartige Lüge aufzutischen?

Ich that es, um ihr Interesse anzuregen und um sie sicherer zu machen.

Sie standen also mit keinem der Barone von Weinfelden in Verbindung?

In dieser ganzen Affaire hab' ich selbstständig und ohne fremde Einflüsse gehandelt.

Sie hatten Ihre Tochter beauftragt, zwei Fiaker zu miethen?

Ich leugne es nicht.

Wer war die Frau, welche den ersten Wagen benützte, um die Person der Baronin vorzustellen?

Ich war es.

Wer hat den Briefwechsel mit dem Baron Alpenheim geführt?

Das weiß ich nicht. Vermuthlich eine Frau, die sich mit ihm einen Scherz erlauben wollte.

Wie kamen Sie dazu, diese Sache zu einer Mystifikation zu benützen? Hatten Sie Kunde von dem Briefwechsel?

Baron Alpenheim hat nicht reinen Mund gehalten, ich erfuhr schon am Tage vorher, daß man ihm ein Rendezvous verheißen und benützte die Gelegenheit —

Von wem erfuhren Sie den Umstand?

Von einer Frau.

Wie heißt diese Frau?

Ich kenne sie nicht.

Angenommen, Ihre Angaben wären wahr, wie erklären Sie die Rolle, welche der Gatte der Baronin bei diesem Abenteuer gespielt hat?

Der Baron Franz von Weinfelden wurde von mir eben so mystifizirt, wie der Baron von Alpenheim. Er wird die anonymen Zeilen, welche ich schrieb, um ihn von dem Rendezvous seiner Gattin in Kenntniß zu setzen, nicht in Abrede stellen.

Das ist wahr, er besitzt sie sogar noch, allein wie er klären Sie den Umstand, daß Sie schon einen Tag früher Ihrer Tochter auftrugen, in dem Kleide, dessen sich die Baronin bedienen werde, unterhalb der linken Taille einen Riß zu machen und der Baron, wie er zu Protokoll gab, ihr Kleid gerade an dieser Stelle zerriß. Das scheint auf ein Einverständniß zwischen dem Baron und Ihnen hinzu deuten.

Was man für ein Einverständniß hält, ist nichts als meine kluge Berechnung. Ich verbarg meine Hände, so daß der empörte Baron, um mich aus dem Wagen zu zeeren, mich nothwendig am Kleide fassen mußte. Dann hatte ich jene Seite im Wagen eingenommen, daß ich im Voraus mit Gewißheit angeben konnte, wo der Riß des Kleides geschehen müsse. Uebrigens ist das eine Berechnung, die nur durch ihr Eintreffen Gewicht erlangt hat. Angenommen, der Baron hätte mein Kleid nicht zerrissen, so würde er es nicht zu Protokoll gegeben haben und der Riß im Kleide der Baronin wäre unbeachtet geblieben.

Neunundzwanzigstes Kapitel.

Die gegebene Probe wird genügen, damit der Leser von der Taktik der Frau Lichtfall eine ziemlich deutliche Vorstellung gewinne.

Ihr Hauptbestreben war darauf gerichtet, die Barone zu schonen.

Da sie ihre Tochter im Einverständnisse mit der anderen Partei glaubte, so wollte sie sich die Gunst dieser bewahren.

Das Dokument, welches sie von ihnen in Händen hatte, sollte ihr in Zukunft die Dienste einer Wünschelruthe leisten, durch welche sie aus den beiden Brüdern, wenn auch keine Schätze, so doch hübsche Zubußen herausschlagen konnte.

Doktor Schweidler, erfahren und gewandt in seinem Geschäfte, erkannte gerade aus dem Eifer der Lichtfall, die beiden Brüder aus dem Spiele zu lassen, daß ein sehr bestimmter Vertrag zwischen diesen drei Personen bestehen müsse. Was war nun zu beginnen, um diesen an das Tageslicht zu fördern?

Darüber brütete er Tage lang.

Archimedes verlangte nur Einen Punkt zu erfahren, wo er seinen Hebel anlegen konnte, um die Erde aus den

Angeln zu heben; welches war nun der Punkt, um Frau Lichtfall aus ihrer Rolle zu werfen?

Der Anwalt studierte diese Frage, erwog die Stimmung der Lichtfall, entwarf sich ein lebhaftes Bild ihrer Anschauung, wobei er ihren Charakter mit in den Calcul zog, und daraus entsprang eine Idee, an deren Ausführung er unverzüglich schritt.

Worin diese Idee bestand, soll der Leser sogleich erfahren.

———————————————————

Wir versetzen uns in die Wohnung des Herrn Christoph von Weinfelden.

Der geheimen Freude, welche dort durch die glücklich ausgeführte Intrigue Platz griff, wurde bald ein Dämpfer aufgesetzt.

Man gelangte zur Kenntniß, daß die Lichtfall verhaftet worden sei; da man aber gleichzeitig erfuhr, daß es sich um eine Affaire mit einem jungen Komptoiristen handle, so beruhigte man sich ein wenig, blieb aber nichtsdestoweniger auf der Lauer.

Ein Paar Tage später drang auch die Kunde herüber, daß Lori verhaftet sei.

Sollte sie bei der Affaire mit dem Komptoiristen betheiligt sein, oder handelte es sich um etwas Anderes?

Herr Christoph faltete die Hände, trippelte im Zimmer auf und ab, seufzte nach erlernter Vorschrift, verdrehte die Augen, kurz er wurde sehr unruhig.

Er ließ durch seinen Bruder, durch seinen Anwalt auf verschiedenen Umwegen Erkundigungen einziehen, und erfuhr, daß Mutter und Tochter unter der doppelten Anklage des Betruges und des Diebstahls stehen, kurz daß es sich nicht allein um die Affaire des Komptoiristen, sondern auch um jene der Baronin handle.

Der Wolf im Schafspelze wurde noch unruhiger.

Die Situation der Brüder war eine peinliche, sie mußten jeden Augenblick gewärtigen in den Prozeß hineingezogen zu werden. Die Schrift, welche die Lichtfall von ihnen in Händen hatte, reichte hin, sie ebenfalls für schuldig zu befinden.

Sie machten sich Beide kein Hehl daraus, daß sie einzig und allein von der Diskretion der Lichtfall abhingen.

Da sie indessen die Verschmitztheit der Mutter und die Klugheit der Tochter kannten, so schmeichelten sie sich mit der Hoffnung, man werde das Dunkel der schlau angelegten Intrigue nicht zu durchbringen vermögen.

Diese Hoffnung schwand jedoch bald.

Das Geständniß Lori's wurde ihnen hinterbracht.

Zur Aufklärung des Lesers sei hier sogleich bemerkt, daß dies durch Einwirken des Doktors Schweidler geschah; es gehörte das mit zu seinem Plane.

Diese Lori ist eine Gans, rief der fromme Herr Christoph entrüstet, sie wird sich in's Zuchthaus hinein reden. Es ist ein wahres Glück, daß wir blos mit der Mutter zu thun hatten, denn sonst wären wir schon bloßgestellt.

Die Brüder fühlten, wie der feste Boden unter ihren Füßen allmälig abgebröckelt wurde.

Ihre ganze Hoffnung beruhte jetzt nur noch auf der Diskretion der Lichtfall.

In dieser Bedrängniß warf der Jüngere die Idee auf, sich mit der Verhafteten auf irgend eine Art in Verbindung zu setzen, um sie durch Versprechungen zum Schweigen zu veranlassen.

Der Aeltere, der sich das Lob ertheilte, er sei sich selbst Advokat genug, wollte davon nichts wissen.

Ein jeder Schritt nach dieser Richtung, meinte er, würde uns kompromittiren. Wir müssen Ruhe affektiren, Unbefangenheit zur Schau tragen, kurz wir müssen uns den

Anschein geben, als ob uns die ganze Angelegenheit nicht berührte.

Franz wich von seiner Ansicht nicht ab, und meinte, man müsse es eben so anstellen, daß man sich nicht kompromittire und doch den Zweck erreiche.

Bei den Brüdern trat über diesen Punkt eine Verschiedenheit der Ansichten ein, über die sie sich nicht einigen konnten, bis ihnen von außen her ein Ende gemacht wurde, und zwar durch eine nicht erfreuliche Kunde.

Eines Vormittags meldete man Herrn Christoph eine Frau, die ihn zu sprechen wünsche.

In der Hoffnung oder in der Furcht, daß es eine geheime Botin der Lichtfall sei, wurde sie sogleich vorgelassen.

Dem Baron war die Eintretende unbekannt, er fragte daher nach ihrem Begehren.

Gnädiger Herr, ich heiße Ottilie Ramhauer, bin Witwe und wohne auf der Windmühle.

Die Miene des Barons zeigte, daß diese Angaben noch nicht genügten, die Frau zu erkennen.

Es muß ausdrücklich gesagt werden, daß dies keine Verstellung war.

Die Mutter Madeleinens glaubte daher sich auf's Prägnanteste charakterisiren zu müssen und sagte:

Ich bin die Kostfrau des kleinen Christoph, des Kindes der Eleonore Lichtfall.

Ah! machte Herr Christoph, und verdrehte die Augen.

Frau Ramhauer blieb wie in stiller Andacht versunken vor ihm stehen.

Die gute Frau mochte sich denken: Wie Du mir, so ich Dir! Spielst Du Komödie, so spiel ich auch Komödie!

Und sie spielte zum Täuschen gut, denn Doktor Schweibler hatte ihr die Rolle einstudirt.

Was wünschen Sie von mir? begann der Wolf im Schafspelz nach einer Pause.

Gnädiger Herr werden schon verzeihen, daß ich mich an Sie wende, aber Sie werden schon von dem Unglück gehört haben —

Von welchem Unglück?

Daß die Mutter und die Großmutter des Kindes im Kriminal sitzen —

Was geht das mich an?

Gnädiger Herr, die beiden Frauen mögen Sie in diesem Augenblicke vielleicht nichts angehen, aber das Kind —

Wer sagt Ihnen, daß das Kind mich angeht?

Gnädiger Herr, Sie geben sich einer Täuschung hin, wenn Sie meinen, das Geheimniß sei bewahrt, alle Welt weiß es, Fräulein Lori hat Sie ja als Vater zu Protokoll gegeben.

Woher wissen Sie das?

Ich weiß noch mehr als das.

Wie kamen Sie dazu? Woher erfuhren Sie es? Erklären Sie mir es.

Ich besitze eine Tochter Madeleine. Diese hat einen Geliebten, einen Bildhauer Namens Bernhard Meidler. Der Freund dieses jungen Mannes ist jener Komptoirist, welcher gegen die Lichtfall wegen des an ihm begangenen Betruges klagbar wurde. Herr Raphael Hort, so ist sein Name, kennt nun alle Vorgänge bei der Untersuchung, von ihm erfährt sie der Bildhauer und dieser erzählt sie wieder mir und meiner Tochter. Aber Herr Baron, ich kam nicht wegen dieser Angelegenheit zu Ihnen, sondern wegen des Kindes oder vielmehr wegen des Kostgeldes. Bisher bezog ich es von der Großmutter, da nun diese und die Mutter für längere Zeit unsichtbar bleiben werden und ich nicht in der Lage bin, fremde Kinder zu ernähren, so glaubte ich bei Ihnen anfragen zu müssen, bevor ich die Sache anderwärts zur Sprache bringe.

Der fromme Heuchler verzog scherzhaft sein fettes Gesicht.

Diese neue Fatalität wog zwar nicht schwer, sie vermehrte aber doch die Last, welche ein konträres Geschick ihm bereits aufgebürdet hatte.

Er sah sich in die unangenehme Alternative versetzt, entweder die Kostfrau fortzusenden und durch diese Hartherzigkeit die Lichtfall gegen sich zu empören, oder die Pflichten des Vaters zu übernehmen und damit die Angaben Lori's zu konstatiren.

Um sich aus diesem Dilemma herauszuwinden, sagte er hierauf:

Es ist christliche Pflicht, Witwen und Waisen zu unterstützen. Ich werde diese Pflicht üben und Ihnen monatlich das Kostgeld verabfolgen.

Frau Ramhauer machte einen Knix und sagte:

Ich küß' die Hand.

Und nun, fuhr Herr Christoph fort, sprechen Sie, was wissen Sie von den Vorgängen bei der Untersuchung?

Madame Ramhauer verdrehte wieder die Augen und sagte:

Ach, Herr Baron, erlassen Sie mir die Mittheilungen, Sie werden sie noch zeitlich genug erfahren.

Herr Christoph wurde betroffen und bestand um so entschiedener auf seinem Verlangen.

Vor Allem, Herr Baron, begann die Ramhauer, ist es eine Thatsache, daß Ihr Bruder den Prozeß mit seiner Frau nicht gewinnen kann.

Wer sagt Ihnen das?

Herr Raphael Hort hat bei Karlsbad einen Onkel, dieser Onkel ist Advokat und heißt Schmitt. Von diesem erfuhr nun Raphael, daß der Anwalt der Baronin in Böhmen war, und daß es ihm gelungen ist, ein rechtskräftiges Duplikat von einem der Baronin entwendeten Dokument zu erhalten.

Diese Hiobspost machte den frommen Baron erbleichen.

Sie war ihm neu und verwischte den Rest der Hoffnung, welche ihn bisher bezüglich des Prozesses noch beseelte.

Nachdem ihm damit die einzige Stütze, an welche er sich allenfalls noch anklammern konnte, entzogen wurde, führte die gelehrige Frau den entscheidenden Schlag, um ihn vollends niederzuwerfen, indem sie weiter sprach: Diesen Umstand scheint nun die Baronin benütz zu haben. Sie machte den Verhafteten die Vorstellung, daß sie von Ihnen und Ihrem Bruder, da Sie den Prozeß nicht gewinnen können, für die Zukunft nichts zu erwarten haben, sie würden daher in jedem Falle klüger verfahren, auf die Großmuth der Baronin zu zählen und ihr — durch ein offenes Bekenntniß — das Spiel zu erleichtern. Die Folge von diesen Vorstellungen war, daß die Tochter bereits Alles eingestanden hat und daß die Mutter gestern dem Anwalt der Baronin die ersten Enthüllungen machte und eine Schrift zu übergeben versprach, die Sie und Ihren Bruder kompromittirt.

Herr Christof schnellte vom Sitze empor, die Stunde der Heimsuchung hatte geschlagen.

Die Maske der Demuth und Frömmigkeit fiel, die Verstellung wurde bei Seite gesetzt und siehe da, jetzt ohne Schafspelz glich er seinem Bruder Franz auf ein Haar, er zeigte ganz dasselbe revolutionäre Naturell, die nämliche Wildheit und Unbändigkeit.

Alle Vorsicht außer Acht lassend, in Frau Ramhauer eine Vertraute erblickend, stürmte er im Zimmer auf und nieder und rief:

Schändlich, ungeheuer, einen so schnöden Verrath zu üben, das hätte ich nicht erwartet!

Und wieder ließ er seinen Bruder holen und die Mutter Madeleinens mußte in dessen Gegenwart ihre früheren Angaben wiederholen.

Nun hörst Du es, rief Franz, nun wirst Du wohl nicht mehr in Abrede stellen, daß mein Rath zu befolgen war, daß wir uns mit der Lichtfall hätten in Verbindung setzen und ihr Versprechungen machen sollen. Uebrigens kann es noch geschehen.

Nein, nein, rief Christoph, ehe ich mich dazu entschließe —

Er hielt an sich.

Wir wollen uns die Sache überlegen, sagte er nach einer Pause scheinbar nachgiebig; liebe Madame, wir betrachten Sie als eine der unsrigen. Kommen Sie morgen wieder, Sie werden uns verbinden, denn wir bedürfen Ihrer.

Frau Ramhauer versprach sich einzufinden.

Sie hielt Wort, bekam aber die Auskunft, die gnädigen Herren seien gestern noch abgereist.

Als sie diese Neuigkeit dem Doktor Schweidler hinterbrachte, rieb er sich vergnügt die Hände und sagte:

Glückliche Reise! Der erste Theil meines Planes ist gelungen, nun rasch an die Ausführung des zweiten; wenn mein Calcul richtig ist, so wird der elektrische Telegraph seine Schuldigkeit thun müssen.

Dreißigstes Kapitel.

Es ist Vormittags eilf Uhr, wir betreten das neue elegante Café in der Ringstraße.

Die Kaffeehäuser der Residenz, mit Ausnahme derjenigen, wo Geschäfte abgemacht werden, bieten um diese Zeit eine eigenthümliche Physiognomie.

Was zur Gewerbe- und Dienstwelt gehört, bleibt ihnen ferne.

Der Student weilt im Kollegium, der Beamte im Bureau, der Spekulant auf der Börse oder auf einem anderen Terrain, wo sich sein Geschäft bewegt.

Die Gäste zu dieser Stunde rekrutiren sich also aus der Klasse der Pensionisten, Privatiers, der Schauspieler, die zufällig keine Probe haben, ferner aus der großen Zahl der anerkannten Pflastertreter, und endlich aus dem Haufen jener enragirten Zeitungsleser, die alle Journale, inklusive der Inserate, durchbuchstabiren und um diese Zeit das gefürchtete „Ist in der Hand" nicht zu besorgen haben.

Thatsache ist, daß es in Wien Leute gibt, welche das Kaffeehaus nur um diese Stunde besuchen, und wir können ihnen nur beistimmen, denn der nachmittägige Rauch- und Dunstqualm ist lästig, und es gehört die Ausdauer und die Gewohnheit eines Wieners dazu, sich in diese Atmosphäre freiwillig hinein zu wagen und mehrere Stunden zu verweilen.

Im Café in der Ringstraße treffen wir einige alte Herren, welche Journale lesen, einige junge, welche sie oberflächlich durchfliegen.

Zwei Jünglinge mit Augengläsern spielen Billard; ihr schlechtes Spiel zeigt, daß sie Anfänger sind und daß sie vielleicht blos die Zeit tödten, vielleicht auch in der Mechanik des Stoßes die Anfangsgründe üben wollen.

Da hat man's, es hat sich schon wieder Einer in's Wasser gestürzt, ruft ein Zeitungsdurchflieger.

Bei dieser Kälte? Ich danke.

Manche Menschen haben eigenthümliche Passionen.

In früheren Zeiten spielte die Bastei eine Rolle, jetzt ist das nicht mehr möglich.

Marqueur, eine Tasse Thee! schrie ein Herr, zur Thüre hereinstürzend und sich mit einer Hast niederlassend, als brennte der Boden unter seiner Sohle.

Einer der Anwesenden hat ihn kaum ersehen, so eilt er auch schon auf ihn zu und schreit fast so laut wie er:

Guten Morgen, Baron!

Ach, Herr von Bigotti, guten Tag!

Nun, Baron, wie geht's, wie befinden Sie sich?

Danke, gut.

Was wissen Sie Neues?

Aha, kommen Sie schon wieder, um zu schmarotzen? Bitte uns auch etwas zukommen zu lassen.

Die beiden Herren schreien, als ob sie allein im Kaffeehause wären! murmelte ein alter Zeitungsleser und bewegte mißvergnügt sein greises Haupt.

Sie trinken Thee, Baron?

Ich genieße nur Thee.

Ich ziehe den Kaffee vor.

Bah, wer wird Kaffee trinken! Kaffee erzeugt Araber —

Und der Thee — Chineser!

Abscheulich, murmelt der alte Herr, ich weiß nicht mehr, was ich lese. Man versteht das gelesene Wort nicht.

Alpenheim, denn daß er es ist, hat man wohl errathen, schlürft seinen Thee.

Baron, um Gotteswillen, seien Sie vorsichtig.

Warum denn?

Sie werden Ihren Zwicker mit hinab trinken!

Er hängt ja an einer Schnur, tröstete ein dritter Schreier.

Hat denn der Kukuk heute alle Wiener Maulreißer zusammengeführt? brummte der Alte.

Nun, Baron, was ist's mit Ihren Neuigkeiten? Seien Sie großmüthig.

Sie haben doch gehört, daß Herr Konstant bereits verurtheilt ist.

Wozu?

Er wird drei Jahre lang sitzen, jetzt kann er Witze machen.

Ich möchte wissen, Baron, warum Sie bei jeder Gelegenheit dem armen Banquier seine Witze verübeln?

Wissen Sie das nicht? rief der dritte Schreier; Konstant hat einmal von dem Herrn Baron gesagt, ohne Zwicker sei er nur ein halber Mensch —

Ha, ha, ha!

Ist das auch ein Witz? Nicht einmal ein halber! Ha, ha, ha!

Das Geschrei in diesem Lokal ist wahrhaft ecklich, murmelte der Alte und begann ärgerlich umher zu rutschen.

Apropos, Baron, wie steht's mit Ihrem Projekte? Sie waren ja daran, Kolonien anzulegen.

Ich hab' die Idee aufgegeben.

Warum denn?

Weil ich zur Erkenntniß kam, daß in einem Lande, wo Vorurtheile herrschen, die Kultur keine Fortschritte machen kann. Den Ungarn ist nicht zu helfen, ich hätte ihren Nationalwohlstand gehoben, ich hätte sie glücklich gemacht, es thut mir leid, ich kann nicht. Jeder ist sich selbst der Nächste. Ich werde meine Thätigkeit einem historischen Berufe zuwenden —

Ah!

Ist Ihnen noch nichts zu Gehör gekommen?

Keine Silbe!

Ich erwarte dieser Tage mein Diplom.

Was für ein Diplom?

Man wird mich zum ordentlichen Mitgliede ernennen —

Der Akademie der Wissenschaften?

Warum nicht gar! Ich weiß meine Zeit besser anzuwenden, als mich in gelehrte Abhandlungen zu vertiefen, die für das praktische Leben gar keinen Werth haben. Ich werde Mitglied der Gesellschaft zur Erhaltung mittelalterlicher Baudenkmale; ich werde konserviren, das ist eine dankbare, in's Leben eingreifende Thätigkeit.

Ja, das ist wahr, es ist eben so wichtig wie nützlich, daß Alles, was Ruine ist, uns und der Zukunft erhalten bleibe. Baron, Sie können sich in dieser Sphäre unsterbliche Lorbeeren sammeln!

Marqueur, zahlen! In diesem Lokale wird Einem sogar das Zeitungslesen verleidet! rief jetzt der alte Herr ebenfalls laut und ging.

Was hat er! Mir scheint, der Alte fand keinen Geschmack an unserer Konversation.

Er ist wahrscheinlich ein Zopf, der für das Neue keinen Sinn besitzt.

Die anderen Anwesenden schmunzelten, denn sie merkten vom Anfange her, daß Bigotti mit seinem Geschrei den Baron nur persiflirte, daß er ihm Zündhölzchen warf, um ihn in Flammen zu versetzen.

Es gehen auf dieser Erde allerlei Kostgänger umher, antwortete Bigotti mit Beziehung auf den Herrn, welcher sich eben entfernt hatte, er ist vielleicht einer von jenen, die alle englischen Reden memoriren, die im Oberhaus gehalten werden.

Im Oberhaus? Ha, ha, ha, der Scherz ist nicht übel.

Warum lachen Sie, Baron? Ich will nicht hoffen, daß Sie die Oberhäuser lächerlich finden! Ich meines Theils schwärme für jedes Oberhaus.

Die Andern lachten jetzt laut.

Sie werden sehen, meine Herren, sagte Alpenheim, der ebenfalls guter Laune wurde, er wird sich den Mund verbrennen.

Das geschieht mir immer, wenn ich mit Schmarrn zu thun habe. Doch nun zu etwas Klügerem, Baron. Ich werde mich dankbar beweisen.

Womit?

Ich werde Ihnen für Ihre Neuigkeit eine andere in den Kauf geben.

Das läßt sich hören.

Die ganze Jägerzeile legt Trauer an!

Warum denn?

Weil der frömmste Mann vom Grund durchgegangen ist.

Oho! Baron Christoph —

Sammt seinem Bruder Franz.

Unmöglich!

Sie haben sich selbst exilirt. Ha, ha, ha.

Warum denn? Doch nicht wegen des lumpigen Prozesses? Sie können ihn ja nicht verlieren.

Sie sind ja ebenfalls mit verwickelt. Wie man erzählte, hat der jüngere Weinfelden Sie auf einer nächtlichen Landpartie angehalten.

Ach, seufzte Alpenheim, es war die wonnigste Stunde meines Lebens.

Die verschleierte Dame war also wirklich die Baronin?

Sprechen wir nicht davon, ich kompromittire Niemanden, am allerwenigsten eine Dame, der ich Leidenschaft einflöße. Sie ist ein göttliches Weib.

Und Sie sind ein göttlicher Unverschämter! donnerte ihm im Rücken eine kräftige Männerstimme, welche ihn vom Sitze emporschnellen und sich dahin kehren machte.

Der Entrüstete war der greise Herr von Niederstein mit dem schneeigen Haarwald.

Wer sind Sie, mein Herr, was wollen Sie?

Wer ich bin, das wissen Sie recht gut, denn ich war schon einmal so frei, Ihnen meine Karte zu geben, ohne daß Sie davon Gebrauch machten. Heute werden Sie so leichten Kaufes nicht davon kommen.

Ich protestire gegen jede Gesetzwidrigkeit —

Davon später. Vorerst eine Aufklärung für diese Herren. Eine intriguante Frau, Namens Marianne Lichtfall, welche sich sammt ihrer Tochter, die bei der Baronin Weinfelden als Stubenmädchen bedienstet war, bereits im Kriminal befindet, hat es eingestanden und es ist auch anderseitig erwiesen, daß Baron Alpenheim ohne sein Wissen düpirt wurde; die verschleierte Frau, an deren Seite er jenen Ausflug unternahm, war die Lichtfall. Jedermann, auch der rechtlichste, kann in eine Intrigue verwickelt werden; wenn man also von der Moralität abstrahirt, so könnte man diesem Herrn weiter nichts zur Last legen. Bei einem Besuche bei der Baronin, zu dem er nach dieser Affaire veranlaßt wurde, muß ihm die Ueberzeugung geworden sein, daß er düpirt sei, allein die Eitelkeit sträubt sich dies einzugestehen und zieht es vor, durch doppeldeutige Phrasen, durch verschleierte Geständnisse den Leumund jener Dame noch weiter zu bemakeln. Von da an beginnt die Schuld des Herrn von Alpenheim. Ich gehöre zu den Freunden der Baronesse, ich war ein Jugendgenosse ihres Großvaters, befinde mich demnach in dem Alter, an welches sich kein Verdacht wagen kann, ich erkläre demnach, daß ich diesen Herrn zur Rechenschaft ziehe, daß ich von ihm Genugthuung fordere für die beleidigte Ehre einer Frau.

Alpenheim befand sich in solcher Verlegenheit, daß der Zwicker seinen Augen entfiel.

Mein Herr, stotterte er, ich huldige modernen Ideen — ich verabscheue das Duell — bin aber nicht gesonnen, es zurückzuweisen —

Endlich —

Bitte mich aussprechen zu lassen — als Kavalier nehme ich es an — als Staatsbürger weis' ich es zurück.

Sie verkriechen sich hinter das Gesetz, rief der alte Herr, wohlan, so hören Sie mein letztes Wort!

Und die Hand drohend gegen den Baron ausstreckend, fuhr er fort:

Ich schwöre Ihnen und rufe alle Anwesenden zu Zeugen auf, daß ich, woferne ich Sie von heute binnen drei Tagen noch in Wien antreffe, Sie als einen Verleumder öffentlich züchtigen werde. Adieu!

Damit verließ er das Lokale.

Alpenheim nahm seinen Zwicker vor das Auge und schrie:

Sie haben es gehört, meine Herren, er hat mich herausgefordert, ich hebe den Handschuh auf, ich werde mich duelliren.

Und fort schoß er.

Niederstein war nach rechts gegangen, er eilte nach links zu seinem Friseur.

Jean, meine Haare in Ordnung bringen, aber schnell, ich muß mich duelliren!

Vom Haarkünstler eilte er in die Delikatessenhandlung.

Austern und Bordeaux, schreit er, bitte ein wenig rasch, ich bin pressirt, ich hab' ein Rendezvous auf Pistolen!

Von hier führt ihn sein Weg nach dem Stephansplatze.

Guten Morgen, Baron!

Guten Tag, haben Sie schon gehört?

Was denn?

Herr von Niederstein, der Ehrenritter der Baronin Weinfelden, hat mich gefordert.

Sind Sie ihm Etwas schuldig?

Schuldig? Ha, ha, ha! Ich duellire mich. Adieu.

Auf dem Graben begegnet er Herrn Metzenberg.

Sie kommen mir wie gewünscht, schreit er, Sie werden mein Sekundant sein.

Sekundant? Wobei?

Ich schlage mich mit Niederstein.

Und da verlangen Sie, daß ich mit meinem Magenleiden sekundiren soll? Bedaure!

Alpenheim schießt fort und murmelt:

Feige Generation!

Auf dem Kohlmarkte stürzt er in die Tabaktrafik und schreit:

Fünf Stück Trabukos, es sind vielleicht die letzten, die ich rauche.

Oh, oh, Herr Baron, Sie werden doch nicht schon sterben wollen?

Man kann nicht wissen. Ich schlage mich wegen einer Dame!

Und draußen ist er.

Vom Kohlmarkt eilt er nach der Herrngasse in die Blumenhandlung.

Mein Fräulein, haben Sie Cypressen?

So viel Herr Baron wünschen.

Ich wünsche einen Kranz, der geeignet ist, auf ein Grab gelegt zu werden.

Kränze haben wir nicht vorräthig, wenn Sie sich aber bis morgen Früh gedulden —

Ha, bis morgen früh! Unmöglich! Zu spät! Bis morgen früh bin ich entweder todt oder jenseits der Grenze. Ich duellire mich! Ihr Diener.

Von hier rennt er zu seinem Notar.

Doktor, mein Testament!

Herr Baron —

Ja, ja, was staunen Sie? Setzen Sie mein Testament auf.

Wenn Sie es wünschen —

Ich kann nicht anders, ich schieße mich mit Niederstein wegen der Baronin Weinfelden. Bringen Sie Alles zu Papier, lassen Sie Raum für Namen und Summen, ich dinire bei Munsch, nach dem Diner oder längstens morgen komme ich wieder. Adieu.

So ging es zwei Tage lang fort.

Bewunderungswürdiger Baron Alpenheim.

Nur wenige Monate sind verflossen, seitdem wir ihn kennen lernten, und wie viel hatte er während dieser Zeit schon unternommen.

Er hatte sich exilirt, wurde attachirt, hat dann kolonisirt, sich sub rosa blamirt, d'rauf hat er konservirt, sich duellirt und ist zuletzt echappirt.

Die von Niederstein anberaumten drei Tage waren noch nicht völlig verflossen und Alpenheim saß schon im Waggon, um aus Wien fortzudampfen.

Wo er jetzt schreit — wissen wir nicht.

———

Einunddreißigstes Kapitel.

„Die Untersuchungshaft beraubt einen Menschen seiner Freiheit, nicht weil man weiß, daß er schuldig ist, sondern weil man es nicht weiß!"

Diese von einem berühmten Rechtsgelehrten gegen die Untersuchungshaft aufgestellte Behauptung fand auf Madame Lichtfall keine Anwendung.

Ihre Schuld war erwiesen und eingestanden, es handelte sich aber noch um die Complicen, das heißt um die Mitschuldigen.

Wir betreten das Gewahrsam der Lichtfall.

Es ist eine ziemlich anständige Stube, die Gefangene macht sich Bewegung und hängt ihren Gedanken nach.

Womit sie sich beschäftigte, kann man beiläufig errathen.

Sie rekapitulirte ihre gemachten Aussagen, sann nach Spitzfindigkeiten, Ausflüchten u. s. w.

Daß sie eine Verurtheilung zu gewärtigen hatte, darüber machte sich die wackere Frau keine Illusionen, ihre Ideen nach dieser Richtung beschränkten sich blos auf das Ausmaß der Strafe.

Zwei Jahre, vielleicht auch drei, mehr nicht.

Ich bin eine rüstige Frau, dachte sie, drei Jahre sind bald überstanden, was dann?

Die Lichtfall machte Pläne für die Zukunft.

Von Lori, monologisirte sie, mag ich nichts mehr wissen, sie ist eine Undankbare, eine Verrätherin! Sie wird wahrscheinlich leichter davon kommen, wie ich, denn man wird sie als Verführte betrachten. Meinethalben, sie mag aber sehen, wie sie sich selbst fortbringt, von mir hat sie nichts mehr zu erwarten, ich verstoße sie, ich bin ihre Mutter gewesen. Daß ihr von unseren Verbündeten keine Unterstützung zu Theil werde, das soll meine Sorge sein. An die beiden Brüder sich zu halten, steht mir allein das Recht zu, ich habe ihren Brief in Händen, schone sie aber trotzdem, dafür werden sie zahlen müssen. Es ist wahr, sie sind nicht reich und wo wenig Saft ist, kann man nicht viel herauspressen, man muß aber nicht ungenügsam sein, und wenn es schon nicht regnet, muß man sich mit dem Tröpfeln bescheiden. Außerdem wird sich schon Gelegenheit zu allerlei Unternehmungen finden, ich weiß die Dinge am rechten Ende anzufassen und verstehe es, Gelegenheit zu schaffen, wenn auch keine vorhanden sind, und darin besteht die ganze Kunst, sich im Leben fortzubringen. Wegen der Zukunft bin ich also vollkommen ruhig. Lori wird einst an meine Thüre klopfen und ich werde nicht „Herein" rufen, das soll meine Satisfaktion sein, meine Rache. Ich kann mir keinen Vorwurf machen, mein Unglück entsprang nur dem Umstande, daß ich mit lauter undankbaren Menschen zu thun hatte. Dieser einfältige Raphael wäre Lori's Gatte geworden und wir hätten eine hübsche Aussteuer bekommen. Lori ist eine Gans und eine Verrätherin obendrein! ja sogar dieser Hammer hat wie ein Schuljunge beim ersten Anstoß Alles eingestanden, es ist empörend, wenn man darüber nachdenkt.

Und nach einer Pause fuhr sie fort: Der kleine Christof, das arme Kind, um ihn thut mir's leid. Ich werde ihn schwer vermissen, wenn ich auch seine Mutter verstoßen habe, er bleibt doch mein Enkel!

Endlich eine Regung eines besseren Gefühls.

Die Erinnerung an das Kind ihrer Tochter entpreßte der Lichtfall einen tiefen Seufzer.

Sorgen wegen der Zukunft des Kindes steigen in ihr auf, Sorgen, die sie nicht so rasch zu beschwichtigen vermag, vielleicht weil die Wohlfahrt des einzigen Wesens, welches ihr theuer ist, ihr ernstlicher am Herzen liegt.

Man liebt es, Elternliebe, besonders Mutterliebe, als das kondensirteste, mächtigste Gefühl hinzustellen und doch steht die Liebe der Großmutter hinter ihr nicht zurück.

Von entarteten Müttern weiß't die Kriminalgeschichte zahlreiche Beispiele auf, von entarteten Großmüttern haben wir noch keines gefunden.

Die Lichtfall, diese verderbte Natur, sie besitzt die einzige achtenswerthe Eigenschaft, daß sie ihren Enkel liebt, wie jede brave Frau.

Mitten in ihren Gedanken wird sie durch das Eintreten des Aufsehers gestört.

Was gibt's, denkt sie, schon wieder ein Verhör? Ich hatte doch heute schon eines zu bestehen.

Ihre Meinung wurde nicht gerechtfertigt, der Aufseher hatte diesmal Angenehmeres im Gefolge.

Madame, sagte er, eine Frau hat sich beim Herrn Rath die Gnade erbeten, mit Ihnen sprechen zu dürfen, die Gründe, welche sie vorbrachte, müssen erheblich gewesen sein, denn der Herr Rath bewilligte ihr die Zusammenkunft mit Ihnen, jedoch unter der ausdrücklichen Bedingung, daß ich anwesend bleibe und daß Ihre beiderseitige Unterhaltung keine geheime sei.

Der Verhafteten fiel sogleich die Baronin Weinfelden ein, sie zuckte die Achsel und dachte: Sie kommt entweder mich zu überreden oder mir eine Falle zu legen, ich werde auf der Hut bleiben. Sie anhören, verschlägt nichts, wer weiß, wozu es gut ist.

Nun, fragte der Aufseher, darf ich die Frau herein lassen?

Mein Gott, Sie fragen mich, als ob ich hier etwas zu befehlen hätte.

Bei dieser Gelegenheit steht es Ihnen frei „Nein" zu sagen.

Ich empfange die Dame, antwortete die Lichtfall, wär's auch nur, um zur Abwechslung endlich wieder einmal mit einer Frau zu sprechen.

Der Aufseher ließ den Besuch eintreten und blieb dann ein aufmerksamer Augen= und Ohrenzeuge der nachfolgenden Szene.

Frau Lichtfall hatte die Eintretende kaum erblickt, so stieß sie einen Freudenruf aus — vor ihr stand die Mutter Madeleinens mit dem kleinen Christof auf dem Arme.

Sie sind es . . . und mein Enkel . . .

Er schläft, ich bitte gnädige Frau, erschrecken Sie ihn nicht.

Legen Sie ihn auf mein Bett . . .

Frau Ramhauer legte den sorgfältig verwahrten Säugling auf das Lager der Großmutter.

Da ich das Kind nicht umarmen kann, fuhr diese fort, so lassen Sie mich Sie umschließen; ach, diese Freude, ich habe Sie wahrhaftig nicht erwartet.

Und sie umfing die Kostfrau ihres Enkels mit einer Innigkeit, so wahr, so ungekünstelt, daß sogar der Aufseher daran nicht zweifelte.

Wir geben ihr das Zeugniß, als Großmutter war sie ohne Maske.

Und nachdem sie die Kostfrau so herzlich begrüßt, eilte sie wieder zu dem Kinde, hob leise und vorsichtig den Schleier, welcher das Köpfchen bedeckte und lispelte: Er schläft, wie sanft . . . Sie halten ihn doch sehr sorgfältig . . . er sieht sehr wohl aus . . . recht wohl und nett . . .

Und sie neigte sich hinab und küßte in der Gegend, wo das junge Herzchen schlägt, die Decke, die es beschützt.

Wir wollen nicht sentimental sein, wie unsere Vorstadt-Komödienschreiber, die ihren ausgewaschenen Rührbrei für Gefühl und ihre obligate Schönfärberei für Patriotismus halten, wir enthalten uns sorgfältig aller Betrachtungen, die Bemerkung jedoch können wir nicht unterdrücken, daß der auf diesem Lager schlummernde, von dieser Frau liebkoste Säugling ein Bild bot, so rührend, daß auch der Aufseher davon ergriffen wurde.

Der Mann war vermuthlich auch Vater und Elternfreude, Elternschmerz können nur wieder Eltern gründlich beurtheilen.

Frau Lichtfall lehnte sich halb sitzend zu Füßen des Säuglings an das Bett, die Kostfrau mußte auf dem Stuhle Platz nehmen.

Sie werden müde sein, liebe Madame, der weite Weg . . . mein Gott, sie sind doch mit dem Kinde nicht zu Fuße gegangen . . .

Ich fuhr bis zu den kaiserlichen Stallungen im Stellwagen . . .

Waren Sie immer gesund, wohlauf? Und Mamsell Madeleine?

Ich danke der Nachfrage, wir befinden uns vollkommen wohl.

Als ich das letzte Mal bei Ihnen war, dachten Sie wohl nicht, mich hier aufzusuchen . . .

Ach, gnädige Frau das wäre mir nicht im Traum eingefallen. Doch sprechen wir nicht davon.

Sie haben Recht, darüber hab ich ohnedem mit meinem Herrn Rath genug zu verhandeln; ich bekenne meine

Schuld, was ich that, geschah im Interesse einer Undankbaren, genug davon. Sie sind eine glückliche, eine beneidenswerthe Mutter, ich bin das Gegentheil.

Gnädige Frau, Sie müssen mir nicht zürnen, wenn ich mir eine Bemerkung erlaube, die für Sie vielleicht ein wenig bitter ist, weil überhaupt die Wahrheit selten süß schmeckt. Ich habe im Leben noch wenig unglückliche Eltern angetroffen, die nicht selbst Schuld daran waren.

Sie haben Recht, ich ließ Lori Manches hingehen... Die Erziehung... meine Pläne... es ist mir Alles mißlungen. Jetzt sehe ich es ein, aber wie gewöhnlich zu spät. Darum sprechen wir von Anderem. Wie kamen Sie auf die Idee, mir die Freude dieses Besuches zu bereiten?

Der Gedanke lag nahe, gnädige Frau, vorerst weil ich weiß, daß Sie das Kind sehr lieben und dann weil die Nothwendigkeit mich dazu zwang.

Die Nothwendigkeit, wie so? Das Kostgeld ist ja bis Ende dieses Monats vorausbezahlt?

Ich weiß das, gnädige Frau, allein ich gedachte der Zukunft...

Der Zukunft, ganz recht, es liegen Jahre vor uns, für das Kind muß gesorgt werden. Darüber, meine ich, brauchten Sie sich nicht zu beunruhigen. Sie wurden von uns ins Vertrauen gezogen, Sie wissen, wer der Vater des Kindes ist, da ich und die Mutter des Kleinen im Unglücke sind, so ist es seine Pflicht, für das Kind zu sorgen.

Ihre Ansicht, gnädige Frau, ist auch die meinige.

Setzen Sie demnach jedes Bedenken bei Seite und gehen Sie zu ihm.

Das that ich bereits.

Ah, Sie waren bei ihm? Nun, er hat Sie doch empfangen?

O ja.

Er hat sich doch nicht geweigert?

Die Lichtfall stellte diese Frage mit einem Tone, welcher fast eine Drohung enthielt.

Die Drohung galt dem Vater, wenn die Frage bejaht worden wäre.

Ich machte dem gnädigen Herrn, fuhr die Kostfrau fort, wegen der Zukunft des Kindes bescheidene Vorstellungen, ich und meine Tochter leben von unserem bescheidenen Verdienste, wir befinden uns nicht in der Lage...

Du lieber Gott, von Ihnen zu verlangen, daß Sie das Kind umsonst ernähren, wären ja eine Unbilligkeit im höchsten Grade, aber der Baron? Er hat Sie doch nicht abgewiesen?

Das wohl nicht.

Was sagte er?

Er hieß mich am nächsten Tage wieder kommen.

Ah, und das zweite Mal, als sie wiederkamen?

War er sammt seinem Bruder abgereist und zwar nach Amerika.

Nach Amerika! rief die Lichtfall aufspringend und die Kostfrau mit funkelnden Augen anstierend.

Alles wurde Knall und Fall verkauft, die Diener entlassen, die Wohnung ist bereits an eine andere Partei vermiethet.

Warum ist er denn fort? fragte die Verhaftete, die sich noch immer von ihrem Erstarren nicht erholte.

Der gnädige Herr hatte zu mir gesagt, er werde mich an seinen Advokaten, den Doktor Ruff, weisen, ich verfügte mich also zu diesem, um mir Raths zu erholen.

Was sprach er?

Meine liebe Frau, war seine Antwort, auf den Baron dürfen Sie nicht mehr zählen. Der Prozeß ist für die beiden Brüder unwiederbringlich verloren, außerdem sind sie durch die beiden Kinder kompromittirt, was blieb ihnen demnach übrig, als abzureisen.

Aber verehrtester Herr Doktor, flehte ich, was soll denn ich mit dem Kinde beginnen, ich bin eine arme Frau, die gerade so viel verdient, als ich zum Leben benöthige.

Der Doktor zuckte die Achseln und erwiederte: Wenden Sie sich an die Lichtfall, was aber wenig nützen wird. Die Verhaftete wird ohne Zweifel nicht blos zu einer Strafe, sondern „auch in die Kosten" verurtheilt werden. Ihre Möbel u. s. w. wird man demnach exekutiv feilbieten und ich zweifle, daß sich, da auch anderweitige 500 Gulden an einen gewissen Hort zu decken sind, ein Ueberschuß ergibt, von dem man auf Jahre hinaus das Kostgeld wird bestreiten können.

Was wird dann mit dem Kinde geschehen? fragte ich.

Das Kind, meinte er, wird man ins Findelhaus geben!

Ins Findelhaus! schrie die Lichtfall entsetzt und rang die Hände.

Der Gedanke, daß ihr Liebling ganz unbekannten Personen zur Pflege übergeben werden solle, preßte ihre Thränen aus.

Sie schluchzte und weinte bitterlich.

Die Ramhauer fuhr fort: Ich sah diesen Ihren Schmerz voraus und machte dem Doktor Vorstellungen.

Ich sehe nicht ein, entgegnete er mir, wie dies Los von dem Kinde abzuwehren? Ein Ausweg ist vielleicht noch vorhanden!

Ich bitte, Herr Doktor, rathen Sie mir.

Durch den Prozeß des Barons, fuhr er fort, hat es sich geoffenbart, daß die Baronin in Wahrheit ein Engelsherz besitzt, gehen Sie zu ihr, oder noch besser, sprechen Sie früher mit ihrem Anwalt, dem Doktor Schweidler. —

Waren Sie bei ihm? fiel ihr die Verhaftete in die Rede.

Gnädige Frau ... ich wußte nicht ... ob ...

Ja, es ist mir ganz Recht ... gehen Sie zu Doktor Schweidler ...

Gnädige Frau, Sie ließen mich nicht aussprechen; ich war auch bei diesem Herrn!

Ach, diese Mühe, wie und wann werde ich sie Ihnen vergelten können? Was, fahren Sie fort, was sagte der Anwalt der Baronin?

- Liebe Frau, sagte der Herr Doktor Schweidler zu mir wenn Sie den Stand der schwebenden Untersuchung kennten, dann würden Sie begreifen, wie ungeheuer die Zumuthung ist, welche Sie an meine Klientin stellen. Die Großmutter des Kindes zeigt sich gegen die Baronin so feindselig, daß meinerseits Muth dazu gehört, ihr das Kind zu empfehlen. Indessen, ich sage nicht nein, ich werde mit der Frau Baronin darüber sprechen. Das sind die Worte des Herrn Schweidler; ich verließ ihn, ohne bis jetzt ein Ergebniß zu kennen.

In dem Kopfe der Lichtfall jagte ein Gedanke den anderen.

Die Flucht ihrer Verbündeten, die Herzlosigkeit des Vaters, der sein Kind im Stiche ließ, die Furcht, ihren Liebling dem Findelhause übergeben zu müssen, anderseits wieder die Hoffnung auf die Milde der Baronin, von der sie jedenfalls Besseres zu gewärtigen hatte, wie von dem frommen Heuchler, der vielleicht sein Lebelang nicht mehr wiederkehrte, dies Alles flog durch ihren Kopf und verursachte eine Umwandlung ihrer Ansichten, oder richtiger, es verscheuchte die bisherige Anschauung und pflanzte an deren Stelle eine neue, der früheren entgegengesetzte.

Madeleinens Mutter, die beiläufig gesagt, ihre Instruktionen genau befolgt hatte, beeilte sich, das Eisen zu schmieden so lang es glühte und begann nach einer kurzen Pause wieder: So, gnädige Frau, nun wissen Sie Alles. Ich habe Ihnen kein Wort vorenthalten. Ach, wenn es nur dem Herrn Doktor gelänge, die Frau Baronin für den armen Wurm zu gewinnen; ich wünsche dies nicht meinet-, sondern des Kindes wegen, es wäre dann für seine Erziehung und wer weiß, ob nicht für seine ganze Zukunft vorgesehen. Wir sehen ja, wie gut der kleine Edmund aufgehoben ist...

Genug, sprechen Sie nicht weiter, rief die Lichtfall mit der Pantomime eines Menschen, der einen Entschluß faßt, ich will der Baronin den Vorwand benehmen, ihrer Großmuth Schranken zu setzen. Warten Sie!

Nach dieser Aeußerung setzte sie sich nieder und zog die Stiflette von ihrem linken Fuße.

Kommen Sie näher, wendete sie sich zu dem Aufseher, Sie tragen vermuthlich ein Messer bei sich, ich habe keines, trennen Sie das Unterfutter ab, jedoch vorsichtig, damit Sie das Papier, welches dahinter steckt, nicht zerschneiden.

Der Aufseher beeilte sich, dem Wunsche nachzukommen.

Die Augen der Ramhauer strahlten vor Freude.

Das Papier, fuhr die Lichtfall fort, ist ein Brief, diesen übergeben Sie meinem Herrn Rath und sagen Sie ihm, ich sei bereit, bezüglich der Personen, welche mitschuldig sind, die nöthigen Aufklärungen zu geben. So, liebe Ramhauer, gehen Sie von hier zur Baronin, ziehen Sie dort die Nothglocke und empfehlen Sie den armen Wurm ihrer Gnade.

Die Ramhauer erwiderte: Da ich Sie so gefunden habe, so verdienen Sie die Beruhigung, die ich Ihnen zu bieten bereits vermag.

Sie haben mir also noch nicht Alles gesagt?

Ich verschwieg ihnen blos das Resultat, daß die Baronin bereits erklärt hat, für das Kind zu sorgen. Es wird erzogen werden, wie es einem Kinde des Baron Weinfelden zukommt.

Die Lichtfall schloß die Kostfrau in ihre Arme, liebkos'te dann den Liebling, der erwacht war, die Augen geöffnet hatte und sie ansah.

Glückliches Kind, sagte sie, Dein Schutzengel hat sich gefunden!

Das Vorschreiten des Nachmittags zwang die Kostfrau an die Nachhausefahrt zu denken.

Man trennte sich.

Die Lichtfall schlief diese Nacht ruhiger, wie sonst.

War es, weil sie einen Akt des Rechtes geübt und in Folge davon das beruhigende Bewußtsein fühlte, welches dies Jedem einflößt, oder war es, weil ihr Enkelchen auf dem Bett gelegen war.

Vielleicht trugen beide Ursachen dazu bei.

Zweiunddreißigstes Kapitel.

Gewissenhafte Aerzte lassen keinen ihrer Patienten aus dem Auge, bis er nicht vollkommen hergestellt; sie schließen hievon sogar die Tage der Rekonvaleszenz nicht aus.

Die einzige Abweichung, die sie sich gestatten, ist, daß sie blos jeden zweiten, dann erst jeden dritten Tag kommen, um "nachzusehen" und endlich bleiben sie ganz aus.

Dieses Nachsehen erfüllt der Arzt mit dem Bewußtsein eines Siegers, er sieht nämlich der in die Flucht geschlagenen Krankheit nach und das ist immer angenehmer, als dem Patienten nachzuschauen, den man "hinaus" getragen.

Wie der Arzt hat auch der Romanschreiber seine Patienten, deren Wohl er selbst sich auf die Seele gebunden hat und seine Aufgabe besteht darin, diese Patienten so zu behandeln, daß der Leser sich für sie interessirt.

Wie in der Medizin sind auch bei dem Romandichter die gefährlichsten Patienten die interessantesten und wie dort gilt auch hier der Spruch: „Wo kein Eisen nützt, hilft Feuer! das ist das — Kriminal.

Wir haben dem Leser männliche und weibliche Patienten vorgeführt, und unsere Eitelkeit flößt uns den Glauben ein — vielleicht ist's auch ein Wahn — daß er sich für sie interessirt.

Da wir uns in den letzten Kapiteln ausschließlich mit den Gefährlichen beschäftigten, so wollen wir uns jetzt auch nach den Anderen umschauen, wir denken dabei an Raphael Hort und Bernhard Meidler.

Wie, frägt der Leser, zählen auch die zu den Patienten?

Ganz gewiß!

Oder ist vielleicht ein verliebter Bildhauer, der entschlossen ist, in den Stand der Ehe zu treten, kein Patient?

Die Liebe ist eine Krankheit, für welche es nach Jean Paul nur eine Medizin gibt, die Ehe.

Meidler ist im Begriffe, dieses Medikament zu nehmen — ergo ist er Patient.

Daß der Comptoirist zu der Zahl der Kranken gehört, dürfte zu beweisen noch leichter sein, — ein betrogener Verliebter ist an und für sich schon Patient, wie erst, wenn er hintergangen wurde wie Raphael, wie erst, wenn er in dem Gegenstande seiner Zärtlichkeit eine gemeine Betrügerin entdeckt und gezwungen wird, die Justiz zu Hilfe zu rufen?

Der arme Raphael!

Sein Uebel war ein schmerzhaftes, er war nicht nur gezwungen, die Liebe zu besiegen, sondern auch seine Schulden zu bezahlen, das letztere ist unstreitig schwieriger wie das erstere, vorausgesetzt, wenn man wie der Comptoirist keine Aktiva besitzt.

Die Karte der Baronin von Weinfelden hatte zwar ihre Schuldigkeit gethan, Raphael fand augenblicklich einen Platz im Comptoir des Herrn von Mannstein, er bekam auch sein anständiges Honorar, allein um seine Passiva zu decken, bedurfte er der Ersparnisse zweier Jahre und dazu verstehen sich Gläubiger schwer und wenn sie prolongiren, so fliegen wieder fünfzig Prozent zum Fenster hinaus.

Die Krankheit Raphaels war also eine kombinirte, sein Leiden war ein Herzleiden eine Markdörre, in so ferne man annimmt, daß Geld das Mark der menschlichen Existenz bildet.

Bezüglich der ersteren befand er sich in der Rekonvalescenz, bezüglich der letzteren war auch wenig Aussicht auf Besserung vorhanden.

Eines Tages kam der Comptoirist niedergeschlagen zu dem Bildhauer.

Ha, empfing ihn dieser, Don Raphael de Hortabella, guten Morgen!

Laß Dich nicht stören, Bruder Bernhard.

Du sprichst ja wieder mit einem Jammerton, als wären Dir alle Schiffe zu Grunde gegangen.

Ach, Bernhard!

Um Gotteswillen, nur kein Lamentabile amoroso, jetzt ist's endlich an der Zeit, daß Du aufhörst, an die Betrügerin zu denken.

Ich seufzte ja nicht wegen Lori...

Weshalb denn?

Weißt Du, was für ein Tag morgen ist?

Morgen? Wenn mein Kalender richtig profezeit, so ist morgen ein Sonntag.

Für mich kein Feier-, sondern ein Trauertag.

Wie so?

Morgen soll ich jene fünfhundert Gulden decken.

Deck' sie, Bruder deck sie!

Womit? Mit meinem Paletot?

Ah, bravo! Er kann noch scherzen, ein Trost, daß er noch nicht verzweifelt. Ich gebe Dir einen guten Rath, Bruder.

Was soll ich thun?

Was Du mußt — zahl nicht!

Ich danke Dir für den Rath. Wenn ich morgen nicht zahle, so wird der Armenvater übermorgen bei meinem Chef sich einfinden und mich bloßstellen. Ich liefe Gefahr, wieder meine Stelle zu verlieren. Du weißt, daß in unserer Sphäre einen Angestellten nichts so sehr diskreditirt, als Schulden und Herr von Mannstein ist in diesem Punkte besonders strenge.

Da Du meinen Rath nicht acceptirst, so bleibt Dir nichts übrig, als Herrn Wurm um Verlängerung anzusuchen.

Darauf verfiel auch ich, deshalb kam ich zu Dir.

Zu mir? Bin ich der Wurm? Bin ich Armenvater?

Begleite mich wieder, sei mein Fürsprecher.

Lieber Raphael, fürsprechen und fürbitten sind undankbare Geschäfte, mir erscheinen erwachsene Leute, die eines Fürbitters bedürfen, wie zahnlose Kinder, denen man die Nahrung vorkauen muß. Ueberdies wird Dir meine Verwendung bei Papa Wurm diesmal eher schaden als nützen. Ich versprach ihm zwei Steinstufen zu liefern, und vergaß darauf, er bestellte eine Armenbüchse als Embleme, ich vergaß darauf, Du wirst begreifen, daß man mit einem so schwerbeladenen Gewissen, zwei Stufen und eine Büchse von Stein wiegen mindestens anderthalb Zentner — zum Vorbitter nicht geeignet ist.

Ich kann Dich nicht dispensiren, Du wirst schon Ausreden finden, ihn zu besänftigen, kurz und gut, ich geh nicht ohne Dich.

Du gehst nicht ohne mich? Wohlan, so werd ich Dich begleiten. Ich sag Dir's aber im Voraus, der Wurm wird sich winden ... da fährt mir ein Gedanke durch den Kopf, vielleicht nützt es. Sieh Dich in meinem Atelier ein wenig um, und vertreib Dir die Zeit, so gut Du kannst, ich bin in längstens fünfzehn Minuten zu Stande, dann gehen wir.

Raphael folgte der Weisung.

Nach der anberaumten Frist kam der Bildhauer wieder zum Vorschein.

Er war bereits wegfertig und von einem Lehrling begleitet, welcher die vier Enden eines Sacktuches derart zusammenhielt, daß man auf einen darin verborgenen Gegenstand schließen konnte.

Geht der Bursche mit uns?

Ja!

Was trägt er in dem Tuche?

Du wirst es schon erfahren, Bruder Raphael.

Die beiden Freunde, von dem Lehrlinge gefolgt, verließen das Atelier.

Auf dem Wege sprach der Bildhauer von Plänen für die Zukunft und freute sich des Glückes, welches die Verbindung mit Madeleine ihm verhieß.

Ach, seufzte Raphael, Du bist beneidenswerth, während ich zu beklagen bin.

Zu beklagen, warum?

Weil meine erste Liebe einen so unwürdigen Gegenstand traf.

Zu beneiden bist Du nicht, das ist richtig, allein eben so wahr ist es, daß Du mehr Glück hast als Verstand.

Du spottest noch?

Ganz und gar nicht. Denke Dir den Fall, und bei Deiner Unerfahrenheit war er sehr warscheinlich, daß Lori Deine Gattin geworden wäre, was dann?

Mir schauert, wenn ich mich im Geiste in diese Lage versetze.

Ich glaub' es Dir. Uebrigens find' ich es jetzt noch unbegreiflich und ich kann mich des Lachens nicht erwehren, wenn es mir einfällt, daß Du wochenlang ins Haus gegangen bist, ohne den Zustand Lori's zu erkennen.

Die verdammten Krinolinen.

Meidler lachte und erwiderte: Es ist wahr, sie sollten von Moralitätswegen untersagt werden!

Ich werde mir die erhaltene Lektion hinters Ohr schreiben.

Daran wirst Du sehr gut thun, um für die Zukunft sicher zu sein...

Es ist keine Gefahr, ich werde nie mehr lieben!

Paperlapapp, so sagen alle, deren erste Liebe abbrennt. Ich geh' mit Dir eine Wette ein, daß Du Dich wieder verliebst.

So bald nicht!

Wenn nicht eher, so gewiß bis die Krinoline aus der Mode kömmt.

Beide lachten.

Man langte am Hause des Armenvaters an, Meidler nahm seinem Lehrlinge das geheimnißvolle Tuch aus der Hand, befahl ihm, sich nach Hause an die Arbeit zu begeben und trat dann mit Raphael ein.

In dem geräumigen Hofe waren eine Menge armer Leute versammelt, Weiber, Kinder, Männer.

Was gibt es da, fragte Meidler ein altes Mütterchen.

Eine Holzvertheilung!

Sapperment, raunte der Bildhauer seinem Freunde zu, unser Mann befindet sich auf dem Holzwege, wir sind zu ungelegener Zeit gekommen. Was beginnen wir?

Du wirst doch nicht wieder fortgehen wollen?

Ich denke, wir entfernen uns und suchen ihn Abends beim Moser auf.

Da wir uns einmal hier befinden, so warten wir, bis die Betheilung vorüber ist.

Die Leute werden glauben, wir wollen sie um einige Scheite verkürzen.

Bleiben wir nur!

Die beiden Freunde postirten sich bei Seite und wurden damit Zeugen der Vertheilung.

Nach einer Weile erschien der Armenvater und einer Konsignation in der Hand und einer Bleifeder hinterm Ohr

Allgemeiner Chorus: Ich küß die Hand, Euer Gnaden!

Na, begann Herr Wurm, seid's da?

Ja, Euer Gnaden!

Daß mir aber Niemand fehlt, sonst fang ich nicht an.

Wir sind alle da! so der Chor.

Der Leser stelle sich einen großen freien Hofraum vor; rückwärts in der Längenmitte sind fünf Klafter weiches Holz aufgeschichtet.

Der lange hagere Armenvater mit dem räthselhaft großen Bauch postirt sich graviätisch hin, im Kreise herum harren die Armen mit Schiebkarren, Butten, Holztragen, Stricken u. s. w. versehen.

Ein Paar handfeste Gemeindediener stehen den Armen=vater zur Verfügung.

In einer Ecke lauschen unsere Bekannten, die beiden Freunde, von denen der Bildhauer das geheimnißvolle Tuch hält . . . .

Herr Wurm beginnt: Rosalie Strobelkopf.

Hier!

Kriegt sechs Scheite.

Dorothea Blümerl.

Hier!

Kriegt fünf Scheite.

Euer Gnaden, ich bitt, warum bekomm ich nur fünf Scheit . . . .

Weil Sie nur fünf Kinder hat und die Strobelkopf sechs.

Ich bitt Euer Gnaden, bei mir ist das sechste schon auf'm Weg.

Das Holz ist auch auf'm Weg. Auf's Jahr wird Sie sechs Scheite kriegen.

Ursula Liebermann.

Hier!

Bekommt zehn Scheite.

Da hat man's, flüsterte ein Alter seinem Nachbar zu die Liebermann bekommt immer das Meiste, weil sie Hausmeisterin beim Grundrichter ist. Von rechtswegen sollt sie gar nichts kriegen.

Ruhig, donnerte Herr Wurm, man versteht sein eigenes Wort nicht, ich werde ganz konfus in der Rechnung. Diejenigen, die ihre Betheilung haben, tragen es auf die Seite, damit sie den andern nicht im Wege stehen. Franziska Dörfler.

Hier!

Bekommt zwei Scheite.

Euer Gnaden... ich bitt... nur zwei?

Die Dörflerin hat bei der letzten Vertheilung ihr Holz dem Greisler verkauft, daher bekommt sie heute zur Strafe nur zwei Scheite. Ruhig, hab' ich g'sagt, das ist ein G'säus wie in einer Judenschul. Lorenz Biersak.

Hier!

Bekommt sechs Scheite. Wenn der Lorenz mit seinem Schiebkarren mir wieder so wie neulich in meiner Einfahrt ein Stück Mauer wegreißt, so werde ich den Lorenz streichen. Franziska Keßler.

Hier!

Wer schreit hier!

Es ist der Keßler ihr ältester Bub.

Wo ist denn Deine Mutter?

Euer Gnaden, sie liegt im Spital.

Da braucht Sie gar kein Holz.

Euer Gnaden, ich bitt, glauben's denn, daß es uns Kinder nicht friert, wenn die Mutter im Spital liegt?

So? Friert's Euch? Gebt's ihm fünf Scheite.

Die Gemeindediener werfen laut zählend die Holzstücke vom Stoß, die Armen beeilen sich es bei Seite zu bringen.

Im Hofe bewegte sich Alles wie in einem Ameisenhaufen.

Rosalia Strobelkopf... na... warum meld't sie sich nicht... wer ist die Rosalia Strobelkopf?

Euer Gnaden, die hat schon ihren Theil, sie war ja die erste!

Ah, richtig, jetzt hätt ich bald wieder von oben angefangen; aber es ist kein Wunder, wenn man von dem Geschnatter ganz konfus wird. Ruhig, oder ich hör auf zu betheilen.

Sebastian Brummer!

Hier!

Bekommt fünfundzwanzig Scheite, zwölf für sich und dreizehn für seinen Vater.

Theresia Riegel.

Hier!

Kriegt sechs Scheite. Heh dort, Gemeindediener, ordentlich zählen, sonst gehts nicht aus und ich hätt am Ende noch die Ehre, von meinem harten Holze was drauf zu geben. Ruhig, hab ich g'sagt. Jetzt weiter. Sapperment, wo bin ich stehen geblieben?

Bei der Riegel, Euer Gnaden.

Hat Sie ihren Antheil?

Ja!

Also mach Sie, daß Sie fort kommt. Thomas Stepp!

Hier!

Der Stepp kriegt gar nichts.

Euer Gnaden, ich bitt, warum denn?

Der Stepp hat erst vorgestern einen Rausch gehabt, wenn der Stepp sich mit Branntwein einheizt, braucht er kein Holz.

Euer Gnaden, warum bin ich denn hieher gekommen?

Damit ich dem Stepp meine Meinung mündlich sagen kann. Der Stepp ist ein alter Saumagen. Punktum, er kriegts nichts. Eva Bergler!

Hier!

Kriegt nur ein Scheit. Die Frau Everl hat bei der letzten Holzvertheilung einem Mann, der ihr das Holz nach Hause getragen hat, drei Sechserl gezahlt. Damit die Frau Everl nicht wieder in die unangenehme Lage kommt, Geld auszugeben, so kriegt sie nur ein Scheit, das wird ihr wohl nicht zum Tragen zu schwer sein.

Euer Gnaden, ich bitt, ich wohn' ja so weit!

Leute, die Bediente zahlen können, haben keinen Anspruch auf Betheiligung. Wenn Ihr der Weg hieher zu weit ist, such Sie sich ein Quartier in meiner Nachbarschaft, damit ich Sie ganz und gar auf'm Hals hab. Petronella Stingl.

Keine Antwort.

Wo ist die Stingl, frag ich?

Sie war grad da, Euer Gnaden.

Sie soll jetzt da sein, wo sie aufgerufen wird.

Der Armenvater schreit: Petronella Stingl!

Eine Stimme hinterm Holzstoß: Euer Gnaden, ich komm gleich!

Allgemeines Gelächter.

Armenvater ärgerlich: Kriegt sieben Scheite. Ruhig, sag ich!

Ein Gemeindediener: Damit die Stingl nicht gestört werde!

Neue Heiterkeit.

Weißt Du lieber Freund, raunte der Bildhauer Raphael zu, daß mich diese Holzvertheilung mehr amüsirt, wie eine mittelmäßige Posse im Theater. —

Ich fürchte nur, bekam er zur Antwort, die Armen werden Herrn Wurm erbossen und er wird dann meinem Anliegen unzugänglich sein.

Wenn seine Berechnung richtig ist, das heißt wenn er mit dem zu vertheilenden Holz auslangt, haben wir nichts Schlimmes zu erwarten. Gottlob, das Holz und die Armen nehmen in erfreulicher Weise ab, nur noch eine kurze Weile und wir begrüßen den Papa.

In der That, das Holz ging reißend ab, der Armenvater kam mit seinem Namensverzeichniß zu Ende und zeigte ein immer freundlicheres Antlitz.

Ein Gemeindediener: Zweiundzwanzig Scheite bleiben Rest.

Davon, deklarirte der Armenvater, kriegt der Meßner fünf, drei Gemeindediener jeder fünf und die letzten zwei mag sich der Schullehrer holen. Gottlob, daß die Arbeit vorüber ist. Der Mensch ist zur Arbeit geschaffen, aber zuviel davon ist auch nicht gut. Nein diese Plag, die ist ganz aus der Weise. —

Damit setzte er sich in Bewegung — die beiden Freunde traten ihm mit ehrererbietigen Grüßen entgegen.

Meidler, mit dem geheimnißvollen Tuche in der Hand, führte das Wort.

Papa wir haben die Ehre, unsere Komplimente zu machen.

Lassen Sie sich auch einmal sehen, Sie Mann von Wort.

Herr Armenvater, Ihr Empfang ist so kalt, daß ich ebenfalls um eine Holzbetheilung bitten muß.

Sind Sie schon lange da?

Wir waren Zeugen ihrer Mühe und Anfopferung für die Armen, für die Stadt, für den Staat. Herr Wurm, wenn einer eine Auszeichnung verdient, sind Sie es. Das „Bandl" kann nicht mehr lange ausbleiben, es ist vielleicht schon auf dem Wege.

Hören's mir auf, brummte der Armenvater ärgerlich, die Wiener Zeitung ist täglich voll...

Voll? Papa Wurm, so lange Ihre Name nicht darin steht ist sie leer. Aber nur noch eine kurze Weile und sie wird ihn bringen.

Während dieser Reden war man im Gemache angelangt, der Armenvater schenkte dem Bildhauer keine weitere Beachtung, ein trübes Zeichen seiner Ungnade und wendete sich an den Comptoiristen.

Ihr Besuch, sagte er, freut mich, er beweist, daß Sie ein ordentlicher pünktlicher Mann sind. Der Termin ist erst morgen und Sie kommen schon heute, die Schuld zu begleichen, das lobe ich. Um so mehr, da das Worthalten bei vielen jungen Herrn ganz aus der Mode zu kommen meint.

Herr von Wurm, erwiederte Raphael, Ihre günstige Meinung über mich ist sehr schmeichelhaft, indessen muß ich wirklich bedauern ...

Was müssen Sie bedauern?

Der Bildhauer beeilte sich, diese Frage statt Raphael zu beantworten und sagte: Mein Freund bedauert, daß ich so unglücklich bin, Ihre Ungewogenheit mir zugezogen zu haben.

Mit Ihnen sprech ich nicht.

Warum nicht, Papa?

Weil Sie Ihr Wort nicht hielten.

Wer kann mich dessen beschuldigen? rief Meibler pathetisch, hier steh ich, es trete einer auf und überweise mich dessen.

Sie haben mir zwei Steinstufen zugesagt ...

Und eine Armenbüchse, so ist's, Papa, und hier bring ich sie. —

Er hielt ihm das Tuch entgegen.

In dem Schnupftuch? fragte der Armenvater verwundert und setzte dann unwirsch hinzu: machen Sie sich nicht lächerlich.

Papa, das kann nicht Ihr Ernst sein, sonst müßte ich Sie vor Gott und der Welt anklagen, mich mißhandelt zu haben. —

Sie werden doch nicht behaupten, in diesem Nasentuch zwei Stufen und eine Armenbüchse von Stein mitzubringen?

In Natura sind sie wohl nicht darin, aber ihre Modelle sind da . . .

Was sagen Sie?

Da, sehen Sie her, daß ich ein Mann von Wort bin!

Mit dieser Rede stellt er sein Mitgebrachtes auf den Tisch und schlug das Tuch aus einander.

Man sah eine Stufe und eine Armenbüchse en miniature, die er daheim in der Eile aus Thon zusammengeknetet hatte.

Der Comptoirist mußte sich Gewalt anthun, um nicht aufzulachen.

Wurm starrte die Modelle an, während Meidler fortfuhr: Konnten Sie nur Eine Sekunde lang glauben, ich würde eine Arbeit, die Sie bestellen, so leichtsinnig behandeln, daß ich sie ohne Modell zusammenpatzen werde?

Dazu haben Sie sechs Monate gebraucht?

Ich bin gewohnt, über meine Entwürfe nachzudenken und die mir gestellte Aufgabe durchzustudieren. Mein Wahlspruch ist: „Entweder recht oder gar nicht!"

Wie es aber scheint, ziehen Sie das „Gar nicht" vor.

Papa, Ihre Späße sind eben so gut, wie ihr Herz.

Sie schmeicheln sich bei mir nicht mehr ein.

Die Modelle finden demnach ihren Beifall nicht?

Bringen Sie mir die Sachen in natura.

Wann wünschen Sie, daß ich wiederkomme?

Je eher, desto besser.

Bestimmen Sie einen Tag. Morgen?

Morgen ist Sonntag.

Also übermorgen?

Ich zweifle, das Sie Wort halten.

Zweifeln Sie an der Sonne Klarheit, zweifeln Sie an der Lüge Wahrheit...

Schon gut, halten Sie Ihre Zusage und Sie werden wieder mein „lieber Sohn" sein. Jetzt zu unserm Geschäfte, Herr von Hort. Ich werde Ihren Schuldschein holen, er liegt schon in Bereitschaft.

Papa, lassen Sie ein vernünftiges Wort mit sich sprechen. Mein Freund kann heute seine Schuld noch nicht zahlen...

Eigentlich ist erst morgen der Tag.

Er wird auch morgen nicht zahlen.

Ich vergaß, das morgen Sonntag ist, also übermorgen.

Leider wird er auch übermorgen noch nicht in der Lage sein.

Wann denn?

In drei Monaten.

Nicht drei Tage wart' ich, viel weniger drei Monate.

Papa, nicht grausam, nicht barbarisch sein.

Ich begehre mein Geld, ist das grausam?

Ja, wenn man es von Jemandem verlangt, der keines hat. Raphael ist jetzt bei Herrn Mannstein im Komptoir.

Gut, daß Sie mir das sagen. Ich werde mich an seinen Herrn Chef wenden.

Herr Armenvater, ich bitte —

Nichts da, Herr Hort, ich geb' Ihnen mein Wort, daß Sie mich Montags in Ihrem Komptoir sehen werden, vorausgesetzt, wenn der Schuldschein bis dahin nicht eingelöst ist.

Papa, ist das Ihr letztes Wort?

Mein letztes.

Ihr allerletztes?

Ich bleib' dabei.

Papa, Sie versündigen sich. Sie werden nicht nur kein Geld, sondern auch keinen Orden bekommen. Komm', mein Freund, wenn der Papa sich an Deinen Chef wendet, so verlierst Du Deine Stelle und er bekommt dann sein Geld um so sicherer nicht. Wenn er Dich in den Schulden= arrest setzen läßt, muß er Deine Alimente bestreiten; in jedem Falle kommst Du besser zu Theil wie er.

Diese Betrachtungen gingen dem Geldverleiher an's Herz; er begann, wie die Wiener sagen, umzustecken.

Das Resultat der Verhandlung war, daß der Zahlungs= termin um den Preis von fünfzig Gulden auf drei Monate hinausgeschoben wurde.

Raphael versprach am Montag wieder zu erscheinen, um den neuen Schuldschein zu unterschreiben.

So, sagte Meidler, jetzt sind Sie wieder mein lieber Papa.

Auch Sie werden wieder mein „lieber Sohn" sein, bis Sie Ihr Wort einlösen.

Soll ich mich an die Modelle halten?

In Gottes Namen.

Gut, dann laß' ich sie da.

Wie? Sie nehmen die Modelle nicht mit?

Ich besitze ein Duplikat daheim. Bei wichtigen Arbeiten sieht man sich vor, damit wenn ein Modell abhanden kommt, ein zweites vorräthig ist. Und nun leben Sie wohl, Papa!

Die Freunde empfahlen sich.

Auf der Straße angelangt, fragte Meidler:

Bist Du zufrieden, Bruder Raphael?

Ja!

Ich nicht.

Warum nicht?

Weil ich nicht zugeben möchte, daß Du dem Wucherer noch fünfzig Gulden in den Rachen wirfst!

Was soll ich thun? Ich befinde mich eben in der Be= drängniß und da heißt es Ein Auge zudrücken.

Im Gegentheil, da heißt es beide Augen aufmachen und sich umschauen, ob man sich nicht auf eine vortheilhaftere Weise helfen kann. Mir läuft hinterher eine Idee durch den Kopf, die sich vielleicht realisiren läßt.

Und diese Idee?

Du sollst sie morgen erfahren.

———

Als der Komponirist am nächsten Tage zu seinem Freunde kam, reichte ihm dieser ein Papier und sagte:

Da — lies!

Mein Gott, das ist ja mein Schuldschein! Wie gelangtest Du zu dem Dokument?

Lächerliche Frage! Es wurde eingelöst.

Wer gab das Geld her?

Die Lichtfall.

Nicht möglich!

Meidler lachte.

Du schenkst Deiner Schwiegermutter wenig Vertrauen. Scherz bei Seite. Ich war bei Doktor Schweidler und hab ihm Deine Verlegenheit anvertraut. Die Baronin Weinfelden, zu welcher er sich begab, zahlte augenblicklich die Schuld der Lichtfall und läßt Dich ersuchen, Du mögest vor Gericht auf Schadenersatz verzichten, damit die Strafe der Angeklagten ein wenig milder werde. Die Lichtfall ist in sich gegangen, hat Alles eingestanden und das bewog die Baronin so viel eben in ihrer Macht liegt, zu ihren Gunsten zu wirken. Wenn Du schon gestern zufrieden warst, kannst Du es heute hoffentlich noch mehr sein. Und nun, lieber Raphael, da Du der Verlegenheit ledig bist, laß Dir die gemachten Erfahrungen zur Witzigung dienen. Besonders aber beobachte in der Zukunft zwei Lehren genau, erstens meide jede Frauenbekanntschaft, so lange die Krinolinen in Mode sind und zweitens borge von keinem

Armenvater Geld, denn es ist kein Glück und kein Segen d'ran. Jetzt komm!

Wohin?

Zu meiner Thalia=Madeleine.

Dreiunddreißigstes Kapitel.

Wenn mein Calcul richtig ist, hatte Doktor Schweidler gesagt, so wird der elektrische Telegraf seine Schuldigkeit thun.

Der Calcul war richtig, der elektrische Telegraf that seine Schuldigkeit, die flüchtigen Brüder aber hatten einen Vorsprung von zwei Tagen und dieser war hinreichend, sie nach Hamburg und auf ein Auswandererschiff gelangen zu lassen.

Ihr Plan ging vor Allem dahin, sich in Sicherheit zu bringen und dann mit der Baronin zu unterhandeln.

Ihr Raisonnement lautete beiläufig, wie folgt: Der Baronin wird zuverlässig daran liegen, von ihrem Gatten gerichtlich geschieden zu werden. Zur Scheidung bedurfte sie seiner Einwilligung und diese sollte sie so theuer wie möglich bezahlen!

Die Brüder machten indessen die Rechnung ohne den Wirth — das heißt, ohne die Nemesis welche dieses Mal ihr Recht himmlisch glänzen ließ.

Das Schiff scheiterte, der größte Theil der darauf befindlichen Auswanderer fand in den Fluthen den Tod, darunter befand sich der jüngere Baron Franz von Weinfelden.

Christof, der Aeltere, wurde gerettet.

Der fromme Heuchler verlor mit seinem Bruder jede Hoffnung, der Schwägerin Geld zu erpressen; noch mehr, der Gedanke, daß die junge schöne Frau jetzt vollkommen frei war und zu einer zweiten glücklicheren Ehe schreiten konnte, bereitete ihm Folterqualen.

Die größte Strafe für Leute dieser Sorte bleibt immer, ihre Gegner und Feinde glücklich zu wissen.

Der Prozeß wurde durch den Tod des Barons auf's Kürzeste erledigt; der Tod ist überhaupt ein vortrefflicher Anwalt, ein schneller Expeditor und ein Alexander, der den Knoten stets zerhaut.

Es handelte sich nur noch um den Todtenschein des Barons und dieser wurde durch den geretteten Schiffskapitän — an den man sich wendete — besorgt.

Gnädige Frau, sagte Doktor Schweibler, als er mit dem Dokumente bei der Baronin Weinfelden erschien, hier übergebe ich Ihnen das Kostbarste, was Ihnen zu wünschen übrig blieb, die — Freiheit.

Doktor, versetzte Klarisse, ich danke Ihnen. Wenn Sie jedoch glauben, daß ich diese Freiheit benützen werde, um eine zweite Verbindung einzugehen, dann huldigen Sie einem Irrthum. —

Gnädige Frau, ist das Ihr Ernst?

Ich betheuere Ihnen, daß mein Entschluß fest steht, zu bleiben, wie ich bin.

Das zu fassen, geht über meinen Horizont.

Und doch ist es so natürlich. Seit einer Reihe von Jahren lebe ich allein, ich habe mich daran gewöhnt, Herrin, unumschränkte Gebieterin in meinem Hause zu sein. Und nun soll ich auf immer meine Herrschaft mit einem Manne theilen oder gar an ihn abtreten. Nein, nein, Doktor, um diesen Preis verzichte ich auf die Freuden der

Ehe. Passionen und Leidenschaften liegen meinem Naturell ferne, warum sollte ich, was ich liebe, für etwas opfern, was mir gleichgiltig ist. Sie werden mir vielleicht die Annehmlichkeiten des Familienlebens entgegen halten, darauf erwidere ich Ihnen, daß ich eine Familie bereis besitze. Edmund ist das Kind meines Gatten, der kleine Christof ist mein Neffe. Wenn ich mein Leben der Erziehung dieser beiden Kinder widme, thue ich meiner Pflicht als Frau nicht Genüge? wenn ich das Glück dieser Kinder gründe, werden sie ohne undankbar zu sein, mich weniger lieben wie eine Mutter? Da ich also eine Familie bereits besitze, wozu benöthige ich einen Gatten? Ich bleibe demnach die Baronin von Weinfelden und Sie, Doktor, bleiben mein Anwalt.

Gnädige Frau, Sie werden keines Anwaltes mehr bedürfen.

Man kann nicht wissen, Doktor! Der Mensch steht fortwährend mit Einem Fuße im Grabe und mit dem anderen im Prozeß.

Schweidler lachte und sagte dann:

Gnädige Frau, Sie sind die beneidenswertheste Dame in Wien.

Ich bin es, Doktor, und werde mich bestreben, es immer zu bleiben. Die Wolken, welche im vergangenen Winter meine Lebenssonne trübten, haben sich verzogen, und jetzt strahlt sie heiterer wie je. Ich bin keine Frömmlerin, wohl aber bin ich eine Moralistin und als solche citire ich den Spruch: „Wohlthun trägt Zinsen!" Ah, da kommt mein alter Müller. Was bringen Sie?

Gnädige Baronesse, ich komme wegen der armen Webersfrau.

Haben Sie sich erkundigt?

Ja.

Bestätigen sich die Angaben?

Ja.

Geben Sie ihr den verlangten Betrag und zwar sogleich.

Müller entfernte sich wieder.

Nun, Doktor, wendete sie sich hierauf zu Schweidler, was ist Ihre Meinung? Soll ich bleiben wie ich bin?

Gnädige Frau, Sie beschämen mich.

Behüte Sie Gott und bleiben auch Sie, wie Sie sind, mein Freund!

Sie reichte ihm die Hand zum Kusse und er ging gerührt von bannen.

— — — — —
— — — — —

Marianne Lichtfall und ihre Tochter Eleonore wurden verurtheilt, erstere zu fünf, letztere zu vier Jahren schweren Kerkers.

Die Baronin hatte für die Zeit ihrer Freilassung im Voraus ihre Entschlüsse gefaßt.

Sie kaufte ein Pfaidlergeschäft, stattete es reichlich aus und übergab es Lori.

Man wird Sie, sagte Klarisse zu dem Mädchen, in meinem Auftrage von allen Seiten beobachten. Ist Ihnen an meiner Unterstützung etwas gelegen und wollen Sie ihrer nie verlustig werden, so muß Ihre Aufführung eine tadellose bleiben.

Zu Frau Lichtfall, die Ein Jahr später die Freiheit erlangte, sagte sie dasselbe, und Mutter und Tochter betrieben das Pfaidlergeschäft.

Bis zu dem Augenblicke, wo wir Dieses niederschreiben, hat die Baronin Weinfelden noch keinen Anlaß bekommen, mit Mutter oder Tochter unzufrieden zu sein.

Sie sind in Wahrheit thätig, und wenn wir versichern, daß die Lichtfall ihren Verstand und ihren Erfindungsgeist jetzt ausschließlich auf ihr Geschäft verwendet, so wird man gerne glauben, daß dieses florirt.

Die Liebe zu dem kleine Enhriſtoph trug wohl das Meiſte, vielleicht ſogar Alles dazu bei, die moraliſche Beſſerung der Mutter und Großmutter zu bewirken.

Die Baronin hatte nämlich dieſe Beſſerung zur Bedingung für die Beſuche bei dem Kinde gemacht.

Jetzt nennt der Knabe die Baronin „Tante," die beiden Lichtfall „Mutter und Großmutter" und den kleinen Edmund „Couſin."

Kein Mißton ſtört die Ruhe beider Familien, und wir zweifeln nicht, daß das Glück von Beſtand bleiben werde.

———

Nachdem wir den Leſer über die Zukunft dieſer Perſonengruppe beruhiget, wenden wir uns einer anderen zu und kehren bis zu der Zeit zurück, wo wir ſie verließen.

Eines Morgens erſchien Bernhard Meidler bei Raphael Hort, der ſchon wieder in der inneren Stadt Zimmerherr geworden war, um ſeinem Komptoir näher zu wohnen.

Bruder Raphael, begann der Bildhauer nach vorausgegangener Begrüßung, ich habe Dir in Deinen Nöthen ſo oft beigeſtanden, daß ich ein Recht beſitze, von Dir daſſelbe zu fordern.

Wie, fragte der Komptoiriſt erſchrocken, Du befindeſt Dich in Nöthen?

Ach ja!

Womit kan ich Dir helfen?

Mit Deinem Beiſtand.

Recht gerne, worin aber ſoll er beſtehen?

In Deiner Perſon.

Wie verſteh' ich das?

Mein Gott, Du begreifſt ein wenig ſchwer. Du ſollſt mein Beiſtand ſein.

Dein Beiſtand?

Bei meiner Trauung.

Ah ſo!

Aber Deine Nöthen?

Befindet man sich nicht in Nöthen, wenn man heiratet?

Du bist noch immer der alte Spaßvogel.

Was soll man thun? Der Mensch tritt nicht leicht aus sich heraus, dazu gehören oft heroische Mittel, und ich glaube nicht nöthig zu haben, sie anzuwenden. Ich befinde mich mit meiner Laune so wohl, daß ich nichts wünsche, als sie mir zu erhalten.

Du hast auch keinen Grund zur Mißstimmung.

Du irrst, mein Freund. Um von vielen nur Einen Fall als Beispiel anzuführen. Man hat einen Preis für eine monumentale Statue ausgeschrieben —

Nun, Du wirst doch mit konkurriren?

Wenn ich Deine Naivetät besäße, thät ich es.

Was hält Dich ab?

Die Kleinigkeit, daß man jetzt schon weiß, wem die Anfertigung der Statue zu Theil werden wird.

Daher Deine Mißstimmung?

Wer sagt Dir, daß ich mißgestimmt bin? Fällt mir nicht ein. Ich wollte Dir nur beweisen, daß jeder Stand seine Freuden und jeder seine Leiden hat.

Wann wird die Trauung sein?

Am Sonntage.

Wo?

In der Kirche.

Geh' doch mit Deinen Späßen.

Raphael, das ist kein Scherz.

In welcher Kirche?

In der Penzinger.

Endlich.

Das Warten kam auch mir schwer genug an, aber was sollt' ich thun, wollt' ich mich nicht selbst betrügen.

Du verdrehst Einem die Rede im Munde.

Dafür sollst besonders Du mir dankbar sein.

Du bist heute unausstehlich.

Das machen meine Nöthen. Kann ich also auf Deinen „Beistand" rechnen?

Ja!

Ich danke Dir.

Nun noch Einen Wunsch.

Sprich!

Nimm Dir ein Exempel und folge meinem Beispiele bald nach.

Fällt mir nicht ein!

Bin ich etwa nicht nachahmungswürdig?

Nein. Du giugst aus, ein Modell zu suchen, der Zufall ließ Dich ein braves Mädchen finden, ich will mich dem Zufalle nicht wieder Preis geben, gebrannte Kinder fürchten das Licht.

Du hast mich schlecht verstanden, lieber Raphael. Ich forderte Dich zur Nachahmung auf, nicht allein weil ich heirate, sondern auch, weil ich und Madeleine beschlossen haben, an unserem Trauungstage die Kleidermode bei Seite zu setzen. Ich lasse mich kopuliren ohne Frack, im schlichten Arbeitsrock.

Und Madeleine?

Ohne Krinoline!

Beide lachten.

Das war aber auch ein Pärchen, dieser Bildhauer und seine Braut, die Tauben hätten sie nicht passender zusammentragen können.

Was er vorschlug, war ihr Recht, und was sie proponirte, wies er nicht zurück.

Ich will vier „Kranzeljungfern" haben!

Je mehr, desto besser.

Keine darf älter sein als vierzehn Jahre.

Meinethalben vierzehn Monate.

Wo halten wir die Hochzeitstafel?

Beim Adler in Unter-St. Veit.

Richtig, dort ist die Küche gut und man ist ungenirt.
Wie viele Gäste?
Ein Dutzend.
Mit oder ohne Kranzeljungfern?
Mit ihnen.
Also Alles in Allem Ein Dutzend.
Werden wir auch tanzen?
Diese Frage, antwortete Meidler, verdient überlegt zu werden.
Sagen wir nein!
Gut, es bleibt dabei.
Wenn man aber bedenkt, daß eine Hochzeit ohne Tanz ein Salat ohne Oel ist —
Auch ich bin dieser Ansicht.
Dann sagen wir ja.
Angenommen.
Wir tanzen.
Wie lange?
Bis Mitternacht —
Oder bis der Hahn zum ersten Male kräht.
Oder bis die Milchweiber zur Stadt fahren —
Halt, ich hab's. Wir überlassen die Entscheidung dieser Frage der Gendarmerie.

In dieser Weise ging es fort, es wurde gescherzt und gelacht vor und nach der Trauung.

Beim Hochzeitsmahle sagte Meidler:
Bruder Raphael, Du hast Dich als Beistand so ausgezeichnet benommen, daß ich mich gedrungen fühle, das Zeugniß hierfür in ein Zeitungsblatt einzurücken und Dich allen Bräutigamen in dieser Eigenschaft zu empfehlen. Du kannst Dich auf dieses Geschäft etabliren; als „konzessionirter Beistand" dürftest Du sehr in Flor kommen. Was die vier Fräuleins betrifft, so haben auch sie als Kranzeljungfrauen Ausgezeichnetes geleistet und ihren Platz preiswürdig ausgefüllt. Das Erstaunlichste hat aber meine

Madeleine geboten, und zwar damit, daß sie am Altare „Ja!" und nicht „Nein!" gesagt hat. In Folge so erhabener Exempel fühle ich mich verpflichtet, auch eines zu statuiren. Ich ergreife mein Glas und bitte sämmtliche Anwesenden, es auch zu thun. Ich bringe den ersten Toast aus und sage: „Es lebe Alles, was sich zankt!"

Oho, Herr Bräutigam!

Keine Opposition, ich dulde keine Opposition. Ich wiederhole: „Es lebe Alles, was sich zankt, denn was sich zankt das liebt sich, es lebe daher Alles, was sich liebt!"

Hoch!

Vivat, das junge Ehepaar!

Bruder Bernhard.

Was beliebt, Herr Beistand?

Warum hast Du nicht auch den Papa Wurm eingeladen?

Weil ich ihm noch immer die zwei Steinstufen und die Armenbüchse schulde.

Du wirst sie ihm aber doch anfertigen?

Fällt mir nicht ein. Er hat die Modelle dazu, er soll sich die Dinge vom Steinmetz machen lassen. Diese Armenväter glauben, wer weiß welche Opfer sie bringen, wenn sie fremdes Geld vertheilen, ich sehe nicht ein, warum ich an einen solchen mein Materiale verschenken soll? Ja, wär's die Baronin Weinfelden, dieser Dame lieferte ich mit Vergnügen, was sie wünscht, denn sie ist in Wahrheit eine Armenmutter. Meiner Ansicht nach wär' es an der Zeit, sämmtliche Armenväter aufzuheben und an ihrer Stelle „Armenmütter" einzuführen; von diesem Ehrenamte müßten jedoch die Betschwestern ausgeschlossen werden, damit endlich auch nach dieser Richtung die Armuth mit Maske unterschieden werde von jener ohne Maske. Ich bringe meinen zweiten Toast aus und sage: Es lebe die Baronin Kla-

risse von Weinfelden, die Mutter der Waisen, die Wohl=
thäterin der Armen, die Frau ohne Maske!"

Vivat! Sie lebe hoch!

In dem Momente, da wir dieses schreiben, hat Bern=
hard Meidler bereits drei kleine Modelle herumlaufen,
einen Raphael, einen Alexander und eine Klarisse.

Frau Ottilie Ramhauer hat mit den Enkeln die Hände
voll zu thun.

Sie ist ein Muster von einer Schwiegermutter.

Ich habe nur Eins an ihr auszusetzen, klagte der
Bildhauer mehrmals seinen Freunden, nämlich daß sie ihren
Turban nicht mehr tragen will. Auf der Windmühle drau=
ßen war sie viel malerischer, seitdem sie aber auf der Laim=
grube am Glacis athmet, hat sie die Romantik abgelegt
und ist eine Philisterin geworden. Ach, der Turban, er war
zum Entzücken!

Raphael ist Prokura=Führer des Hauses Mannstein.

Da die Krinolinen an Umfang immer noch zunehmen,
so hält er um so halsstarriger an seinem Vorsatze, ledig
zu bleiben.

Baron Christoph von Weinfelden ist verschollen.

Vielleicht heult er in Amerika, vielleicht auch wühlt er
in Kalifornien — nach Gold.

Es ist möglich, daß er einmal als umgekehrter Monte=
Christo nach Wien kommt, wünschenswerth ist es nicht, die
Zahl der Wölfe im Schafspelz ist ohnedem groß genug.

E n d e.